아세안 FTA

아세안 FTA

강 영 문 지음

전남대학교출판부

| 머리말 |

A S E A N F T A

동남아가 참 좋다.
아주 오래 전부터...
그래서 전공인 무역과 관련이 있는 동남아의 경제, 경영, 통상뿐만 아니라
동남아의 문화, 사회, 역사 등등... 동남아의 모든 것이 다 흥미롭다.
동남아는 나를 신나게 하고, 가슴 뛰게한다.
차근 차근 동남아를 알아가는 재미가 솔솔하다.
이번엔 동남아의 많은 이야기중에서 아세안에 관한 이야기이다.
아세안은 동남아국가연합이다.
동남아 국가들이 아직 약소국이지만,
"아세안"이라는 이름으로 뭉치면
왠만한 강대국 못지 않은 파워를 국제무대에서 발휘할 수 있다.
이러한 아세안은 우리나라의 중요한 외교통상파트너이다.
아세안을 찬찬히 AFTA, 한아세안 FTA를 중심으로 들여다 보았다.
동남아에 관심있는 사람은 누구나 독자로 환영한다.
재미나게 읽고, 쉽게 이해할 수 있도록 사진을 많이 수록하였다.
수록된 사진은 저자가 촬영한 사진, Channelnewsasia,
internet 등에서 발췌하였다.

이 책이 한국과 아세안의 작은 징검다리가 되길 기원한다.

젊은 달(Young Moon)

목차

CONTENTS

제2부 아세안의 경제협력 들여다보기

제4부 아세안 10개국의 통상과 한·아세안 통상

제5부 아세안과 FTA속으로

제6부 한·아세안 FTA 협정의 이해

체크 포인트

아세안 에세이

01

아세안과 친해지기

제1장 _ 아세안 입문

1. 아세안이란 무엇인가

동남아시아국가연합
(Association of Southeast Asian Nations: ASEAN)은 1967년에 창설된 동남아시아의 정치, 경제, 문화 공동체이다.

아세안(Association of South-East Asian Nation: ASEAN)은 동남아시아 국가연합의 약어이다. 아세안은 1967년 창설되었다. 아세안은 1967년 8월 8일 동남아 5개국으로 출범하여 20011년 현재 10개국이 가입하였다.

아세안은 1967년 8월 동남아 5개국(인도네시아, 말레이시아, 타이, 싱가포르, 필리핀)이 방콕 선언(아세안 선언)을 채택함으로써 결성됐다. 현재 말레이시아, 인도네시아, 태국, 필리핀, 싱가포르, 브루나이 등 선발 6개국과 베트남, 미얀마, 라오스, 캄보디아 등 후발 4개국이 회원국이다.

1995년 베트남, 1997년 미얀마와 라오스, 1999년 캄보디아가 아세안에 차례로 가입함으로써 인도차이나반도를 포함하는 동남아지역이 하나의 거대한 경제블록을 형성하였다(송민선,1999). 일반적으로 1967년 8월에 아세안 창설시 가입한 5개국과 브루나이를 포함하여 선발아세안 6개국으로 부르며, 나머지 4개 국가는 영문명의 앞 자를 따서 CLMV국가라고 부른다.(이동윤, 2007)

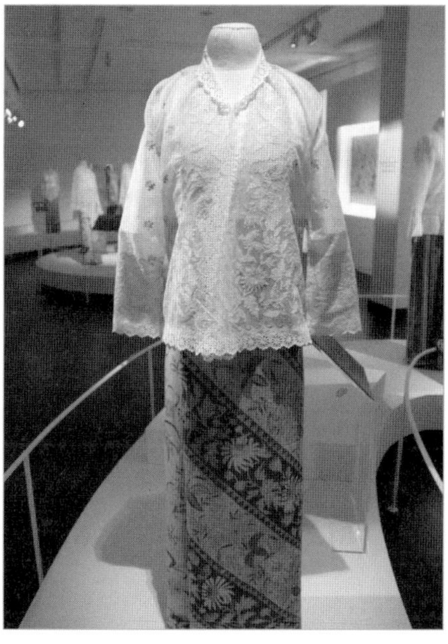

아세안의 생활용품

[표] 아세안 개요

설립연도	1967년
목 적	동남아시아 지역의 경제, 사회, 문화공동체 설립
주요활동	정상회담, 각료회의 등
본부소재	인도네시아 자카르타
가 입 국	Brunei Darussalam, Cambodia, Indonesia, Lao PDR, Malaysia, Myanmar, Philippines, Singapore, Thailand, Vietnam

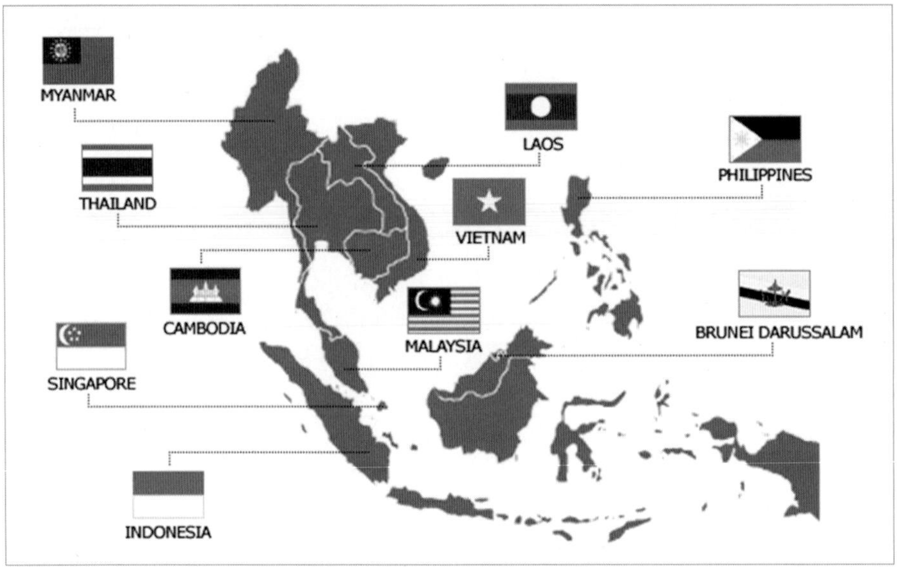

아세안 회원국 국기

아세안 선발 회원국

- 1967. 8. 8 : 인도네시아, 태국, 말레이시아, 필리핀, 싱가포르
- 1984. 1. 8 : 브루나이

인도네시아	태국	말레이시아	필리핀	싱가포르	브루나이

아세안 후발 회원국CLMV[1)]

- 1995. 7. 28 : 베트남
- 1997. 7. 23 : 라오스, 미얀마
- 1999. 4. 30 : 캄보디아

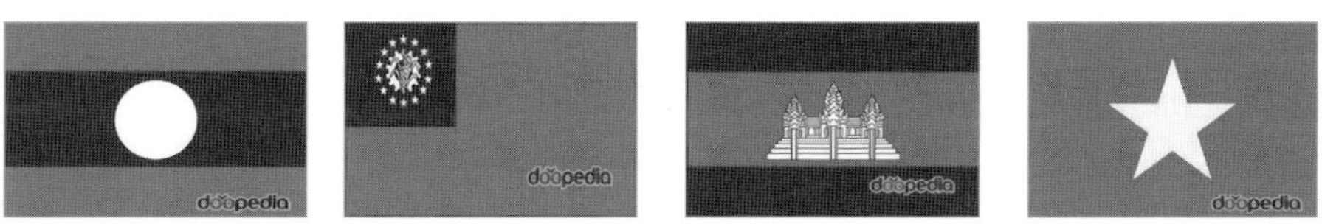

1) CLMV는 캄보디아, 라오스, 미얀마, 베트남의 머릿글자의 조합으로 아세안 후발 회원국을 의미한다.

아세안 관광 국별통계(2009, 단위:천명)

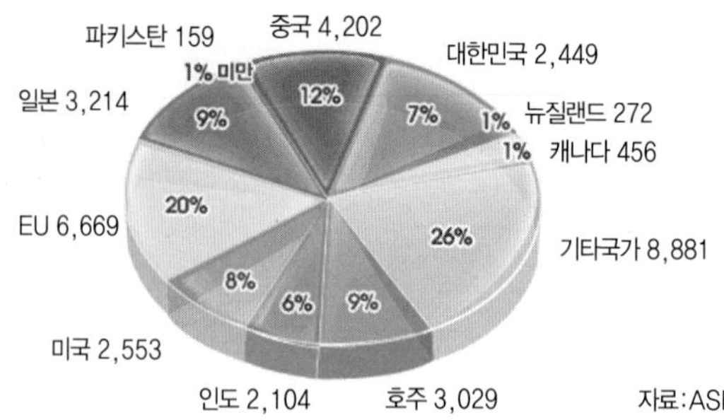

자료:ASEAN 사무국

〈그림〉 아세안 국토별 면적

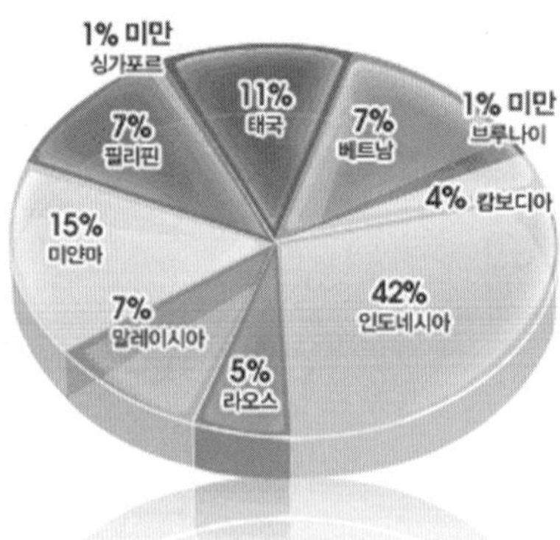

〈그림〉 아세안 국별 인구

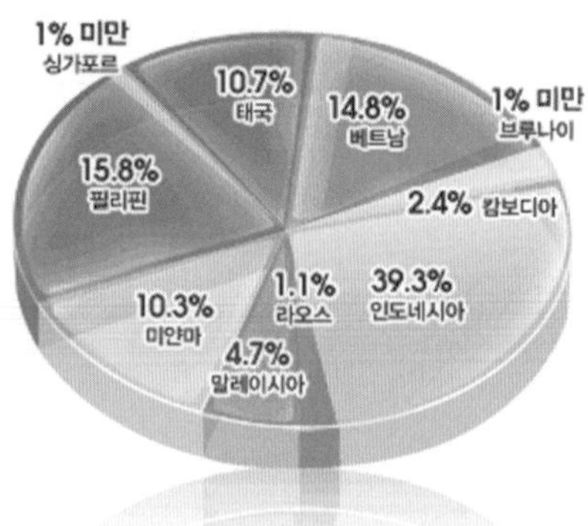

2. 아세안과 국제통상

아세안은 2010년 현재 총인구 5억 9천 9백 5십만명에 총 GDP 18,654억 달러규모의 단일시장으로 성장하고 있다. 아세안은 1980년대 후반부터 국제통상환경의 급격한 변화에 능동적으로 대응하면서 지역협력기구로 국제통상무대에서 영향력을 행사하고 있다.

아세안 주요지표

- 인구(2010) : 약 5억 9천 9백 5십만명
- 면적 : 443.6만 ㎢
- 전체 GDP(2010) : 18,654억불
- 총교역량(2010) : 21,172억불(수출 : 1조 946억불, 수입 : 1조 226억불)

3. 아세안의 청사진

아세안은 창설 이래 40여 년 간 내부결속을 강화하면서 동남아 지역협력체로 성장하였다. 아세안은 2020년 아세안 공동체 구축을 목표로 정치·안보, 경제, 사회·문화 등 세 개의 축을 중심으로 통합을 가속화하고 있다.

아세안은 2007년 창설 40주년을 맞아 공동체의 헌법 구실을 하게 될 "아세안 헌장"과 EU식 경제공동체인 "아세안경제공동체"설립을 위한 청사진에 서명함으로써 아세안 단일시장과 단일 생산기반의 경제공동체 구축을 위한 청사진을 제시하였다.(aseankorea, 2011)

Check Point **아세안과 동남아의 관계는: 동남아 〉 아세안**

아세안은 동남아 11개국중에서 10개국을 회원국으로 하고 있는 동남아 지역협력기구이다. 동티모르를 제외한 모든 동남아시아 국가들은 동남아시아 국가연합(Association of Southeast Asian Nations, ASEAN)의 회원국이다. 약 6억의 동남아 인구중에서 1/6 이상인 1억 1천만명이 인도네시아의 자와 섬(자바 섬)에 거주하고 있다. 또한 약 3천만명의 화교가 동남아지역에 거주하면서 아세안 경제의 상당부분을 장악하고 있다.

아세안 힌두교사원에서

아세안 이슬람 사원에서

아세안 불교사원에서

아세안 민간신앙 의례에서

Check Point 아세안 10개국의 사회의 다양성은 어디까지

아세안 국가들은 경제발전단계, 국민소득, 정치구조 등에서 다양성이 강하다. 동남아 국가들중에서 태국, 미얀마, 라오스, 캄보디아 국민들의 대부분은 불교를 믿고 있다. 또한 말레이시아, 브루나이, 인도네시아는 이슬람교를 신봉하고 있다. 그리고 필리핀과 동티모르는 기독교를 믿고 있다.

아세안 힌두교 축제에서

아세안 이슬람 축제에서

아세안의 크리스마스 이브

아세안에서 크리스마스

아세안에서 탁발공양

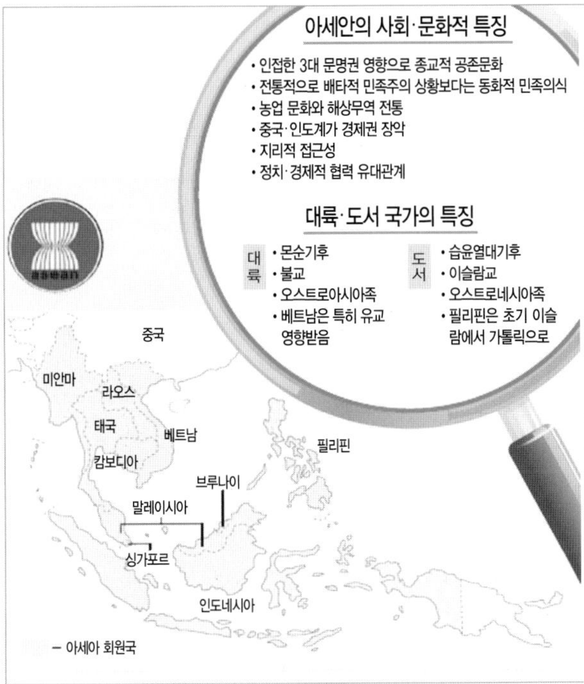

아시안 에세이

"동남아 모계전통"

"캄보디아에서는 처가살이가 기본"

캄보디아에서는 대개 아들보다는 딸에게 방을 만들어준다. 또 아들은 결혼 후 아내의 집에 가서 산다. 한국과는 정반대다. 동남아시아는 모계 문화가 우세하고 특히 캄보디아는 그 전통이 뚜렷이 남아있는 곳이다.

산업연수생으로 한국에 왔다가 한국인 남편과 만나 결혼한 캄보디아 출신의 이리나(35) 씨는 이런 캄보디아 문화를 잘 몰라 캄보디아 신부를 맞이한 한국 가정에서 갈등이 빚어지는 것을 보고 크게 안타까워한다. 특히 한국 사회가 가부장적 전통이 강한 탓에 캄보디아 신부들이 다른 나라 신부보다 문화 혼란을 더 심하게 겪는다는게 이 씨의 생각이다.

"캄보디아에선 아들의 방이 따로 없어요. 더운 나라인 덕분에 아들은 거실이나 배란다 같은 곳에서 잠을 자고 자신의 공간이 따로 없어요. 그런데 한국에 와서 정반대로 살아야 하니 받는 충격이 다른 나라 사람들보다 훨씬 크죠."

한국으로 치면 처가살이인 셈이다. 결혼하면 장모가 집안의 경제권을 장악한다. 부모의 유산도 딸들에게 주로 돌아가고 아들들에게는 명분상 조금만 준다. 주로 아들, 특히 장자에게 유산을 물려주는 가부장제도와 전혀 딴판이다.

이런 풍습이다 보니 시부모가 결혼 생활에 관여할 수 없는 실정이고 장인이나 장모도 함께 살고 있다지만 딸의 결혼 생활에 깊이 개입하지 않는다고 이 씨는 소개했다.

"한국에 온 캄보디아 신부들은 결혼 후 몇 달이 채 지나지 않아 시어머니가 임신을 재촉하는 데 매우 놀랍니다. 결혼 전에 한국 사회에 대해 배우고 오지만 막상 닥치면 너무 딴판인 탓에 결혼 초 정착하는데 어려움을 겪습니다."

결혼 이주 여성의 고민을 상담해주는 일을 하는 이 씨는 "각오하고 와서 사는 것이지만 스물 한두 살 신부들이 평생 그렇게 살아야 할 엄두를 못내 결혼 초 이혼 상담하는 사례가 다른 나라에 비해 많다"며 "처음에는 많이 참고 산다는 마음을 갖고 있다"고 덧붙였다.

캄보디아에서는 또 신랑의 부모가 마을의 어른을 통해 신부 부모에게 혼인을 요청하고 신부 측이 승낙하면 성혼하는 식으로 결혼이 이뤄진다고 그는 전했다. 혼수도 신랑이 준비해 온다는 것이다.

이 씨는 "결혼하면 성인이 된 것이나 마찬가지니 그 이후 각자 알아서 결정하고 생활을 꾸려나간다"며 그것은 한국이든 캄보디아든 다 같지만, 한국에서는 유독 시어머니나 시누이의 관심, 아니 간섭이 심한 것 같다"

고 말했다.

1997년부터 동남아 지역을 연구해온 김학희 경인교육대학교 사회교육과 교수는 "동남아 지역은 모계 전통이 강해 여성의 사회적 활동이나 경제 행위에 성차별이 비교적 적다"며 "아마도 농업에 필요한 물이 풍부하기에 치수 사업 등 집약적인 노동력과 규율이 필요한 부계 사회의 문화가 필요 없었을 것"이라고 풀이했다.

김 교수는 "특히 이 지역은 유럽의 식민지 지배를 받으며 성평등 의식과 실용적 문화가 뿌리를 내린 덕분에 오히려 성평등 측면에서는 여성의 지위가 한국보다 앞선 측면이 있다"고 말했다. (연합뉴스, 2010.05.02)

아세안의 여성들

아시안 에세이

"태국 총선, 선거판을 좌우하는 핵심 인물 화교 탁신"

탁신은 한족에 박해받던 중국계 하카(客家) 출신, 국비로 미국 유학 다녀와 죽은 제갈공명이 산 사마중달을 내쫓는다는 말이 있다. 이 말은 해외 도피 생활하며 태국 총선 판도를 좌우하는 탁신 친나왓(Thaksin Shinawatra)을 두고 하는 말 같다.

프어타이당의 가장 강력한 지원자인 탁신은 1949년 태국 북부 치앙마이에서 태어난 '하카(客家)' 중국계로 중국 이름은 '구달신(丘達新)'이다.

하카는 원래 중국 광동성(廣東省) 북부, 장시성(江西省) 남부, 푸젠성(福建省) 남서부에 주로 살고 있는 원주민들을 가리키는 말이다. 이들 지역에서는 한족(漢族)은 본지인(本地人)이라고 지칭하지만, 하카는 외래이주자(外來移住者)로서 토착민과 구별되는 민족이다.

중국이라는 사회 속에서 끊임없이 박해를 받아왔던 하카 민족. 그러나 박해 받던 시절이 있었기에 지금의 하카가 있다고해도 과히 틀린 말이 아니다. 이들은 온갖 어려움 속에서 재산보다 자식들 교육에 투자해 경찰과 군인, 정치가, 교사로 만들었고 보이지 않는 곳에서 실력을 키워왔다.

하카인 탁신은 태국 경찰사관학교 26기를 수석으로 졸업한 후, 국비로 미국 유학을 떠나 형법 박사 학위를 취득했다. 귀국 후 그는 경찰에 근무하면서 관공청에 컴퓨터 임대와 부동산 개발 등의 일을 하다가 1987년에 경찰 중령으로 퇴직하고, 현재 휴대전화 서비스와 통신위성 등의 사업을 펼치는 태국 통신 최대기업 '씬 그룹(Shin Corporations)'을 만들어냈다.

그는 1995년에 정계로 들어와 1998년에 정당을 설립하고, 지방과 빈곤층에 대폭적인 지원 정책을 내걸어 2001년의 총선거로 압승을 하면서 수상의 자리에 올랐다.

지난 2005년 2월 총선에서도 압승, 수상으로 재선되었지만 2006년 9

월의 군사 쿠데타로 밀려나 공직 추방이라는 가혹한 처분을 받았다.

해외에 머물던 2007년 말 총선에서 자신의 정당이 승리하자 2008년 2월에 잠시 귀국했다가 8월에 다시 출국했고, 수상 재임기간 중 부인이 국유지를 경매로 구입한 것에 부정이 있었다는 이유로 징역 2년 실형 판결을 받았다. 그 후로는 태국에 귀국하지 않고 주로 두바이에 머물고 있다.

한편, 친나왓 일가의 태국 내 자산은 약 760억 바트(약 2조7360억원 정도)로 쿠데타 후에 동결조치 되었다. 또 태국 최고재판소는 2010년 2월, 친나왓 일가의 돈은 부정 축재한 것이라고 판시, 이중 464억 바트(약 1조6704억원 정도)는 국고 몰수 명령이 내려져 몰수되었다.

(아세안투데이, 2011.6.21)

아세안 차이나타운에서

아세안의 화교들

아시안 에세이

"동남아 얼마나 아십니까"

한국과 점점 깊어지는 동남아, 얼마나 아십니까"

"미국이나 유럽, 중국에 갈 때는 미리 책도 읽어보고 역사나 문화에 관심을 갖습니다. 그러나 동남아시아에 갈 때는 아무 준비 없이 떠납니다. 그냥 편안한 마음으로 마사지나 받고 돌아오면 된다는 생각이지요."

신윤환 서강대 동아연구소장(정치외교학)은 "동남아에 대한 우리의 지식과 이해가 크게 부족하고, 인식은 매우 낮다"고 말한다. 그러나 동남아는 우리와 이미 깊숙한 관련을 맺고 있다. 한국 경제의 주요 생산기지이자 수입·수출국이고, 국내 취업과 결혼을 통해 한국문화의 한 부분, 나아가 혈연관계로 맺어졌다.

태국 출신인 통차이 교수는 동남아를 이해하는 인식틀로 '지오바디(Geo-Body, 지리적 신체)'란 개념을 제시해 명망을 얻었다.

"지오바디는 영토에서 비롯된 정체성을 가리킵니다. 민족주의보다 감정적 측면이 좀 더 강하다고 할까요. 원래 동남아는 부족국가였는데 서구 제국주의시대 이후 근대 국민국가로 재편되면서 생긴 국경에 따라 새로운 정체성을 얻게 됩니다. 이것은 인위적인 것인데 이런 정체성 때문에 수많은 갈등이 발생합니다. 세계화가 급속히 진행되는 한편으로 구성된 정체성도 함께 강해집니다."

그는 이 같은 감정의 허구성을 해체함으로써 비판적으로 극복할 것을 주장한다. 통차이 교수는 또 "문화를 강대국 중심으로 이해하는 것만으로는 세계를 온전히 알 수 없다. 새로운 시각을 얻기 위해서는 동남아·아프리카·중동을 알아야 한다"고 말했다. 최근 미국의 동남아 역사 기술은 근대국가 대신 전통사회의 불명확한 경계를 존중하면서 역사를 바라보는 입장이 강해지고 있다고 전했다.

허치크로프트 교수는 필리핀과 태국 정치를 연구하는 정치학자다. 그는 최근 동남아에서 민주주의가 퇴조하는 현상에 관심을 갖고 있다. "15년 전만 해도 필리핀, 태국이 민주주의 지수에서 앞섰으나 현재는 예상을 뒤엎고 인도네시아가 가장 민주화된 나라로 등장했다"며 "외형으로 드러난 절차적 민주주의가 아니라 민주주의를 움직이는 구조에 주목해야 한다"고 말했다.

"필리핀의 경우 소수의 가문이 정치를 장악하고 있습니다. 태국은 군대, 관료, 왕실의 힘이 강합니다. 이들이 필요에 따라 민주주의를 작동시키기도 하지만 다시 퇴조시키는 힘이기도 합니다."

그는 '하이재킹' 당한 민주주의를 발전시키기 위해서는 국민들의 참여와 투쟁이 중요하다는 입장이다. 민주주의가 추상적 개념으로 떨어지지 않기 위해 지역적 특수성에 주목해야 한다는 그는 한국 민주주의에 대해 '건강한 민주주의' 라는 진단을 내렸다. 보수정부가 들어서면서 국민의 기본권을 침해하고 인권이 후퇴한다는 지적이 있으나 허치크로프트 교수는 "정치권이 이데올로기를 제시하고 국민들에게 선택할 기회를 주는 것, 즉 이념적 갈등은 한국 민주주의가 살아있다는 증거"라고 긍정적으로 평가했다.

허치크로프트 교수는 특히 한국에서 동남아 연구가 본격화한 것을 높이 평가했다. "아시아의 동남아 연구 중심은 일본과 싱가포르 정도였는데 한국이 합류해서 기쁘다"며 "모든 것이 상호연결되는 세계에서 우리 연구자들의 커넥션도 강하다"고 우의를 나타냈다.

신 소장은 "일본은 15~16세기부터 동남아로 깊이 들어간 반면, 우리의 동남아 연구는 1980년대 후반에 시작돼 한 세대에 불과하다. 그러나 지리적으로 가까운 데다 동남아 국가들이 한국의 경제적 발전이나 대중문화 한류에 대해 좋은 인식을 갖고 있기 때문에 연구를 진행하기에 유리한 입장"이라고 밝혔다.(경향싱신문, 2010.11.01)

아세안의 다양한 악기들

아세안의 다양한 음식

아세안 과일의 여왕 두리안앞에서

아시안 에세이

"필리핀에서 딸이 인기있는 진짜 이유는"?

지난 24일 경북 청도군에서 부부 불화로 인해 한국으로 시집 온 베트남 출신 여성이 남편에게 살해당했다. 이유는 친정에 금전적 지원 마찰, 시부모와의 마찰, 남편의 외도 의심이 주된 이유였다.

지난해 7월에도 정신 병력이 있는 남편에 의해 한국에 온지 일주일 만에 베트남 출신 아내가 살해 당하는 사건이 있었다. 당시 이명박 대통령과 우리 정부는 베트남 정부에 사과의 뜻을 전하고 제도적인 재발 방지 장치 마련을 약속했다.

이후 국제결혼 전에 한국 남성은 재산과 건강 상태 등 같은 자료를 사전에 아내가 될 사람에게 통보하고, 또한 정부의 심사를 받아야 하는 식으로 절차가 변경됐다. 그러나 결과적으로 이런 제도적 장치 마저 이번 비극을 막지 못했다.

만일 한국인 부부가 결혼을 할 때 국가가 나서 재산 및 건강 상태 등을 심사해 결혼 허가를 내준다면 어떤 일이 발생할까? 애초부터 국가가 개인의 결혼까지 관리감독 한다는 통제 위주식의 발상 자체가 문제일 수 있다.

이번 사건의 원인을 살펴보면, 대부분의 국제 결혼 가정이 파탄이 나는 패턴대로 흘러갔다. 한때 우리나라 여성이 아메리칸 드림을 꿈꾸었듯이, 많은 중국, 동남아, CIS 국가의 여성들이 코리안 드림을 꿈꾼다. 국제결혼을 하는 여성 대부분은 가정형편이 그다지 좋지 않은 집안 출신이 많다. 결혼을 통해 자신은 물론 친정에 도움이 되길 원하는 경우가 많다.

이번 사건의 피해자 역시 베트남의 친정에 생활비 송금을 원했지만 남편이 제시한 금액이 만족스럽지 못했다. 1차적인 결혼 목적이 상실됐다. 여기에 남편이 어머니를 모셔야 하는 장남이라는 입장 때문에 시어머니와 함께 살면서 마찰도 있었다. 한국인 부부들 역시 겪는 고부간의 갈등을 겪는 것이다.

이로 인한 스트레스가 온다. 불만 대상인 남편, 시어머니와 언어 문제로 인해 의사소통마저 원활하지 못하다. 스트레스가 극대화 된다. 남편은 남편대로 어머니와 아내 사이에서 스트레스를 겪게 된다. 술 한잔 하고 늦게 귀가 하는 것을 아내는 '바람이 났다'고 몰아 부친다.

이들 부부는 원만한 대화를 통해 서로의 감정을 풀어야 함에도 의사소통 문제와 한국 문화를 이해하지 못하는 이유, 결혼 전 꿈꾸었던 목적 상실 등으로 인해 급기야 감정이 폭발하게 되고 결국 극단적인 상황을 맞이하게 되었다.

통계청이 지난 4월 발표한 '2010년 혼인·이혼통계' 자료에 따르면, 2010년 전체 혼인건수는 32만 6100건이며, 이중 외국인과의 혼인은 3만 4200백 건으로 전체 혼인 건수의 10.4%에 해당한다. 이혼 건수는 11만 7000건으로, 이중 외국인과의 이혼은 1만 1200건으로 9.5%에 해당한다.

자료가 말해주는 것은 이혼건수는 혼인건수 전체 비율에 비례한다는 것 이외엔 한국인 커플이나 국제결혼 커플이나 딱히 어느 집단이 이혼이 더 많거나 문제가 있다고 단정지을 수 없다. 국제결혼의 여러 문제점과 해결방안에 대해서는 정부와 여러 연구집단에서 노력을 기울이기에 문화적 차이에서만 논해볼까 한다.

●다양하고 독특한 문화와 결혼제도에 대한 몰이해

우선 첫째, 결혼 생활과 배우자를 대하는 준비와 이해 부족이다. 같은 한국인일지라도 같은 나라에서 태어나고 자랐으며, 같은 언어를 사용함에도 여러 이유로 인한 결혼 생활의 갈등은 불가피 하다. 한국인 커플의 경우 주 이혼 사유 1위는 성격 차이, 2위는 경제적 곤란 때문이다.

반면, 국제결혼 커플의 주 이혼 사유는 1위는 언어차이, 2위는 문화적 차이 극복 실패가 대부분이다. 배우자의 어느 한 가지를 문제 삼고 이를 부각시키고 확대해 나가게 되면, 보이지 않던 문제와 조그만 문제도 삽시간에 뭉쳐져 결국 이런 감정들이 순간 폭발하게 되는 것이다.

한국인 커플들은 문제가 발생하면 이를 인지하고 먼저 대화로써 풀려는 노력을 기울인다. 그러나 국제결혼 커플은 남편이 아내의 국가 언어를 구사하든지, 아내가 남편의 국가 언어를 구사하든지 해야 하는 제약이 뒤따른다. 문제상황 인지 역시 같은 한국인 커플에 비해 뒤떨어지며, 대화가 되지 않으니 문제해결이 더욱 힘들게 된다. 결국은 언어든, 이해든 배우자를 이해하려는 노력의 결핍이 주요 원인이다.

둘째는 문화적 차이에 대한 사전 학습 결여이다. 국제결혼을 하는 사람들 대부분 배우자의 국가와 문화에 대한 학습이 불충분하다. 문화적 차이란 것이 사회 전반의 풍습을 몸소 체험하고 익히고, 또 개인적으로 취사선택을 해야 하는 것이기에 단시간 내 끝나는 것이 아니다.

전 세계에는 200여개 넘는 국가와 언어, 수많은 인종이 뒤섞여 살아간다. 인종 전시장이란 미국은 다양한 민족이 모여사는 다민족 국가이다. '로마에 가면 로마법을 따르라'는 말이 있다. 외국인이 한국에 와서 살면 한국의 문화에 익숙해지고 또 그것이 설령 마음에들지 않더라도 따라야 한다. 반대로 외국에서 살아가는 한국인도 마찬가지이다. 한국적인, 미국적인 것이란 말 자체가 문화를 의미한다. 서로 다른 가치관과 생활, 풍습에서 자연히 사고 또한 다르다.

●결혼을 바라보는 서로 다른 시각

문화 인류학자 구디나프 (Goodenough) 박사는 "혼인은 일종의 거래이며, 그 결과로서의 계약이다"라고 했다. 급진주의 여권주의자들은 결혼 자체를 '여성의 경우 개인 독점 섹스와 자녀 출산, 가사 노동을 남성에게 제공하고, 이에 대한 댓가로 남성에게서 경제적인 지원을 보장 받는다'라고 했다. 이는 주부가 생활비를 받는 것이 매춘부가 화대를 받는 것과 크게 다를 바 없다며 결혼을 "합법적인 매춘이다"라고 까지 표현한다. 결혼을 인륜지대사(人倫之大事)라고 말하는 우리나라 사람들이 받아들이기에 조금 힘이 드는 점이 있다.

물질적인 면을 중시하는 서양인들의 관점과 정신적인 면을 중시하는 동양인들의 관점은 이처럼 하늘과 땅차이이다. 또한 '결혼'이라는 행위를 역사적, 학문적, 문화적 관점에서 관찰하면 인류는 결혼을 '재화와 노동력의 이동', '부족 간 동맹관계, 근친으로 인한 문제 해결'등으로 여겼다.

●신부 대금과 지참금

우리나라의 경우 신랑은 집 마련, 신부는 살림살이 마련이 결혼에 있어 정형화 되어 있다. 근래 들어 한국으로 시집오는 동남아 출신 배우자들 대부분은 혼수 마련하느라 스트레스 받는 우리나라 여성과는 달리 '몸만 달랑(?)' 오는 경우가 많다. 한국인의 정서에서는 '혼수 하나 없이 시집 오는 주제'라고 생각하겠지만 이들의 입장은 다르다. 이들은 귀하신 몸이 시집가는 것이니 알아서 신랑이 준비하고, 더불어 신부집 생활비도 챙겨야 한다는 인식을 지니고 있다. 신랑이 신부를 산다는 몸값 개념의 지참금은 출가와 임신으로 노동력을 상실한 신부집에 신랑이 금전적인 보상을 한다는 개념이다. 필리핀에서 아들보다 딸이 인기 있는 이유이기도 하다.

원시부족 사회에서 흔했으며, 아프리카 부족 사회에서는 지금도 신랑이 신부측에 줄 지참금으로 소를 사용하며, 지참금이 없으면 결혼을 하지 못한다. 우간다와 수단의 일부 종족은 신랑이 신부 쪽에 돈이나 재화를 지불하고, 신부와 신부가 낳은 아이에 대한 권리를 얻는다. 만일 재화를 지불하지 못하면 권리 주장을 못하고, 돈이나 재화를 지불한 사람이 아버지가 될 수 있다. 부시맨의 경우 지참금이나 신부 대금은 없지만, 결혼을 할 경우 우리나라의 '데릴사위' 마냥 신랑이 신부집에서 15년간 노동력을 제공한다.

●**형제와 누이 공유, 딸 교환**

우리 나라에서는 형부와 처제간의 혼인을 불륜으로 규정하지만 자매연혼(Sororate)의 관습은 일본에서 성행했다. 부인이 사망했을 때 남편은 처제와 혼인할 권리가 있었다. 반대로 형제연혼(Levirate)은 남편이 사망했을때 동생이나 형이 형수나 제수, 자녀들을 거두는 풍습으로 한때 고구려와 시베리아 척치족에서 찾아 볼 수 있었다. 또한 사망의 경우가 아니더라도 인도의 토다족과 티베트의 하층민 사회에서는 형제가 처를 공유하는 일처다부제가 있다. 이는 결혼으로 인해 얼마 되지 않는 재산이 나뉘는 것을 방지하고자 하는 목적이 있다. 두집안에서 서로 딸을 교환 하는 것을 '누이바꿈'이라 한다. 비슷한 유형으로 우리나라의 '겹사돈'도 있다.

●**일부다처제와 일부일처제**

지금과 같이 일부일처제가 자리를 잡기 이전 고대 사회 대부분은 일부 다처제를 채택하고 있었다. 대표적으로 이슬람 국가 대부분의 경우에는 지금도 일부다처제를 풍습으로 따르고 있다. 이슬람 국가의 경전인 코란에는 '너희는 선택에 따라 2~3명 또는 4명의 여인을 아내로 삼아 고아와 과부들을 돌볼지어다…그러나 너희가 여러 아내에게 공평하게 대할능력이 없다면 한사람의 아내만 두어라.'라는 마호메트(무함마드)의 교시가 적혀 있다고 한다. 이에 따라 이슬람 국가의 남성은 4명의 아내까지 두는 것을 허용하고 있다.

무함마드가 태어나 활동하던 시기는 6세기 후반~7세기 초였고, 이 시기 이슬람 국가들은 낙타에 물건들을 싣고 부족 간, 국가간 먼 길을 다녀야 하는 대상무역에 의존했다. 이런 대상무역에 있어 남자는 매우 중요한 존재였다. 마호메트가 이런 교시를 한 이유 역시 본인의 아들 생산과 연이은 아들들의 죽음에 대한 트라우마가 있었기 때문으로 보인다.

이슬람의 일부다처제 풍습은 이처럼 여러 아내를 맞이해 쾌락적인 삶을 살라는 의미보다는 남성의 역할과 기능, 전쟁 미망인과 고아등을 거두어 부양하라는 사회적 차원에서의 배려라고 볼 수 있지만, 한편으로는 지금도 비난을 받는 이유가 여성 본인의 의사는 반영이 되질 않고, 남성 또한 아내를 맞이할 때 아내의 부모에게 지참금을 주고 사오는 풍습 때문이다.

●20세기 초반까지 일부 다처제 국가였던 우리나라(?)

같은 시기 동북아 지역은 당나라, 고구려, 백제, 신라가 주도권 쟁탈로 아웅다웅 하던 시절이었다. 남자가 전쟁에 나가 죽게 되면 여성은 홀로 양육을 책임져야 했기 때문에 고달픈 자립이나 재혼 중 선택을 해야만 했다. 이미 이시기 이전부터 우리 사회 전체를 지배했던 유교사상은 남녀간의 차이와 차별에 대한 규범을 확고히 했다.

재혼 역시 사회적 인식이 지금처럼 관대하던 시절이 아니였기에 국가가 나서 제도적으로 이를 규정하는 법률을 만들었다. 다만, 유교사상은 자손생산 목적이나 미망인을 거두는 사회적 기능 차원에서는 일부다처제를 허용했고, 이런 풍습은 놀랍게도 우리의 할아버지 세대인 20세기 후반까지 이어져 왔다.

남성, 권위, 절차의 중요성이 강조되던 유교사상 역시 병폐가 많아 자손생산이란 현실과 사상이 대립되는 경우가 많았다. 불임의 원인이 남자에게 있음에도 불구하고 아내가 임신을 하지 못하면 아내가 소박을 당하는 경우가 있었다.

이런 와중에 수태 기원 목적으로 사찰에 들어가 신앙의 힘으로 잉태를 했다는 이야기 역시 알고보면 승려들과의 성관계에서 비롯되는 경우가 많았다. 승려 뿐만 아니라 외갓 남자와의 정을 통해 아들을 생산하고, 심지어 왕실에서는 근친간 성교도 성행했다. 이런 사실들은 가문이나 국가의 영화를 위해 주변인들에 의해 인지하고도 묵인되는 경우가 많았다.

이처럼 부부 어느 한쪽의 불임으로 후손을 낳지 못하는 경우에는 혈통 보존이라는 명목하에 후처나 첩을 두는 경우도 많았다. 이는 특정 종교, 국가만의 풍습이 아니라 아들이란 존재가 곧 혈통보존과 노동력이라는 인식이 성립하는 농경 중심의 고대 사회, 남성중심의 국가 대부분에서는 매우 중요하게 여겨졌다.

이런 일부다처제 풍습은 여권이 신장되면서 많이 사라지긴 했지만 지금도 여전히 이슬람 국가와 소수 아프리카 국가들 사이에서는 존재한다. 질투의 화신인 필리핀 여자들은 후처나 첩에 대한 문화를 잘 이해하지 못한다. 이해를 하지 못할 뿐만 아니라 이해하려 들지도 않는다. 이처럼 결혼풍습은 사회의 시대상과 문화를 반영한다. 국제결혼이 자리를 잡기 위해서는 결혼 당사자의 문화에 대한 이해 노력이 그 어느때보다도 절실한 때이다. (asentoday, 2011.5.30).

아세안 소수민족 여성

아세안 여성들

제2장 _ 아세안의 발자취

1. 아세안의 성과

1) 아세안의 초창기 주요성과

- 1971.11. 동남아 평화·자유 및 중립지대 선언(ZOPFAN).
- 1976. 2. ASEAN 협력선언I 채택.
  동남아 우호협력조약(TAC) 체결 및 아세안사무국 설치.
- 1992. 1. ASEAN 자유무역지대 창설 합의.
- 1993. 7. ASEAN 지역포럼(ARF) 창설 합의.
- 1995.12. 동남아 비핵지대화 조약(SEANWFZ) 체결.
- 2003.10. ASEAN 협력선언Ⅱ 채택.(president, 2011)

2) 아세안의 문화협력의 성과

아세안은 회원국들간에 문화유산선언을 체결하여 아세안 역내국가들 간에 인적교류와 문화교류를 강화하였다. 또한 아세안 국가들 간에 무비자 협정을 체결하여 아세안 회원국의 국민들은 무비자로 아세안 역내 국가들을 방문할 수 있다.

3) 아세안의 법률적 성과

아세안은 아세안헌장에 대한 회원국들의 합의를 도출하여 아세안 출범 이후 그동안 비교적 구속력이 느슨했던 아세안을 일정한 법률적 체계의 구속력이 있는 지역협력기구로 격상시켰다.(cri,2011)

2. 아세안의 본질적인 토대는 무엇인가

약소국인 동남아 각국들은 공동안보, 자주독립을 위한 절박함에서 아세안이라는 울타리안으로 모였다. 이러한 이유로 아세안은 외부의 압력과 위협이 강해지면 강해질수록 아세안 구성원간의 결속이 더욱 강화되었다. 아세안은 외세의 개입과 간섭을 배제내지는 최소화하는 지역협력정책을 행하였다.

제3장 _ 아세안의 변신은 무죄

1. 아세안의 등장배경

아세안이 출범하기 전에 동남아에는 1961년 필리핀, 태국, 말레이시아간의 합으로 동남아시아연합(Association of Southeast Asia : ASA)이 설립되었다. 동남아연합(ASA)은 동남아국가들의 최초의 지역기구이며, 아세안의 전신이었다.

ASA는 말레이시아, 필리핀, 태국간의 연합기구였다. 그런데 ASA는 제한된 3개국의 회원국과 1963년 필리핀의 북보르네오 사바(sabah)에 대한 영유권 주장으로 말레이시아와 필리핀의 관계가 악화되면서 와해되었다. (김한식,2005,23)

그 이후 1965년 9월 인도네시아에서 쿠테타로 수카르노(Sukarno)정권이 실각하고 새롭게 수하르토(Suharto)정권이 등장하여 인도네시아와 말레이시아가 화해함으로써 동남아 지역의 새로운 지역기구 설립의 토대가 마련되었다.

이러한 가운데 인도네시아의 외상 아담 말리크와 태국의 외상 코만이 동남아에 새로운 지역협력기구의 필요성을 토의하였고, 새로운 협력기구의 이름을 아세안(ASEAN)으로 합의하였다.

이렇게 인도네시아와 태국간에 합의된 아세안 설립 초안을 기초로 1967년 8월 8일, 말레이시아, 싱가포르, 인도네시아, 태국, 필리핀 5개국 외상들의 아세안 설립에 대한 최종 합의가 이루어지고 방콕선언을 발표하면서 아세안이 정식으로 출범하였다.(김국진,1993,384)

Check Point ASA와 ASEAN의 관계는

ASA를 확대 발전시킨 것이 ASEAN이다. ASA는 회원국들의 이해관계 충돌 등으로 인한 갈등과 회원국간의 상호협력의 필요성 부족으로 와해되고 이를 확대 발전시켜 지역협력기구로 재탄생한 것이 아세안이다.

2. 인도차이나반도 3국의 공산화 영향

아세안은 1967년에 창설된 이후 인도차이나반도의 3개국이 공산화되기 전까지는 큰 협력이나 성과가 거의 없었다. 그 당시 아세안 회원국들은 대부분 국내 문제 해결이 시급하였고, 태국, 필리핀 등은 미국의 베트남 전쟁 병참기지 역할로 준 전시상태였다.

그러나 10년 이상 지속된 베트남 전쟁이 북베트남의 승리로 끝나고 베트남뿐만 아니라 인도차이나반도의 라오스, 캄보디아도 공산화된 후 인접국인 태국은 안보위협을 직시하게 되었다. 또한 태국과 국경을 접하고 있는 말레이시아도 국경일대의 공산 게릴라 활동으로 공산화 도미노의 위험에 휩쌓였다

필리핀도 루손 섬의 공산 게릴라 활동의 확대와 민다나오섬의 무슬림 모로인의 위협이 확산되고 있었다. 이들 3개국은 공산화된 베트남이 자국의 공산세력을 지원하여 자국에서 공산혁명이 발생될 것을 염려하였다. 또한 싱가포르와 인도네시아도 잠재적 공산화 도미노의 위협을 공감하고 있었다.

특히 아세안 국가들의 후견자역할을 했던 미국의 베트남 전쟁에서의 패배는 공산진영의 초강대국인 소련과 중국의 동남아 지역의 진출을 촉진하고 영향력을 확대하는 계기가 되었다. 이러한 국제정세속에 베트남의 인도차이나 반도에서의 세력팽창은 아세안 국가들에게 큰 위기로 다가 왔다.(홍진의, 2005)

이처럼 베트남이 공산화되고, 미국이 동남아로부터 후퇴한 이후 중국과

소련의 세력 확대를 둘러싼 각축장으로 변한 동남아의 위기상황에서 아세안 국가들의 협력의 필요성이 증대되었다.(양승윤,1996,239)

3. 인도차이나반도 3국의 공산화 이후 아세안의 변화

인도차이나 반도의 공산화는 아세안의 단결과 협력의 필요성을 높여주는 계기가 되었다. 1975년 베트남의 공산이후 아세안은 1976년부터 회원국 자체정비와 지역 내 결속을 다졌다. 특히 아세안은 'ASEAN의 강화'라는 기치를 높였다. 또한 아세안회원국들은 역내 국가 간의 우호협력을 선언하고, 아세안은 1967년 아세안 창설 당시 방콕선언으로 발표했던 동남아 지역의 평화, 자유, 중립을 재천명하였다.(홍진의, 2005)

아세안은 인도차이나 반도의 공산화에 따른 지역 내 반정부 게릴라 활동으로 인한 불안을 상호협력을 통하여 극복하고, 중국, 소련 등의 강대국의 동남아 지역에서의 헤게모니 쟁탈전을 견제하여 중립을 보장받으려 했다.(fki,2011)

또한 1970년대에 미국이 닉슨 독트린에 의해 아시아지역에서 이탈하는 조짐을 보이는 가운데 중국과 미국이 일명 핑퐁외교로 접근하는 등 초강대국간의 관계에 변화가 일어나자 아세안은 강대국간의 힘의 균형을 활용하기 위해 1971년 '동남아시아 중립화 선언'을 하였다.

아세안은 창립 당시 경제, 사회, 문화 등 주로 비정치적·비군사적인 현안만을 논의하였다. 아세안 회원국들은 그 당시 자국의 국내경제 문제와 정국안정에만 주력했다. 필리핀, 태국 등은 미국 등 서방의 강력한 지원을 받고 있었으므로 대외적인 정치외교나 안보문제는 아세안 협력에서 주요 의제가 되지 못했다. 그러나 베트남에서 미국이 패전한 후 아세안은 크게 동요하였다.

아세안 회원국들은 베트남이 공산화된 후 아세안 정상회담을 개최하였다. 주요 회담내용은 아세안 창립당시의 주요 의제였던 경제, 사회, 문화 등의 문제가 아니라 정치, 안보적 사안이였다.

아세안 회원국들은 발리 정상회담에서 역내 공산세력에 공동 대처하기로 합의하였다. 또한 아세안은 대외적 중립을 표방하고 중국과 소련 등의 공산국가와 국교를 정상화하여 인도차이나 반도 공산국가들의 위협을 최대한으로 완화하려고 하였다.(fki,2011)

4. 이데올로기 해체 이후 아세안의 변화

구소련의 해체와 동유럽국가들의 체제전환 확산 등으로 국제무대에서 공상진영과 자유진영간의 이데올로기 힘겨루기가 완화되면서 아세안에도 새로운 화해의 바람이 불기 시작했다.

인도차이나반도의 공산국가들이 아세안 회원국인 태국, 필리핀 등과 수교하고, 미국과 베트남과의 관계가 우호적으로 변하면서 정치적인 긴장이 완화되자, 아세안은 쿠알라룸푸르 정상회담을 통하여 통일 베트남의 유엔가입을 만장일치로 추천하였고, 인도차이나반도 공산국가들과의 경제협력를 중점적으로 논의하기 시작했다. 또한 공산국가인 베트남, 라오스, 캄보디아를 아세안 회원국으로 받아 들였다.(김종찬, 2008)

〈표〉 아세안의 발전과정

년도	월	회담장소	내 용
1967	08	태국	아세안선언 (방콕선언) 채택
1971	11	말레이시아, 쿠알라룸프르	동남아 평화, 자유 및 중립지대 선언 채택
1976	02	인도네시아, 발리	ASEAN 협력선언 및 동남아우호협력조약
1992	01	싱가포르	ASEAN 자유무역지대 (ASEAN Free Trade Area, AFTA) 창설
1994	07		ASEAN지역포럼 창설
1995	12	태국, 방콕	동남아 비핵지대화 조약
1997	12	베트남, 하노이	ASEAN Vision 2020
1998	12	베트남, 하노이	하노이 행동계획 (Hanoi Plan of Action) 채택
2003	10	인도네시아, 발리	ASEAN 협력선언 II 채택
2004	11	라오스, 비엔티엔	비엔티엔 행동계획 (Vientiane Action Program) 채택
2007	01	필리핀, 세부, 싱가포르	세부선언 (Cebu Declaration) 채택 아세안헌장 (ASEAN Charter) 채택
2008	12		아세안 헌장 (ASEAN Charter) 발효
2009	02	태국	「ASEAN 공동체 로드맵에 관한 후아힌 선언」 「정치·안보공동체」 및 「사회·문화공동체」 청사진 채택 「ASEAN 헌장」, 아세안 정부간 인권위원회 설립
2010	04	베트남	기후변화 및 지속적인 경제회복과 발전에 관한 ASEAN 정상 공동성명 채택

자료: Asean(2011)

아세안 정상회의

제4장 _ 아세안은 어떻게 운영되는가?

아세안의 운영방식을 알려면 먼저 궁극적으로 아세안이 추구하는 목적이 무엇인가에 대한 이해가 선행되어야 한다.

1. 아세안이 초창기에 지향한 목적은 무엇인가

아세안은 지역협력을 통한 공동발전이라는 목적 아래 발전해 왔다. 이러한 아세안의 목적은 방콕선언에서 그 창설목적을 다음과 같이 규정하고 있다.

- 협력적인 프로그램을 통하여 지역내의 경제성장, 사회 및 문화발전 도모
- UN헌장의 원칙과 법규 준수를 통해 동남아지역의 평화와 안전을 확보
- 개별국가의 경제, 사회, 문화, 기술, 과학 및 행정분야의 발전을 위한 적극적 협력과 상호원조의 증진
- 교육, 기술, 행정분야에 관한 훈련 및 연구시설의 상호지원
- 농업 및 공업, 무역 및 상품, 교통 및 통신 분야의 협력을 통한 각국의 생활수준 향상
- 동남아 지역연구의 활성화
- 유사한 목적을 갖은 국제기구 및 지역기구들과 긴밀한 협조

아세안회원국들은 아세안 지역의 안정과 평화를 가장 중요한 문제로 인식하고 아세안의 내부문제에 역외 강대국들의 개입을 경계하고, 아세안 문제는 아세안 국가들간의 노력으로 해결할 것을 결의하였다.

이러한 아세안의 내부적 이유로 아세안 설립 초기의 아세안의 활동은 구체적이고 실질적인 협력보다는 아세안 회원국들간의 공동보조를 위한 분위기 형성에 집중되었다.(김국진,1993,388-389)

Check Point **아세안의 초창기 대외정책의 특징은**

초창기 아세안의 대외기조는 크게 반공산주의, 반식민지주의, 중립주의 및 비동맹의 성격을 띠었다. 이러한 아세안의 성격으로 인해 아세안은 지역 내셔널리즘을 토대로 지역의 안전을 확보하려는 반외세적 자위(自衛)의식을 가장 중요한 특징으로 하였다.(제럴드 탄, 1997,138)

아세안 폴리스 총회

2. 아세안은 어떤 성격의 국제기구인가?

Check Point 아세안 = 정부단위의 협력기구

아세안은 정치·경제적으로 완전히 독립된 개별 정부간의 협력체 성격을 띤 지역협력기구이다. 아세안은 개별 회원국의 정치적 독립성을 존중하고, 정치적으로 평등을 기초로 회원국들간의 평화를 유지하고 있다.

또한 아세안은 개별 국민경제의 자립과 안정적인 발전을 위해 협력하고 있다. 아세안은 선진국에 비해 취약한 경제구조로 인한 제한된 수출품목의 한계와 아세안의 주력 수출상품인 1차 상품의 손실방지 등에서 회원국간에 상호협력하고 있다.

Check Point 아세안의 정치적 성격변화는

아세안은 초장기 비정치적, 비군사적 성격의 지역협력기구였다. 그러나 아세안은 1972년 각료회의에서 주요회담 의제에서 제외되었던 정치문제에 대하여도 협력하기로 합의하였고, 1976년 인도네시아에서 열린 정상회담에서는 공동의 안전보장에 대한 필요성이 논의되었다. 최근들어서는 아세안이 대외적으로 정치적, 군사적 중립화보다는 안전보장기구화, 군사기구화되고 있는 측면도 있다. 대표적인 사례가 ARF이다.

Check Point ARF란 무엇인가

ARF(ASEAN Regional Forum)는 아시아지역의 안전보장을 확립하고 유지하기 위해 설립되었다. ARF는 아시아태평양지역의 유일한 정부간 다자간 안전보장 협의체이다. ARF는 아세안의 확대외무장관회의(PMC)를 모태로 1994년 7월에 아세안 6개국과 EU를 포함한 18개국이 결성하였다.

현재 ARF는 아세안 10개국(인도네시아,말레이시아, 싱가포르, 필리핀, 태국, 브루나이, 베트남, 라오스, 미얀마, 캄보디아), 아세안 대화상대국 10개국(한국, 미국, 일본, 중국, 러시아, 호주, 캐나다, 뉴질랜드, 인도, EU의장국), 기타 3개국(몽골, 파푸아뉴기니, 북한)으로 구성되어 있다.

〈표 〉 ARF의 설립과정

연도	회의명	주 요 내 용
1990. 7.	ASEAN-PMC	• 오스트레일리아의 에반스 외상은 지역안보문제를 논의하기 위해 아시아판 CSCE 결성을 제안
1991. 7.	ASEAN-AMM	• 지역안보에 대한 기존의 접근방식의 제고 요청 • ASEAN-PMC가 안보문제 논의를 위한 '적절한 기초'라는 ASEAN-ISIS의 제안을 확인
1991. 7.	ASEAN-PMC	• 아세안은 지역안보논의의 포럼으로써 PMC 이용가능성을 제안하였고, 나까야마 일본외상은 지지
1992. 1.	4th ASEAN Summit	• ASEAN-PMC를 활용하여 역외 국가들과 정치/안보대화를 증진시키기로 함. • 지역안보에 관한 고위관료회의를 발족시키기로 함.
1992. 5.	ASEAN-SOM	• 지역안보문제를 논의함에 있어서 외무성뿐만 아니라 국방성 고위관료도 SOM회의에 참석하기 시작
1992. 7.	ASEAN-PMC	• '지역안보추세 '를 의제 중의 하나로 하여 지역안보문제를 최초로 다룸.
1993. 1.	ASEAN-SOM	• 정치/안보문제에 관하여 역외 대화를 강화하기 위하여 대화상대 7개국과 고위간부회의를 개최하기로 함
1993. 5.	ASEAN-SOM-PMC	• 아/태지역 다자안보협의체 구성가능성 타진 • 동남아 및 동북아 지역안보문제, NPT연장문제, 예방외교 등 안보협력방안 논의 • 최소 연 1회 이상 SOM-PMC 개최에 합의
1993. 7.	ASEAN-PMC	• 역외 국가들과의 안보대화를 위해 ARF를 창설하기로 합의
1994. 5.	ARF-SOM	• ARF 출범 준비를 위한 고위관료회의 개최 • ARF에 대한 절차문제를 논의하고, 아세안의 행동양식을 적용하기로 결정

출처: Far Eastern Economic Review & Freign Broadcasting Information Service, Daily Report: East Asia.

ASEAN ARF

3. 아세안의 조직은 어떻게 구성되어 있나

아세안은 회원국의 정상들이 회합하는 정상회담, 아세안 회원국의 외무장관들로 구성되는 각료회의, 아세안 회의의 주최국의 외무장관과 해당국 주재 아세안 회원국 대사로 구성되는 상임위원회, 전문위원회, 아세안 각국의 국내 사무국 등으로 구성되어 있다.

아세안의 창설 당시 외무장관회의는 아세안의 최고기구였다. 그러나 1976년에 아세안 회원국 정상회담이 개최된 이후 아세안 정상회담은 아세안 회원국의 결속과 권위를 나타내는 아세안의 최고기구로 정착되었다. 아세안은 중앙사무국과 국내사무국을 두고 있다. 아세안의 중앙사무국은 인도네시아의 자카르타에 있다.(president,2011)

아세안의 실질적인 운영은 아세안 외무장관회의(AMM: ASEAN Ministerial Meeting)와 아세안 경제각료회의(AEM: ASEAN Ministerial Meeting)가 쌍두마차 역할을 하고 있다. 아세안 외무장관회의(AMM)는 아세안 각국의 외무장관으로 구성되어 있고, 아세안 경제각료회의(AEM)는 아세안 각국의 경제관련 관료들로 구성되어있다(제럴드 탄, 1997,120). 또한 한국, 미국, 일본, 중국, 러시아, EU, 캐나다, 호주, 뉴질랜드, 인도 등의 10개국이 아세안의 대화상대국이다.

아세안 대화상대국 장관회의

아세안 외무장관회의

아세안 사무총장

ASEAN 조직도

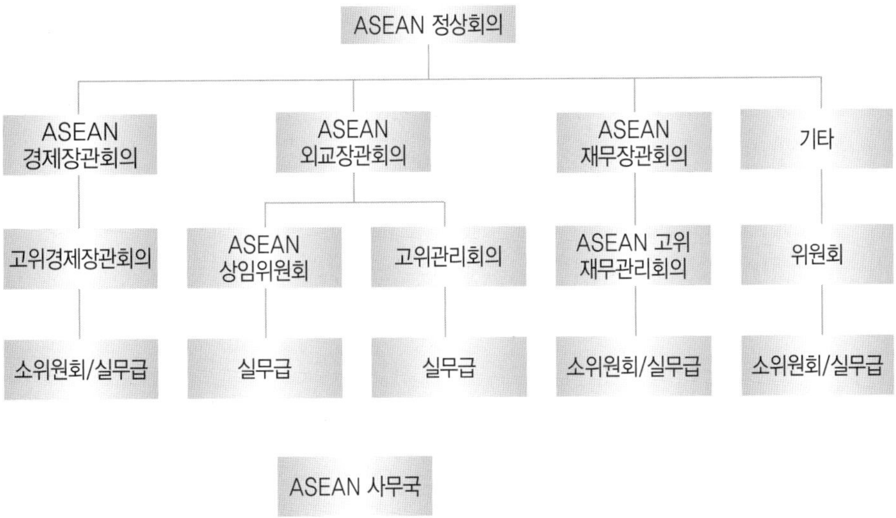

자료: Asean

4. 아세안의 내정불간섭 원칙이란...

아세안의 지속적 발전을 가능하게 한 내정불간섭의 원칙은 다음과 같은 행동준칙을 내포하고 있다. 첫째, 아세안 회원국은 다른 아세안 회원국 정부의 자국민 정책에 대해 비판을 삼가한다.

둘째, 아세안 인접국 정부의 전복을 노리는 반란집단에 대한 승인, 비호 또는 다른 형태의 지원을 거부한다(Amitav Achaya, 2000:3).

1999년 인도네시아로부터 분리독립을 묻는 국민투표에서 동티모르인들의 압도적 찬성 투표가 있은 직후 친인도네시아 시민군들과 갈등이 심화되면서 동티모르는 무정부상태가 되었다. 이 당시 아세안은 국제사회의 적극적 개입의 요청에도 불구하고 어떠한 직접적 개입도 하지 않았고 그 결과 UN의 개입으로 평화유지군이 파견되었다.(변창구, 2000:99)

5. 아세안의 합의제 접근방법이란

아세안의 합의제 접근방법은 다음과 같은 특징이 있다. 첫째, 아세안은 회원국 모두가 각자의 입장을 존중받아야 한다는 믿음에 의해 회의와 토론에 있어 비대결적이고, 서로 양보하는 태도를 취한다.

둘째, 아세안은 다른 회원국의 견해와 입장을 이해하려고 하고 보다 큰 이익을 위하여 상호간의 이익을 타협하고, 차이점을 분리시켜 유사성에 접근한다.

셋째, 아세안 회원국은 다른 회원국에게 자신이 갖고 있는 우월성을 통하여 영향력을 강제적으로 행사하는 것을 삼가하며, 적대적 관계가 아니라 친구관계로서 선의를 가지고 토론하고 합의한다.

넷째, 아세안은 주요 이슈에 대해 상호 동의할 수 있는 합의에 도달하기 전에 상반된 입장을 유연하게 조정하고, 상이한 견해에 대해 인내심을 갖고 합의를 도출한다.(Hussin Mutailb, 1997: 79)

6. 아세안의 내부결속 강화전략은 무엇인가

아세안의 구심력을 집단적으로 강화하는 방법은 다음과 같다(김기흥,1998,136-137). 첫째, 아세안을 계속 확대하는 것이다. 1994년 7월 아세안 외무장관회의는 과거 적대관계에 있었던 베트남의 아세안 가입에 합의하였다. 이처럼 아세안은 회원국 수가 증대됨에 따라 결속력이 높아가고 아세안 공동체라는 꿈을 꾸게 되었다.

둘째, 아세안은 아세안포럼(ARF)을 통한 집단안보체계를 구축하여 내부 결속력을 강화하고 있다.

셋째, 아세안은 아세안자유무역지역(AFTA)를 통해 아세안 회원국간의 경제협력을 강화하고 있다. 이를 통해 아세안은 역내 무역이 활성화되고 공동산업 프로젝트 등을 통해 산업경쟁력이 향상되어 국제 교섭력이 향상되었다.

7. 아세안의 성공전략은 무엇인가

아세안의 성장과 발전의 원인은 다음과 같다. 첫째, 아세안의 창립 이후 외부압력과 위협이 지속적으로 발생하여 아세안의 결속력이 강화되었다. 둘째, 아세안의 정치엘리트들의 아세안을 통한 협력의지가 강했다.

셋째, 내정불간섭, 대립보다는 타협의 아세안 방식이 유효했다. 넷째, 외세의 개입과 간섭을 최소화하는 아세안 정책이 시의적절했다.(변창구, 2002: 82)

아시안 에세이

"태국-캄보디아 또 다시 국경지대에서 충돌"

태국과 캄보디아 국경지대에 위치한 11세기 힌두사원 '프레아 비히어(Preah Vihear)'가 2008년 7월 캄보디아의 신청으로 유네스코 세계문화유산으로 지정된 뒤 관광객이 몰리면서 영유권 주장이 시작됐고, 태국이 반발하면서 무력충돌로 이어지고 있다.

양국은 지난 22일부터 사흘간 문제의 사원 서쪽으로 약 150㎞ 떨어진 국경지대에서 교전을 벌였으며 이번 교전으로 11명의 군인이 사망하고 43명이 부상했다고 보도했다.

태국 방송은 정규방송을 중단하고 국경사태를 시시각각으로 보도하고 있으며 캄보디아 역시 훈센총리가 TV대담을 통해 강하게 태국을 비판하고 있다.

이번 사태와 관련해 캄보디아 국방부는 성명을 발표하고 "태국군의 도발로 교전이 발생했다"면서 "태국군이 독가스가 든 포탄을 발사했다"고 주장했다.

그러나 태국 외무장관은 이에 대해 "독가스가 든 포탄을 사용했다는 캄보디아 측의 주장은 사실이 아니다"라고 반박하고 "양국은 공동국경위원회(JBC)와 국경전체위원회(GBC) 등 종전의 대화기구를 통해 양자 회담으로 사태를 해결해야 한다"고 말했다. (아세안투데이, 2011.4.24)

제5장 _ 아세안이 꿈꾸는 길

1. 아세안의 위상 변화

EU 국가들은 개별 국가들 자체로도 강대국이 많지만, 아세안 국가들은 개별 국가들이 모두 약소국이다. 그러나 아세안의 개별국가들이 아세안의 우산속에서 한 목소리를 내고 공조하면서 국제외교무대, 국제통상무대에서 더 이상 약소국이 아니다.

특히 아세안은 ASEAN +3, APEC, ASEM 등의 아·태지역 협력에 있어서 주도적이고 핵심적인 역할을 하고 있다. 국제사회에서 아세안의 중요성은 여러사례에서 실체적 사실로 나타나고 있다.

ASEM 첫 회의가 태국 수도 방콕에서 개최되었고, APEC의 상설 사무국이 싱가포르에 있고, 매2년에 1회는 APEC회의를 아세안 국가에서 개최하고 있다.

이러한 아세안의 위상 변화는 국제사회에서 아세안의 목소리가 더욱 높아지고, 아세안 국가들의 결속력을 더욱 강화시킬 것으로 전망된다.

아세안 정상회의

ASEN+3 정상회의

아시안 에세이

"변신 꾀하는 아세안에 주목하자"

동남아시아 국가연합(아세안)이 올해로 창립 40돌을 맞는다. 아세안은 창설 당시 우려와 달리 40여년을 지속해 오면서 지구상에서 가장 오래 된 지역협력체의 하나로 발돋움했다. 약소국이고 경제적으로 뒤떨어져 있는 동남아시아 지역 나라들이 40년 동안 아세안을 유지해 온 것 자체는 후한 평가를 받을 만하다. 그러나 법적·제도적 기반이 없는 연성조직인 아세안은 단지 만남을 꾸준히 유지했을 뿐, 숱한 국가 사이 협력이 필요한 사안들, 중대한 결정을 해야 하는 사안들을 다루는 데 실패했다는 부정적 평가도 동시에 받고 있다.

아세안은 경제위기 앞에 너무도 무기력했고, 매년 되풀이되는 연무(엷은 안개), 만연한 지역내 초국가적 범죄, 빈곤과 같은 문제를 해결하는 데 큰 진전을 보지 못했다. 오히려 1997년 군사독재 나라인 버마를 회원국으로 받아들여 국제사회의 비난만을 샀을 뿐이다. 최근 아세안은 "아세안+3"이라는 확대된 구도 안에서 동북아 나라들에 밀려 자기의 정체성 불안까지 느끼고 있다. 그래서 어떤 사람들은 이런 아세안은 결국 있으나마나 한 조직이라는 결론을 내린다.

이런 사이에 지난해 말 연기되었던 아세안 정상회의가 2007년 1월 필리핀 세부에서 열렸다. 이 정상회의에 2006년부터 아세안이 야심차게 준비한 명망가그룹(EPG)의 아세안 발전 방안이 제출됐고, 이를 바탕으로 올해 말 정상회의에 〈아세안 헌장〉이 제출돼 채택될 예정이다. 보도를 통해 알려진 이 헌장의 핵심은 아세안이란 기구에 법적, 제도적 기반을 부여하는 것이다. 회원국이 아세안의 결정사항과 정책을 따르지 않으면 회원국 자격을 정지시키고, 나아가 퇴출시킬 수 있도록 하며, 정책을 결정할 때 우선 합의를 시도하고 여의치 않을 경우 투표에 부친다는 것이다.

이런 변화는 지금까지의 아세안 운영원칙과는 전혀 다른 것이며, 유럽연합과 같은 제도화 방향으로 움직이겠다는 의지의 표명이다. 현재 아세안에는 회원국들을 강제하는 제도적 장치가 없다. 아세안은 지금까지 내정 불간섭, 협의와 합의, 주권 존중이라는 원칙을 중심으로 운영되었는데, 이 원칙들이 역내 주요 문제들에 관해 정책 결정을 내리고 강제하는 데 오히려 걸림돌로 작용해 왔다. 다양한 역내 사안을 두고 나라마다 처지와 손익계산이 다르기 마련인데, 이 운영원칙은 지역 전체를 위해서 꼭 필요한 정책 결정과 집행을 불가능하게 하여 지역 협력체로서 아세안의 정체성과 효과에 의문을 제기하게 만든 주범이다.

아세안의 변신 노력에 난관이 없는 것은 아니다. 버마나 라오스와 같은 나라들은 이런 변화에 부정적이다. 그러나 약 10여년 전부터 지역 협력체로서 무력한 아세안의 모습을 지적하는 “아세안의 위기”에 대한 인식이 회원국들 사이에 퍼져 있다. 또 최근 아세안+3 체제 속에서 아세안의 정체성과 자리매김을 우려하는 목소리가 높아지고 있다. 이번 정상회의에서 나타난 아세안 헌장을 통한 제도화 움직임은 아세안이 동북아 국가들을 포함한 동아시아로의 확대를 지향하는 동시에 내적으로 아세안 안보공동체, 아세안 경제공동체, 그리고 아세안 사회문화 공동체를 먼저 달성하여 자기 정체성과 응집력을 강화하려는 연장선에서 나온 것으로 볼 수 있다. 그리고 대부분의 아세안 나라들은 이런 발전 방향에 동의한다. 동아시아 지역협력에서 아세안은 한국의 중요한 파트너다. 아세안이 법적·제도적 기반을 확립하고 한 단계 발전된 방향으로 나가려는 의지가 앞으로 어떻게 그 추진력을 잃지 않고 전개될지 관심을 두고 지켜볼 필요가 있다.(한겨레신문, 2007.1.6)

2. 경제성장에 따른 도시화와 미래

아세안은 인구증가와 더불어 도시화가 가속화되면서 도시화 비율이 급증하고 있다. 아세안 회원국인 필리핀과 인도네시아의 도시화 비율은 50%를 상회하고 있고, 다른 아세안 국가들의 도시화 비율도 증가하고 있다. 이러한 아세안의 도시화는 빈부간 격차에서 오는 사회적 갈등을 증폭하고 도시의 주택문제, 교통문제를 유발하고 있다. 그동안 경제성장에만 진력했던 아세안이 이제는 경제성장에 따른 도시화가 잉태한 다양한 도시문제를 상호 협력하여 슬기롭게 해결해야 할 시점에 와 있다.

아세안 재래시장

아세안의 초현대식 유통업체

3. 아세안의 민주화와 인권의 변화

아세안 국가들은 권위주의적인 국가들이 많다. 이러한 권위주의적인 정부들은 그동안 경제성장이라는 국가적 사명완수를 위해 국민들로부터 정당성을 부여 받은 측면도 있다. 그러나 최근들어 아세안지역에서는 국민들의 자유와 인권에 대한 요구가 증가되고 있다.

이러한 가운데 아세안은 동남아 지역의 공식 인권기관인 '아세안 정부 간 인권위원회(AICHR: ASEAN Intergovernmental Commission of Human Rights)'를 2009년에 출범시켰다.(채욱, 2010)

미래의 아세안은 성장에 따른 분배, 정치민주화, 인권에 대한 국민들의 요구가 급증하면서 이를 둘러싼 사회적 갈등이 발생할 가능성이 크다. 이러한 아세안 회원국들의 인권과 민주화에 따른 갈등해결에 아세안이 더욱 중요해질 것으로 전망된다.

아시안 에세이

"지역통합의 전제조건으로서 민주주의와 선정"

태국의 정정불안으로 작년 12월에 열렸어야 할 아세안+3 정상회의와 동아시아 정상회의가 두 차례씩이나 연기되었다. 태국은 2008년 아세안 의장국으로서 아세안 정상회의와 같은 장소에서 연이어 (back-to-back) 개최되는 이 두 회의의 의장국이기도 하지만, 국내정치의 극심한 분열과 혼란으로 2009년 상반기가 다 지나가고 있는 이 시점까지 전년도의 임무를 수행해내지 못하고 있다. 이 정상회의가 통상 12월 초순에 개최되는 관례에 따른다면 다음 의장국인 베트남은 반 년도 지나지 않아 브루나이에게 자리를 내어 주어야 하는 우스꽝스러운 결과가 생길 수도 있다. 지역협력기구의 성공 사례로서 유럽연합 다음으로 칭송을 받던 아세안으로서는 망신살이 뻗친 것도 그렇긴 하지만, 무엇보다도 동남아와 동아시아의 지역 협력과 통합의 전망을 어둡게 하는 것 같아 걱정이 앞선다.

사실 아세안은 그간 기대 이상의 성공과 성과를 일구어 내었다. 세계정치의 "주변부"에 위치한 "약소국"들의 모임인 아세안이 무려 40년이 넘도록 존속했다는 것만으로도 경탄할만하지만, 그 동안 새로운 회원국들을 꾸준히 받아 들여 결국에는 모든 동남아국가들을 포괄하는 지역협력체로 성장하였고, 역내 단일시장을 창출하기 위해 아세안자유무역지대(AFTA)를 설립하였으며, 나아가 아세안 정치안보, 경제, 사회문화 공동체를 구축하겠다는 야심 찬 목표를 만방에 선포함으로써, 명실상부한 지역통합에 박차를 가해 왔던 것이다. 더욱 놀라운 일은 1997년 한, 중, 일 3국을 끌어들여 아세안+3을, 그리고 2005년에는 이 동북아 3개국에다 인도, 호주, 뉴질랜드까지 합해 동아시아 정상회의를 출범시킨 일인데, 이를 통해 아세안은 동아시아 지역질서 내지 국제정치 무대에 무시하지 못할 주요 행위자의 하나로 등장하게 된 것이다. 이 모든 일이 최근 10여 년 동안 일어난 일이다.

이렇게 잘나가던 아세안은 최근 몇 가지 암초에 부딪혀 비틀거리고 있다. 첫째는 미얀마 사태다. 미얀마는 1997년 아세안에 가입하였지만, 폐쇄적인 군사독재로 인하여 아세안 회원국 중에서 가장 고립되고 또 골치 아픈 존재로 치부되어 왔다. 미얀마 군사정권은 아웅산 수찌의 가택연금으로 상징되는 인권탄압과 독재정치를 계속하여 서방 민주국가들과 끊임없이 마찰을 빚어 왔고, 아세안도 내정불간섭의 원칙으로 인하여 외부세계에 미얀마의 군사독재를 옹호하는 듯한 인상을 보일까 보아 전전긍긍하였다. 그러다가 2006년 의장국이 될 순서를 맞이한 미얀마 정부는 다른 회원국들로부터 이런 저런 압력을 느껴 결국 그 자격을 반납하고 말았다. 이는 아세안 역사에 하나의 오점을 남긴 사건이 되고 말았다.

미얀마의 반납으로 의장국이 된 필리핀의 의장국 수행도 순탄치 않았다.

필리핀은 2006년 12월 10-14일 세부에서 개최할 예정하였던 아세안, 아세안+3, 동아시아 3개 정상회의를 테러 위협을 이유로 연기한다고 발표하였다. 테러 위협을 회의 연기 이유로 내세우긴 했지만, 이는 필리핀 정부 스스로가 대처능력이 없음을 자인하는 셈이 되어 버렸고, 또한 진정한 이유는 테러 위협이 아니라 회의장이 제대로 준비되지 않았기 때문이라는 후일담도 있었는데, 이 또한 필리핀 정부와 아로요 대통령의 무능함을 이야기해 주는 것이다. 한 달이 지난 익년 1월 13-15일 같은 장소에서 회의는 열렸지만 노무현 대통령이 "극도로 피곤하다"는 이유로 14일 환영 만찬에 참석하지 않고, 유도요노 인도네시아 대통령은 "국내 문제"를 이유로 마지막 날로 예정된 동아시아 정상회의에 불참한 채 귀국해버리는 일이 발생하였다. 여하튼 필리핀은 아세안 역사 상 처음 정상회의를 제때 개최하지 못한 책임을 피할 수 없게 되었다.

그러나 이보다도 훨씬 심각한 것은 태국 사태로서 국내 정치적 갈등 탓으로 두 차례나 정상회의들이 연기된 일이라 할 것이다. 태국 헌법재판소가 12월 2일 쏨차이(Somchai Wongsawat) 총리와 집권당(People"s Power Party)애 대해 5년간 정치활동 금지를 명하자, 애초 2008년 12월 15일로 개최일이 잡혀있던 정상회의가 무기한 연기되었다. 그 사이 정권이 교체된 태국은 올해 4월 10-12일 장소를 치앙마이에서 빠따야로 바꿔 연기된 정상회의 개최를 시도하였지만, 이번에는 탁신(Thaksin Shinawatra) 전총리를 지지하는 반정부 시위대들이 아세안 정상들이 오찬을 갖고 있던 회의장까지 점거하고, 이에 놀란 몇몇 정상들이 헬리콥터를 타고 방콕으로 탈출하는 초유의 사태까지 발생하였다. 이는 새 총리 아비씻(Abhisit Vejjajiva)을 동아시아 지도자들의 눈 앞에서 큰 망신을 시킨 당혹스런 사건이기도 했지만, 무엇보다도 동남아와 동아시아 각국의 국내 정치가 안정되지 않은 한 지역 협력과 통합의 전망도 밝지만은 않다는 중요한 함의를 시사하였다.

이 세 사건은 국제 협약이나 협정의 당사자들 중 비민주적인 국가가 있을 때 그 약속은 지켜지지 않을 수도 있다는 점을 보여준다. 또한 선정(good governance)을 하지 못하는 정부의 국제행위는 무책임하고 신뢰할 수 없다는 사실도 확인할 수 있다. 민주국가들 사이에는 전쟁이 발생하지 않는다는 이른바 "민주평화론"(democratic peace)은 이 명제의 역설에 가깝다. 유럽연합(European Union)이 다른 어떤 지역협력체보다 앞선 성공을 거두고 있는 것은, 그 중심에 서 있는 서유럽의 창립국가들이 모두 안정된 민주주의를 오랫동안 실행하였고 한결 같이 거버넌스를 갖춘 정부라는 남다른 강점이 그 바탕이 되었기 때문이다. 인도네시아와 필리핀 단 두 나라밖에 민주화되지 않았고 정부와 사회에 부패와 무능이 만연한 동남아에서 지역통합의 앞날이 순탄할 수만은 없을 것이라는 예측은 민주주의와 선정의 결핍이라는 회원국들의 내부적 약점에 근거를 두고 있는 것이다. 우리가 동아시아의 지역통합을 논할 때 중국의 국내정치에 주목하지 않을 수 없는 것도 같은 이치에서다. 동아시아공동체의 건설은 회원국들의 민주화와 개혁 없이는 기대하기 힘들다. (서남포럼, 2009.5.10)

4. 내정불간섭주의의 변화

아세안의 가장 큰 한계는 회원 국가들의 내부적인 인종이나 종교로 인한 분리주의 운동, 지역갈등 문제로 발생되는 인권침해 등의 문제에 개입할 수 없는 점이다. 가장 큰 이유는 아세안 회원국들이 개별 국가의 미묘한 정치적 사안을 아세안에서 공동으로 논의하는 것을 꺼려하고 있기 때문이다.

이러한 아세안의 논의 및 의사결정 방식은 아세안에서 발생된 인권문제 등에 아세안의 신속한 대응을 불가능하게 하고 제도적 강제력을 갖출 수 없게 만들었다.

이러한 본질적인 문제를 개선하고자 아세안은 그동안 유지 해왔던 내정불간섭주의를 개선하여 '건설적 개입(constructive intervention)'과 '융통성 있는 관여(flexible engagement)'로 개선하고 있다. 현재 논란이 되고 있는 캄보디아-태국 국경 문제, 남사군도 문제, 미얀마 인권 문제 등의 역내 문제에 어떻게 아세안이 공동으로 논의하고 개입할지 주목된다.

5. 아세안의 최근 확대전략은 무엇인가?

최근들어 아세안은 AFTA(ASEAN Free Trade Area)를 가속화 시키는 한편, 아세안과 한,중,일의 협력체인 APT(ASEAN plus Three)를 결성하여 동아시아 지역협력을 주도하고 있다. 또한 ARF(ASEAN Regional Forum)에서 다자간 안보대화를 통하여 지역적 신뢰구축에 노력하고 있다(변창구, 2002: 80)

이처럼 아세안은 한,중,일과 협력, 동아시아 정상회의, 아세안지역포럼 등의 다양한 방식을 통해 동북아시아뿐만 아니라 미국, EU 등의 주요 강대국들과의 긴밀한 협력을 유지하여 동남아 지역의 평화와 안정, 발전을 실현하고 있다.(cri, 2011)

ASEAN + 3 SUMMIT
29 November 2004
Vientiane, Laos
LAOS
MALAYSIA

아세안+3정상회의

THAILAND

02

아세안의 경제협력 들여다보기

제1장 _ 아세안 경제협력의 이해

1. 아세안 경제협력의 형태

아세안의 역내협력은 다음과 같이 세가지 형태로 추진되고 있다. 첫째, 아세안 회원국 모두가 참여하는 경제협력이다. 대표적인 사례는 아세안회원국 모두가 참여하는 AFTA이다.

둘째, 아세안 회원국 모두가 아닌 일부 국가들만의 부분적 경제협력모델이다. 대표적인 사례는 SIJORI(싱가포르-말레이시아의 조호르, 싱가포르-인도네시아의 리우)프로젝트이다. 이 프로젝트는 싱가포르의 자본, 말레이시아 자원, 인도네시아의 노동력 등을 결합한 성장삼각지대 개발계획이다.

셋째, 역외국가의 투자유입을 위한 경제협력이다. 대표적인 사례는 메콩강유역개발사업(GMS:Greater Mekong Subregion)이다. GMS사업은 동남아 지역에 대한 외국인 투자를 유치하고 있다

넷째, 역외국가와의 경제협력 확대이다. 대표적인 사례는 ASEAN +3, APEC, ASEM 등이다.(윤진표, 2004:21)

아세안 정상회의(옵저버국 포함)

아세안과 파트너 국가들의 정상들

〈표〉 아세안의 주요 경제지표(2008년)

구분	인구(천 명)	GDP(억 달러)	인플레이션%	수출(억 달러)	수입(억 달러)	FDI(백만달러)
인도네시아	228,523	5,111	11,1	1,370	1,292	7,918.5
필리핀	90,457	1,668	8.0	490	566	1,520.0
태국	66,482	2,737	0.4	1,750	1,776	9,834.5
말레이시아	27,863	2,221	4.4	1,945	1,443	7,318.4
싱가포르	4,839	1,821	4.9	2.414	2,308	22,801.8
브루나이	397	141	2.6	88	31	239.2
미얀마	58,510	272	–	66	38	715
베트남	86,160	907	19.9	618	796	8,050
라오스	5,763	53	8.5	8	186	228
캄보디아	14,656	111	7.5	42	45	815
ASEAN	583,650	1조 5,042	n.a	8,791	8,312	59,440.40

자료:ASEAN

〈표〉 아세안 주요국 GDP 성장 추이

(단위:%, 전년 대비)

구분	베트남	인도네시아	필리핀	말레이시아	태국
2007년	8.5	6.3	7.2	6.3	4.8
2008년	6.2	6.1	4.6	4.6	2.6
2009년	5.5	4.3	1.4	−2.3	−2.7
2010년	6.5	5.4	3.1	4.1	3.5

자료:World Bank(2009)

〈표〉 아세안의 수출상품구조 (단위:%)

SITC	구 성 비			연평균 증가율(%)	
	1988	1992	1996	1989~92	1993~96
섬유·직물	10.6	13.2	13.8	36.7	15.4
철강	14.2	7.3	5.2	9.8	4.5
금속	3.1	2.3	1.9	1.5	9.1
화학제품	8.6	10.1	10.3	34.9	14.7
일반기계	6.1	7.3	7.6	35.7	15.1
전기·전자제품	31.8	35.9	37.8	33.5	15.6
사무용 기기	4.9	2.6	2.4	10.2	12.3
정밀기계	0.9	0.9	1.0	30.5	18.7
도로용차량	2.1	1.3	1.7	13.8	23.3
기타	4.7	0.8	2.1	-16.3	44.0
총수출	100.0	100.0	100.0	29.5	14.1

자료:ASEAN

Check Point UN이 건의한 초창기 아세안 경제협력의 형태는

아세안의 역내 경제협력의 형태는 경제통합의 관점에서 보면 역내무역과 공동산업 프로젝트 등 특정분야에서 회원국 간의 부분적 특혜제공을 통해 기능적 통합을 강화하고 있다. 현재 아세안 역내 경제협력의 토대를 형성하고 있는 특혜무역협정, 공업협력 프로젝트, 금융 협력 등은 UN이 아세안에 건의한 경제협력 방안에 입각하여 아세안이 1976년에 채택한 ASEAN 협약 선언을 배경으로 하고 있다.

UN이 아세안에 건의한 경제협력 형태는 다음과 같다. 첫째, 식량, 에너지 등 기본상품 분야에서의 경제협력, 둘째, 대형 프로젝트 공업분야에서의 협력, 셋째, 아세안 회원국들의 관세인하를 통한 교역분야에서의 협력, 넷째, 1차상품, 국제경제문제에서의 아세안국가들의 공동대응이다.

Check Point 아세안 특혜무역협정과 공업협력, 금융협력의 관계는

아세안 특혜무역협정은 역내무역의 확대를 위해 아세안 회원국 상품에 대해 관세 인하 등 무역상의 특혜를 제공하는 것이다. 그런데 이러한 역내 무역증진이 활성화되려면 역내 국가 간 공업협력을 통한 상호 보완적인 생산체제의 특화가 이루어져야 한다.

이러한 공업협력은 아세안 회원국들의 공업에 대한 투자를 지역협력 차원에서 조정하여 중복 투자를 지양하고 각 회원국이 산업별로 특화하여 역내무역을 확대하려는 경제협력이다

또한 금융협력은 역내 국가들간의 무역 증대를 위한 무역금융, 공업협력을 위한 설비 금융 등을 역내국가들간의 협력으로 제공하는 경제협력이다.

Check Point PTA는 무엇인가

특혜무역협정(PTA:Preferential Trading Arrangements)은 AFTA가 체결되기 이전까지 아세안 회원국간의 무역거래에 낮은 관세율을 적용하여 아세안 역내무역을 활성화하려는 관세협력이다

PTA는 1976년 제1차 아세안 정상회담에서 채택된 아세안 협력선언에 의해서 합의되고, 1977년 아세안 경제장관회의에서 관세협력협정으로 조인되었다.

PTA는 아세안 회원국의 특정생산품이 아세안 역내에서 생산된 부품을 최저 50%이상 사용한 경우에 이러한 상품의 역내교역에 대해서는 최고 90%에서 최저 25%까지의 특혜관세할인율을 적용하고 수량규제나 정부조달 등에 있어서도 특혜를 부여하는 관세협력이다

특혜관세 대상품목은 1978년에 71개로 시작하여 1989년말에는 15,000여개 품목으로 확대되었다. 최저적용율도 1988년부터 5년간에 걸

쳐 25%에서 50%로 상향조정하였다.

Check Point PTA는 왜 실패했나

1977년 체결된 ASEAN 특혜무역협정(ASEAN PTA: ASEAN Preferential Trading Agreement)은 지역경제통합을 위한 최초의 의미있는 정책협조였다. PTA는 초기에 아세안 회원국들의 자발적인 양허에 기반을 둔 품목별 관세인하를 추진하였다.(이요한, 2004: 82-83)

아세안은 1977년부터 특혜관세제도를 실시했으나 아세안 각 회원국들이 실질적인 시장개방을 하지 않아 PTA는 유명무실하게 운영되어 왔다

아세안 국가들의 상호 경쟁적인 무역구조로 인해 아세안 각국은 각국의 주종 수출상품을 PTA의 대상품목에서 제외하고 특혜관세 대상품목도 비관세장벽에 의해 자국시장을 보호하여 PTA가 큰 성과를 거두지 못했다.

PTA 실패의 구체적인 원인은 다음과 같다. 첫째, 당시 만연되었던 동남아국가의 수입대체산업화 전략은 고관세에 기초한 것이었다. 따라서 PTA에 포함된 품목들은 기본적으로 자국의 산업화에 별 위협이 되지 않을 것이라고 판단된 것들로서 역내무역에서 차지하는 비중은 미미했다.

둘째, 역내무역을 제고하기 위하여 부분적 개혁이 있었으나 각국의 예외품목들로 인해 역내 무역의 증가는 제약을 받았다. 셋째, PTA에 의해 관세장벽을 낮춘 품목이라도 수입국에서 비관세장벽으로 수입을 제한하였다.(Chia, 2002:65)

Check Point 동남아 우호협력조약과 아세안 협력선언

아세안은 창설 초기부터 시장통합을 목적으로 한 경제통합체가 아니었

다. 따라서 아세안 초창기에는 역내경제 협력의 큰 성과는 없었다. 그러나 1976년 인도네시아 발리에서 개최된 제1차 ASEAN 정상회의에서 회원국들의 정상들은 아세안이 추구해온 지역안보와 평화유지는 경제발전이 기초가 되어야 한다는 점을 확인하고 역내 경제협력을 촉진하기 위한 동남아우호협력조약과 ASEAN 협력선언을 채택하였다. 동남아우호협력조약은 농업 및 공업부문에서의 협력증진과 역내 공동의 간접시설 확충을 위한 협력에 합의한 조약이고, ASEAN 협력선언을 통하여 역내 경제협력의 구체적인 행동계획을 제시하였다.(KOTRA, 2011)

2. 아세안 경제협력사업

1) 아세안 산업계획(AIP:ASEAN Industrial Project)

AIP는 아세안 국가들간의 중복투자를 줄이고, 역내분업을 통한 공업화 촉진을 위해 아세안 회원국들이 가장 경쟁력이 있는 1개의 프로젝트를 선정하고 특화하여 정책산업으로 육성하는 것을 목표하고 있다. 1976년 제1차 ASEAN 정상회담에서 제1단계로 인도네시아와 말레이시아의 요소비료, 태국의 암염·소다회, 싱가포르의 디젤엔진 등 5대사업을 합의하였다.

2) ASEAN 산업보완계획 (AIC:ASEAN Industrial Complementation Scheme)

AIC는 특정산업의 생산단계별로 각 회원국이 참여하여 분업화를 이루는 수평적인 분업 계획이다. 이를 통하여 아세안 회원국 간에 산업을 보완적으로 발전시키려는 경제협력사업이다.

구체적으로 최소한 4개국 이상이 참여하여 AIC 사업으로 선정되면 기존제품은 2년, 신제품은 3년간 독점적인 생산권을 부여하는 계획이다. 1988년부터 자동차산업에서 특정상표에 대한 수평적인 분업체계를 추구하는 제품별 보완체제가 시행되었다. AIC에는 미츠비시, 도요타, 닛산, 볼보, 메르세데스 벤츠 등이 참여하였다.

3) ASEAN 합작 사업계획(AIJV : ASEAN Industrial Joint Venture)

AIJV는 아세안 2개국 이상과 역외국의 기업이 합작으로 참여하는 사업에 대하여 상호 특혜관세를 부과하여 외국의 선진기술 도입을 촉진하고 역내 생산 및 교역을 확대하려는 경제협력이다.

AIJV에 참여하는 아세안 기업은 최저 5%의 지분을 출자해야 하며, 외국인의 지분은 49%이하로 제한된다. 그러나 총생산량의 50% 이상이 역외로 수출되는 경우에는 50%이상의 외국인 출자를 허용한다.

4) 공동지역개발 사업

공동지역개발 사업은 아세안의 특정지역을 아세안 회원국들이 공동 개발하여 회원 국간에 교역과 투자를 확대하고 외국인투자를 증가시키려는 성장삼각지대 경제협력이다.

성장삼각지대(growth triangle area)는 아세안 국가들중에서 인접국가나 인접 지역간의 서로 다른 부존자원과 생산요소를 보완적으로 결합하여 아세안의 특정지역을 공동개발하여 외국인투자유치와 회원국간 교역 및 투자를 확대하기 위해 설정한 경제지역이다.(Asean, 2011)

Check Point 아세안의 성장삼각지대는

아세안의 성장삼각지대는 다음과 같다.

첫째, 싱가포르-조호르(말레이시아)-리아우(인도네시아) 성장삼각지대.

둘째, 메단(인도네시아)-페낭(말레이시아)-푸켓(태국)을 연결하는 북성장삼각지대.

셋째, 민다나오(필리핀)–사바(말레이시아)–칼리만탄(인도네시아)–브루나이를 연결하는 동ASEAN 성장삼각지대.

아시안 에세이

"아시아는 의료관광中..태국, 싱가포르 등 각축"

매년 20만명의 외국인환자를 유치하는 태국의 사미티벳병원(Samitivej Hospital)은 한국시장을 열기 위해 한국인에 대해서는 가격제도를 다르게 적용하고 있다. 태국을 대표하는 대형종합병원으로 유럽이나 중동, 일본환자들에게는 한국의 수가와 비슷하거나 더 높은 비용을 청구하지만 한국인들에게는 절반도 안되는 비용을 받는 것이다.

사미티벳병원 한국인 전용 에이전트 GM투어 관계자는 "한국인들에게는 태국 현지인보다도 낮은 수가를 적용해주고 있다"며 "'의료 선진국'이라는 한국에서도 원정오는 병원이라는 인식을 심어줄 수 있기 때문"이라고 말했다. 적지 않은 규모의 한국 의료시장 개척은 '덤'이다.

사미티벳병원은 태국 전역에 17개 병원을 운영하고 있는 'BDMS(방콕병원그룹)'의 핵심병원으로 미국 국제의료기관 평가(JCI) 인증을 받았다. BDMS는 태국 최대 병원그룹으로 매년 70만명의 외국인환자를 유치해 2008년에만 212억8500만바트(8000억여원)의 수익을 올렸다.

이같은 수익은 특급호텔 수준 시설 보강과 최신장비 도입, 고급인력 유치에 재투자된다. 주식시장에 상장돼 있어 자본조달도 쉽다. 태국 이외에도 캄보디아에 3개, 베트남에 2개, 미얀마에 3개, 방글라데시에 3개 병원을 보유한 원동력이다.

태국에서 의료관광에 앞장서고 있는 병원은 사미티벳병원과 범룽랏병원, 방콕병원 정도다. 이들 3곳에서 150만명에 달하는 태국 의료관광객의 절반 이상을 맡고 있다.

그는 "중동국가 왕족들은 대부분 이곳을 이용한다고 보면 된다"며 "의료질을 의심하던 외국인들도 직접 와서 보면 규모와 시설에 압도돼 더 이상 의심하지 않는다"고 말했다.

특히 의료수준에 대해서는 "태국과 한국 일반을 놓고 비교하면 한국이 우세할지 모르겠지만 외국인들을 주고객으로 삼는 태국병원들은 태국 현지에서 톱 수준이며, 그 병원에서도 톱 수준 의사들이 외국인들을 치료하기 때문에 절대 한국에 뒤쳐지지 않는다"고 강조했다.

이처럼 '외국인환자 유치'에 총력을 기울이는 병원들의 노력에 자본조달을 쉽게 하는 태국 정부의 규제개혁이 더해지며 태국은 의료관광 1등자리를 더욱 공고히 하고 있다. 우리나라가 '의료민영화' 논쟁에 주춤하는 사이 태국은 외국은 물론 우리나라 시장까지 잠식하고 있는 것이다.

사미티벳병원과 함께 태국 대표 병원으로 알려진 범룽랏병원 역시 주식시장에 상장돼 있으며, 방콕은행이 대주주다. 개인의원 위주로 형성돼 있는 우리나라 의료관광 시장과 다른 점이다. 서울대병원이나 세브란스병원 등 대형병원들도 외국인환자 유치에 나서고 있지만 워낙 국내환자 수요가 많아 한계가 있다.

모 대학병원 관계자는 "우리나라 대형병원들은 이미 환자가 차고 넘쳐 외국인환자 유치에 관심이 '있으면서도 없다'"며 "병원 전체가 외국인환자 중심으로 움직이는 나라를 따라잡기 어려운 이유"라고 말했다.

태국만 위협적인 것은 아니다. 싱가포르 역시 20년전부터 의료관광을 국가적인 차원으로 집중 육성했으며, 2012년까지 연 100만명의 외국인환자를 유치해 30억달러(GDP의 1%)를 벌겠다는 목표로 동분서주하고 있다. '샴쌍둥이' 분리수술로 유명한 래플즈병원은 산부인과, 파크웨이병원은 암센터를 특성화시켰다.

특히 파크웨이병원그룹은 주식시장에도 상장된 싱가포르 최대 민간병원으로 자국에서 3개의 대형병원을 운영하는 동시에 말레이시아(11개), 중국(6개), 인도(2개), 브루나이(1개) 등 인접국가로도 병원을 확장하며 '세'를 늘려가고 있다.

대만은 중국환자 잡기에 열을 올리고 있다. 저렴한 가격을 앞세워 한국으로 성형수술받으러 떠나는 중국인들을 잡겠다는 심산이다. 실제로 2008

년 중국인들의 대만 개인여행이 허용되면서 작년 한해동안 97만여명의 중국인이 대만을 방문했다. 이같은 기회를 십분 활용해 '의료관광' 시장을 성장시키겠다는 복안이다.

인도와 말레이시아도 '외국인환자 유치'를 핵심사업으로 정하고 적극적으로 나서는 병원에 세제혜택을 주는 한편 입국절차를 간소화시키는 등 활발하게 지원하고 있다.

최근에는 우리나라 의료관광객 중 상당수를 차지하던 일본도 '외국인환자 유치'에 동참하고 나섰다. 의료관광을 경제성장 정책의 하나로 정하고 내년부터 외국인환자에게는 '의료체류비자시스템'을 도입, 여러 번 입국이 가능한 6개월 유효비자를 발급해주기로 했다. 기존 비자의 경우 한번의 입국만이 가능했으며 90일만 체류할 수 있었다.

우리나라도 정부차원에서 적극적으로 외국인환자 유치에 나서고 있지만 아직 걸음마 수준이다. '메디컬비자'가 도입돼 입국 문제는 일부 해결됐고, 외국인환자에 한해서는 유인알선 행위도 가능하게 했지만 아시아 국가들의 '대형화' 추세에 맞추려면 아직 자본조달 등에서 한계가 많기 때문이다.

작년 기준 우리나라를 찾은 외국인환자는 6만여명에 불과하다. 이마저 4500여명의 미군과 교포가 포함된 수치다. 태국 사미티벳병원 한곳의 유치실적 4분의 1에도 미치지 못하는 수준이다. 태국과 싱가포르는 각각 연간 150만명과 50만명의 외국인환자를 유치하고 있다.

박인출 글로벌헬스케어협회 회장은 "의사 개인자본으로는 대규모 설비투자나 의료진 충원에 한계가 있을 수밖에 없다"며 "거대자본의 각축장인 아시아에서 살아남기 위해서는 민간자본 투자가 필수적"이라고 강조했다.(머니투데이, 2011.1.1)

제2장 _ 아세안 자유무역지대

1. AFTA란 무엇인가

AFTA = ASEAN FTA = 아세안 국가들간의 자유무역협정(FTA)

AFTA(ASEAN Free Trade Area)는 아세안자유무역지대, 아세안자유무역협정이다. AFTA는 회원국간의 무역거래에 대한 관세 및 비관세장벽을 점진적으로 철폐하여 역내무역을 자유화하고, 외국인의 아세안 역내투자를 촉진하려는 자유무역협정이다.

AFTA는 동남아국가연합(ASEAN)의 선발 6개국이 결성한 경제통합체이다.AFTA는 1993년 1월 1일 공식 출범했다. AFTA는 역내 국가간의 상품교역에 제한요인으로 작용하는 관세를 인하하고 비관세장벽을 철폐하여 역내국간의 무역 자유화를 확대하고, 역외국가에 대해서는 개별국가들의 독자적인 관세정책 등의 무역정책을 행하는 경제통합이다. AFTA는 아세안 역내 경제협력의 확대와 기술,인적자원의 자유로운 이동을 활성화하는데 목적이 있다.

Check Point NAFTA와 AFTA의 차이점은 무엇인가

NAFTA는 멕시코의 저임금과 캐나다의 자원, 미국의 자본, 기술을 결합한 형태인데, 이는 아세안의 주요 수출품목인 노동집약적인 산업에 불리하다.(이요한, 2005: 157)

NAFTA와 AFTA는 자유무역협정(FTA)이라는 공통점이 있다. 그러나

NAFTA가 선진국인 미국, 캐나다와 개도국인 멕시코간의 수직적 통합인 반면에 AFTA는 경제발전단계가 유사한 개도국간의 수평적통합이라는 차이점이 있다.

2. AFTA의 출현배경

아세안 자유무역지대(AFTA : ASEAN Free Trade Area)는 1991년 6월에 태국의 아난 빤야라춘(Anand Panyarachun) 수상이 역내 공업제품의 거래에 대해 아세안 자유무역협정을 제안하면서 논의가 시작되었다. 그리고 그 해 10월 아세안 경제장관들은 아세안 자유무역지역을 창설하기로 합의하였다(홍진의, 2005). 아세안의 출현배경은 아세안의 내부적 요인과 외부적 요인으로 구분하여 볼 수 있다.

1) 내부적 요인

아세안은 AFTA 출범 이전에 아세안 회원 국간 분업과 협력을 촉진하는 다양한 중장기 경제협력 프로그램을 마련하였으나 아세안 회원국들의 이해상충으로 큰 성과를 이루지 못했다.

따라서 아세안 회원국간의 경제협력을 통한 지속적인 경제성장을 위해서는 좀더 구체적이고 강력한 경제협력계획이 필요했다. 또한 아세안 국가들의 경제발전단계와 비교우위를 토대로 아세안 역내국가간 산업간, 공정간 분업 및 특화가 필요했다.

2) 외부적 요인

아세안 회원국간에 AFTA가 합의될 수 있었던 가장 큰 요인은 국제통상환경의 변화가 아세안 회원국의 이해상충을 능가할 만큼 절박했기 때문이다. 특히 선진국을 중심으로 전개되었던 신보호무역주의와 NAFTA나 EU와 같은 세계적인 블록화 확산은 아세안 회원국들간의 획기적인 경제협력의 필요성을 대두하게 하였다.

외부적인 요인의 변화에 의한 아세안의 AFTA 출현 배경은 다음과 같다. 첫째, 선진국의 보호무역주의와 지역주의의 강화에 따른 아세안의 협상력 강화가 필요했다. 둘째, 사회주의 국가들의 개방으로 감소하는 외국인 투자 유치를 위해 집단적 경제협력이 필요했다.

Check Point NAFTA, EU가 왜 AFTA 출현을 가져왔나

아세안 회원국들의 산업 및 경제구조는 대부분 미국, 일본, 유럽 등의 선진국들에게 수직적으로 종속되어 있다. 이러한 아세안의 국제분업구조에서 미국과 유럽이 폐쇄적으로 경제블록화되면 미국과 유럽의 아세안에 대한 자본과 기술 등의 직접투자가 감소할 것으로 예상되었다. 아세안이 지속적인 성장을 하려면 자본과 선진기술이 절대적으로 필요한데 선진국을 중심으로 한 경제통합은 아세안에 큰 위기로 다가왔다.

Check Point 동아시아 공업국가들의 해외투자 변화가 왜 AFTA 출현을 가져왔나

AFTA 출범 이전에 아세안 전체로 보면 외국인투자는 증가하여 왔으나 1990년대 들어 하향추세를 보였다. 아세안 회원국들중에서도 특히 태국과 말레이시아의 감소가 컸다.

이러한 아세안에 대한 외국인 투자의 감소현상은 일본을 비롯한 동아시아 공업국가들이 아세안에 대한 해외투자를 줄이고 새롭게 출범한 NAFTA와 EU의 시장을 선점하기 위하여 북미와 유럽지역에 투자를 증가했기 때문이다. 중국과 베트남 등의 사회주의국가들의 시장개방과 적극적인 외국인 투자유치로 동아시아 공업국가들의 아세안에 대한 외국인 투자가 감소하였다. 아세안은 이러한 동아아시아 국가들의 EU, NAFTA, 중국 등에 대한 해외투자를 다시 아세안으로 유치하기 위한 방안으로 AFTA를 도입하였다.

아시안 에세이

"'EU식 통합' 닻 올린 아세안 10개국 5억명 '하나로'"

올해로 창설 40주년을 맞은 아세안(동남아국가연합) 10개 회원국이 2015년까지 유럽연합(EU)식 공동체를 설립하기로 합의했다. 아세안은 인구 5억6000만명의 단일시장으로 큰 잠재력을 지니고 있지만 각국 역사와 문화가 상이한 데다 경제력 차이도 커 EU식 통합이 쉽지만은 않을 것이란 전망도 제기되고 있다. 아세안이 꿈꾸는 미래와 이를 가로막는 장벽 등을 살펴본다.

아세안 10개 회원국 정상들은 지난달 20일 싱가포르에서 열린 제13차 연례 정상회의에서 지역 공동체의 헌법 역할을 하게 될 "아세안 헌장"과 EU식 경제공동체인 "아세안 경제공동체"(AEC) 청사진에 서명했다. 지지자들은 아세안 헌장의 승인을 1957년 EU 탄생의 초석을 놓은 로마조약에 비유하며 아세안의 통합을 기정사실화하고 있다.

아세안은 1967년 인도네시아, 말레이시아, 필리핀, 태국, 싱가포르 등 5개국이 설립했으며, 1984년 브루나이에 이어 1990년대 베트남, 라오스, 미얀마, 캄보디아가 잇따라 가입하면서 회원국이 10개국으로 늘었다.

청사진에 따르면 아세안 회원국은 경제와 통상 개방으로 2015년까지 단일시장과 단일 생산기반을 구축하게 된다. AEC 하에서는 EU의 유로화와 같은 단일통화는 없으나 상품, 서비스, 투자, 숙련공, 자본의 역내 교역이 자유롭게 이루어질 전망이다.

아세안의 통합 노력이 성공한다면 이 지역은 또 하나의 대규모 경제 블록으로 자리매김하게 된다. 아세안의 인구는 5억6000만명으로 4억5000만명가량의 EU보다 규모가 크다. 경제 규모도 1조달러에 달해 인도보다 크며, 1999년 이래 연평균 경제성장률이 5.1%에 달할 정도로 성장세도 가파르다. 컨설팅업체 매킨지의 연구 결과에 따르면 아세안 시장의 통합은 역내 국내총생산(GDP)을 10% 이상 증대시킬 것으로 보인다.

하지만 아세안이 EU처럼 경제적 통합 수순을 거쳐 정치적 통합의 결실을 맺기까지는 풀어야 할 과제가 산적해 있다는 게 전문가들의 분석이다.

우선 EU와 아세안을 단순 비교하는 것은 여러 면에서 볼 때 무리가 있다. EU보다 10년 늦게 출범한 아세안은 EU에 응집력과 힘을 실어줬던 조직화된 틀이 결여됐다. 40쪽으로 된 헌장이 승인되면서 아세안은 처음으로 법규에 기반한 조직이 됐지만 헌장 초안자들은 아세안 헌장을 헌법이라기보다는 기본틀 협약이라고 설명한다. 이는 많은 그룹들의 권력이 모호하게 남아 있다는 것을 의미한다. 물론 헌장 승인으로 아세안 사무국의 역할이 증대되면서 법규 준수 감시, 분쟁해결 중재 등 새로운 체제는 어느 정도 강화될 전망이다.

그러나 결정적으로 아세안에는 회원국을 아우를 의회와 사법체계, EU 집행위원회 같은 조직이 없다. 비판가들이 아세안을 "엉뚱한 곳으로 표류하는 의회"라고 폄훼하는 것도 이 때문이다.

회원국 간 정치적 분열은 경제 통합을 더욱 어렵게 하고 있다. 최근 미얀마의 인권탄압 사태를 두고 미얀마를 비롯해 베트남, 캄보디아, 라오스가 내정 불간섭 원칙을 주장한 것이 대표적인 사례다.

회원국 대부분이 권위주의 정부라는 사실도 지역공동체에 권력을 이양하기 힘든 요인이다. 미얀마는 군부독재 정권이고, 브루나이는 전제군주국이며, 베트남과 라오스는 공산정권이 통치하고 있다. 싱가포르, 말레이시아, 캄보디아는 "통제된 민주주의" 체제며, 태국도 같은 방향으로 향하고 있다. 가장 민주적이라는 필리핀과 인도네시아도 최근 들어 강한 민족주의 색채를 나타내고 있다.

경제 격차 또한 간과할 수 없는 장애물이다. 더구나 1990년대 베트남, 미얀마, 라오스, 캄보디아가 가입하면서 회원국 간 경제 격차는 더욱 커졌다. 뒤늦게 가입한 빈국들은 싱가포르 같은 부국의 경제 우위가 가중될 것을 우려해 시장 자유화를 꺼리고 있다. 싱가포르 최대 국영투자회사인 테

마섹이 태국 통신회사 신코퍼레이션, 인도네시아 통신업체 인도샛과 텔컴셀의 지분을 인수하자 해당 국가에서 엄청난 반발을 불러일으키기도 했다.

아세안 시장의 역내 교역이 미미하다는 점도 통합에는 부정적인 요인이다. EU 역내 교역이 70%에 이르는 반면 아세안 역내 교역은 1990년 이래 전체 교역 중 22%에 불과하다.

싱가포르 CIMB-GK 리서치의 송 셍 윤 연구원은 AP통신과 가진 인터뷰에서 "회원국의 정치적 배경과 경제 발전 단계가 다르기 때문에 아세안이 (단일시장과 단일생산기반 구축) 목표를 달성하기가 쉽지 않다"며 "보호장벽을 허물겠다는 목표는 바람직하며 일부는 실현 가능하겠지만 모든 회원국이 개방할 준비가 되어 있지 않는 한 단일시장 구축은 어려울 것"이라고 지적했다.(세계일보, 2007.12.06)

Check Point AFTA의 출현이 ASEAN에 미친 영향은

AFTA는 아세안이 지역경제 통합체로 도약하는 토대를 마련하였다. 아세안은 창설 초기부터 90년대 이전까지는 각 회원국들이 역내경제협력의 필요성은 인식하고 있었으나 실질적인 협력에는 이르지 못하였다. 그 이유는 아세안은 출범 초기에 시장통합을 고유의 목적으로 한 경제통합체로 발족한 것이 아니었기 때문이다.(이재기, 2007: 34-39)

3. AFTA의 성립과정

아세안은 1987년에 개최된 제3차 마닐라 ASEAN 정상회의에서 우루과이 라운드, 세계 지역주의 확산에 따른 아세안 지역협력에 착수하였고, 아세안은 1980년대 후반 이후 아세안 역내 경제통합을 위한 다양한 노력을 하였다. 이러한 가운데 1991년 10월 쿠알라룸푸르에서 개최된 제23차 ASEAN 경제회의(AEM: ASEAN Economic Meeting)에서 자유무역지대 창설에 대한 태국의 제안에 대한 합의가 이루어졌고, 1992년 1월 싱가포르에서 개최된 제4차 ASEAN 정상회담에서 ASEAN자유무역지대(AFTA)협정에 서명했다.

태국에 의해 제안된 AFTA안은 초기에 싱가포르와 말레이시아 등 역내 선발 산업국들의 지지를 얻었으나, 후발국들의 반응은 소극적 이었다. 그러나 아세안은 준비기간의 5년 연장과 인도네시아가 제안한 공동유효특혜관세를 받아들임으로써 AFTA의 결성이 가능케 되었다.(양승윤, 1996,304-306)

〈표〉 아세안의 발전과정

• 1967.	역내협력기구(방콕협정)
• 1971.	설립논의 공식화(제4차 ASEAN 각료회의)
• 1976. 2.	인도네시아 발리(제1차 정상회담) '동남아 협력조약', 'ASEAN 협력선언' 채택을 통한 본격화 동남아 협력조약-농업 및 공업분야에서의 협력증진과 공동 사회간접자본의 확충을 위한 협력강화에 합의 ASEAN 협력선언-경제협력의 구체적인 행동계획을 제시
• 1976.	ASEAN 산업계획
• 1977.	특혜무역협정
• 1981.	ASEAN 산업보완계획
• 1987.	제3차 ASEAN 정상회담(마닐라) '마닐라 선언' 채택 -특혜무역협정의 대상품목과 관세인하의 확대, 비관세장벽의 재검토, 산업협력 정책의 강화
• 1990.10	제22차 ASEAN 경제장관회의 -시멘트, 비료, 펄프에 대해 공동유효특혜관세 적용 합의 1991. 6. ASEAN 자유무역지역 창설 제안(태국 아난수상) 1991.10 제23차 ASEAN 경제장관회의 -관세인하기간에 대한 연장(10년에서 15년으로), 자유무역지대의 추진수단으로서 인도네시아가 제안한 공동유효특혜관세를 받아들임
• 1992. 1.	제4차 정상회담(싱가포르) 아난수상의 제안수용 'ASEAN 경제협력증진을 위한 기본협정'에 서명 - 관세인하기간을 10년에서 15년으로 연장하여 자유무역지역 추진하고 1993년 1월 1일부터 15년간 단계적으로 역내 공산품의 관세를 0~5%로 인하하게 되는 공동유효특혜관세(CEPT:Common Effective Preferential Tarriff)제도 도입
• 1993. 1.	관세인하 추진 시작
• 1994. 9.	제26차 ASEAN 경제장관회의 - 역내관세인하 일정 2008년에서 2003년으로 단축 종전에 관세인하에서 제외되었던 미가공 농산물중 일부를 제외한 모든 교역품을 관세인하 대상품목에 포함 - 역내 무역자유화를 당초 계획보다 단기에 실현시킬 것을 합의
• 1995. 12.	제5차 ASEAN 정상회담 - 쌀, 밀 등 농산물에 대한 관세철폐기한을 2010년으로 설정 금융, 해운, 항공, 통신, 관광, 건설 등 서비스 산업의 역내개방과 관련된 협정을 1998년 12월에 체결하기로 합의
	ASEAN 자유 투자지역(AFIA:ASEAN Investment Area) 설립 - 역내투자 활성화/외국인 투자 유치, 지적재산권의 보호, 역내 공통의 특허 및 상표권 제도의 개발, 역내 운수 및 통신서비스의 통일화 작업 추진

자료: Asean

4. AFTA의 효과

AFTA는 아세안 회원국간의 경제협력을 강화시켰다. AFTA 출범 이전에 아세안의 경제협력은 제도적으로 강제력이 없어서 아세안 회원국들의 개별 이익과 상충될 경우 아세안의 경제협력 프로그램의 협정사항의 이행에 비협조적이었다. 그러나 아세안 회원국들의 협정준수를 포괄적으로 규정하고 있는 AFTA의 출현은 아세안의 경제협력을 더욱 향상 시켰다.

AFTA는 대내외적 도전에 아세안이 능동적이고 적극적으로 대응하는 수단으로 평가받고 있다. 그 이유는 첫째, AFTA를 통해 아세안국가들이 역내시장을 특혜적으로 공유함으로써 아세안 제품의 경쟁력을 제고하고, 아세안 기업들로 하여금 해외시장으로 진출하기 전에 아세안시장에서 먼저 경쟁 할 수 있는 토대를 제공하였다.

둘째, 성장 잠재력이 큰 아세안국가들의 시장확대를 통하여 외국인 직접투자를 유치할 수 있다. 셋째, 아세안국가들의 경제통합은 다자간통상협상에서 아세안의 협상력을 제고시켜 EU, NAFTA 등 다른 경제블록들이 배타적으로 흐르는 것을 적절하게 제어할 수 있다.(박광섭외,2002,62-63)

넷째, AFTA는 아세안에서 활동하고 있는 다국적 기업이나 진출을 고려중인 외국 투자기업의 투자결정에 상당한 영향을 미칠 것이다.

다섯째. AFTA가 실현됨으로서 무역창출과 무역전환효과를 통해서 ASEAN 회원국들은 역내교역을 확대하고, 이로인해 수출확대를 통해 국민소득이 증대가 될 것으로 전망된다. (홍순영, 2005)

Check Point AFTA는 계속 진화하고 있는가

아세안은 출범 이후 1998년 12월 아세안 정상회의에서 아세안 역내 관세를 5%로 인하시키는 CEPT 실행 일정을 당초 2003년에서 2002년으로 앞당기는 등 아세안의 무역자유화에 박차를 가하고 있다. 아세안의 역내 평

균관세율도 1998년 5.37%에서 2003년 2.68%로 낮아 졌다.(Asean. 2011)

아세안 정상회담 표지(발리)

Check Point 아세안과 EU의 협력관계는

과거 유럽의 서구 열강들로부터 식민지배를 받았던 아세안과 식민종주국이었던 EU 국가들의 관계는 역사가 장구하다. 최근 아세안·EU의 협력은 폐쇄적 형태보다 개방적 지역주의의 형태를 특징으로 한다. EU는 아세안이 과거 식민지 통치 이후 상대적으로 소홀했던 관계를 개선하고 새로운 협력형태로 나아가기를 원하고 있다. 1996년 ASEM회의를 계기로 ASEAN·EU관계는 급속히 발전하고 있다.(이요한, 2005: 157)

2009년 3월 EU는 EU·ASEAN FTA 협상이 ASEAN 10개국간의 경제 격차와 일부 국가의 인권문제로 난항을 겪자 ASEAN 전체와의 협상을 중단하고 2009년 12월 ASEAN 개별국과의 FTA 추진 의사를 밝혔다.(singapore fta network, 2011)

제3장 _ AFTA 협정의 이해

1. AFTA 협정의 개요

아세안은 1977년부터 특혜관세 제도를 실시해 왔지만 성과가 미미하였다. 따라서 아세안 정상들은 보다 실질적인 아세안 역내 경제통합을 달성하기 위해 아세안 역내관세율을 0~5%로 인하하고 각 회원국의 비관세장벽도 점차로 철폐하여 자유무역지대를 만들 계획이다.

2. AFTA 협정의 대상분야

AFTA의 대상분야는 관세인하뿐만 아니라, 비관세장벽 철폐도 포함되어 있다. 선발 6개국 국가 간에는 2010년까지 모든 관세를 없애고, 후발 4개국은 2015년까지 관세를 철폐하기로 했다. 비관세장벽은 AFTA 협정시행 후 5년 이내에 쿼터, 수입허가 등 수량제한을 철폐하고, 협정시행 후 10년 이내에 비관세 장벽을 철폐한다. 또한 원칙적으로 계획대상품목에 대한 외환제한을 철폐한다.

실제로 아세안 국가 간 교역에 있어 가장 큰 비중을 차지하는 것은 전기기계 등이며, 2001년 아세안 6개국이 교역하고 있는 44,062개의 품목 중 1,675개의 품목만이 관세율 5%를 넘었다.

3. AFTA 협정의 대상 품목과 원산지 기준

AFTA의 대상품목은 자본재 및 농산물 가공품을 포함하는 공산품만을 대상으로 한다. 1994년 9월 제26차 ASEAN 경제장관회의에서 관세인하

대상품목을 농산물과 서비스 부문을 제외한 공산품과 가공농산물 등 모든 제조상품으로 명시하였다. 대상품목은 회원 국간에 별도 합의가 없어도 역내관세를 0~5%로 일괄 인하한다. 대상품목의 아세안의 원산지 비율은 40% 이상이다.

Check Point AFTA의 관세인하 대상품목은 어떻게 분류하나

AFTA의 관세인하 대상품목은 가속관세인하 대상품목과 정상관세인하 대상품목으로 분류되고 아세안 회원국이 특정한 경우에 관세인하 예외품목을 지정할 수 있다.

Check Point AFTA의 관세인하 예외인정품목이란

AFTA의 관세인하 예외 인정 품목은 아세안 회원국이 자국의 경제사정에 따라 특정품목을 일시적으로 관세인하 대상품목에서 제외시킬 수 있는 잠정배제 품목과 아세안 회원국의 국가안보 또는 공공도덕 등의 이유로 예외를 인정받는 일반예외 품목과 비가공 농산물이다.

4. 무역자유화 조치와 긴급조치

아세안 회원국은 무역자유화를 위하여 기준을 통일화하고, 제품시험 및 인증을 상호 인정한다. 거시경제에 대해 협조하고, 외국인투자에 대한 장벽을 제거한다. 또한 공정경쟁에 관한 규칙을 제정하고 모험자본을 육성한다.

Check Point AFTA에서는 시행된 특혜조치를 수정할 수 없나

아세안 회원국은 AFTA 협정 실시 후에 수입 급증으로 국내산업의 피해가 발생 했을 때 특혜조치의 적용을 일시적으로 중지시킬수 있다.

또한 AFTA 협정에 의하면 회원국은 전략적으로 중요한 산업을 임시로 자유무역대상에서 제외할 수 있다. 실제로 말레이시아는 자동차시장 개방을 2년하였다.

〈표〉 AFTA 협정 내용

대상분야	관세인하 및 비관세 장벽 철폐
대상품목	공산품만을 대상(자본재 및 농산물 가공품 포함)
관세인하방법	원칙 – 협정시행후 15년간(2007년까지) 공산품 전체관세율을 0~5%로 인하하고 협정시행 후 5년에서 8년 이내에(1997년에서 2000년까지) 관세를 20%로 인하 – 실시방법은 각 회원국이 결정하여 협정실시 때 발표 – 5년에서 8년 이내에 인하비율은 균등인하 권장 – 매년 인하율을 최저 5%로 권장 – 각 회원국은 민감 품목을 설정하여 제외할 수 있음
원산지규정	ASEAN의 원산지 비율은 40% 이상으로 함
비관세장벽	협정시행 후 5년 이내에 수량제한 철폐, 협정시행 후 10년 이내에 비관세 장벽 철폐, 원칙적으로 계획대상품목에 대한 외환제한 철폐
무역자유화조치	회원국은 무역자유화를 위하여 다음의 사항에 협조함 – 기준 통일화 – 제품시험 및 인증의 상호승인 – 외국투자에 대한 장벽제거 – 거시경제에 대한 협의 – 공정경쟁에 관한 규칙제정 및 모험자본의 육성
긴급조치	회원국은 협정 실시 후에 수입증대로 인한 국내산업의 피해가 발생했을 때 특혜조치의 적용을 일시적으로 중지할 수 있음
실시기구	아세안 경제 각료회의는 협정 실시를 감독, 조정하기 위해 1명의 각료급 대표로 구성되는 이사회를 설치함

자료: Asean

5. AFTA의 관세인하방식

1) AFTA 관세인하 계획

AFTA 협정시행후 15년간 공산품 전체관세율을 0~5%로 인하하고 협정시행 후 5년에서 8년 이내에 관세를 20%로 인하한다. 구체적인 실시방법은 각 회원국이 결정하여 협정실시 때 발표한다. 5년에서 8년 이내에 관세 인하비율은 균등하게 인하한다. 그러나 매년 인하율은 최저 5%로 한다.(kmi, 2005)

당초 관세인하 계획은 1993년 1월 1일부터 15년간 단계적으로 역내 공산품의 관세를 0~5%로 인하하기로 하였으나 싱가포르와 말레이시아를 제외한 다른 아세안 회원국들이 소극적인 태도를 보여 1993년 10월 관세인하 개시시기를 1994년 1월로 연기하였다.

그러나 1994년 9월 제26차 ASEAN 경제장관회의에서 역내의 관세인하 일정을 당초의 2008년에서 2003년으로 5년간 단축하였다.

1999년 11월 필리핀에서 개최되었던 제3차 ASEAN 비공식정상회의에서 기존 6개 회원국은 최종적으로 2010년까지, 후발가입국은 2018년에서 2015년까지 단축시켜 역내관세를 철폐하기로 결정하였다.(이재기, 2007: 208)

Check Point AFTA의 관세인하는 국가간 차이가 없나

말레이시아, 싱가포르, 브루나이, 태국, 인도네시아, 필리핀 등 기존 6개 회원국은 2010년까지, 베트남, 라오스, 캄보디아, 미얀마 등 추가 가입 4개국은 2015년까지 모든 품목에 대한 수입 관세를 철폐할 예정이다.

ASEAN 회원국의 CEPT 관세인하품목 (2003년)

	관세인하품목					비율				
	IL	TEL	GEL	SL/HSL	계	IL	TEL	GEL	SL/HSL	계
브루나이	6,337	–	155	–	6,492	96.71	–	2.39	–	100
인도네시아	7,444	–	77	11	7,532	98.83	–	1.02	0.15	100
말레이시아	10,116	218	53	8	10,395	97.32	2.10	0.51	0.80	100
필리핀	5,632	–	16	10	5,658	99.54	–	0.28	0.18	100
싱가포르	10,705	–	–	–	10,705	100.00	–	–	–	100
태 국	9,211	–	–	–	9,211	100.00	–	–	–	100
ASEAN 6	19,445	218	301	29	49,993	98.90	0.44	0.60	0.06	100
캄보디아	3,115	3,523	134	50	6,822	45.66	51.64	1.96	1.96	100
라오스	2,535	864	74	78	3,551	71.39	24.33	2.08	2.20	100
미얀마	4,182	1,224	48	18	5,472	46.43	22.37	0.88	0.33	100
베트남	10,143	41	416	89	10,689	94.89	0.38	3.89	0.83	100
CLMV	19,975	5,652	672	235	26,534	75.28	21.30	2.53	0.89	100
ASEAN 합계	69,420	5,870	973	264	76,527	90.71	7.67	1.27	0.34	100

자료 : 이재기(2007)

Check Point 아세안 국가들은 역외국가에 공통관세를 부과하나

AFTA 회원국들이 비회원국에 대해 적용하는 관세율은 각 회원국의 독자적인 결정에 달려 있다. 관세인하계획에 의한 관세 인하 개시일자가 회원국별로 다를 뿐 아니라 관세인하 시행방법도 회원국의 결정에 달려 있다.(정영규, 2003: 42)

Check Point AFTA는 모든 분야에서 관세 인하가 이루어지나

AFTA는 형태로서는 자유무역지역이지만, 역내관세의 인하대상이 되는 것은 모든 분야에서가 아니라 제조업 제품뿐이다. 이 때문에 AFTA의 실현의 방법에 대해서도 각국의 관세인하 대상품목비율은 국가마다 차이가 있고 자주적인 판단에 책임을 지게하고 있다.(김기흥,1998,436)

2) 공동유효특혜관세

공동유효특혜관세(CEPT: Common Effective Preferential Tariff)는 아세안 단일시장을 위한 자유무역지대의 실현을 위한 아세안 국가들의 대규모 관세인하 프로그램이다.

1992년 싱가포르의 제4차 정상회담에서 AFTA의 창설에 합의하면서 아세안 정상들은 AFTA를 효과적으로 추진하기 위하여 기존의 특혜관세제도(PTA)보다 광범위한 대규모의 관세인하를 추진하였다.

아세안은 이러한 목표를 달성하기 위한 관세인하 방법으로 공동유효특혜관세를 선택하였다. CEPT는 개별품목 별로 관세를 철폐하지 않고, 부문별로 관세를 인하하는 방식이다. 또한 각국이 작성한 관세인하 제외품목을 인정하고 있다.(양승윤, 1996,306-307)

Check Point 아세안 회원국이면 무조건 CEPT 혜택을 받을 수 있나

아세안 국가들이 거래하는 특정상품이 공동유효특혜관세의 적용을 받으려면 특정상품이 수출국과 수입국 모두의 CEPT의 대상품목에 포함되어야 한다.

또한 역내 부가가치 비율의 누계가 40%이상이어야 한다. 수출국의 관세율이 20% 이하인 상품은 모든 아세안 국가에서 CEPT의 특혜관세를 적용

받을 수 있지만 수출국의 관세율이 20%를 초과하는 상품은 수입국에서의 관세율도 20%를 초과하는 경우에만 특혜관세를 적용받을 수 있다.

Check Point Inclusion List와 TEL은 무엇이 다른가

CEPT의 관세인하 적용품목(Inclusion List)은 공산품과 가공 농산물을 포함하는 모든 제조품이다. 그러나 CEPT 적용대상품목임에도 불구하고, 아세안 국가별 경제사정에 의하여 관세인하가 유보되어 있는 제조품은 잠정적 제외 품목(Temporary Exclusion List : TEL)으로 설정하여 일정기간 유예기간을 적용할 수 있다.

Check Point Sensitive Items과 High Sensitive Items에는 어떤 상품들이 있나

아세안 회원국들은 야채, 과일, 곡물류, 육류 등의 비가공 농산물을 민감품목(Sensitive Items)으로 설정하여 CEPT 적용을 배제하였다.

또한 아세안 회원국들은 쌀, 설탕 등을 고민감품목(High Sensitive Items)으로 설정하여 국별로 관세율을 탄력적으로 운용하여 관세인하에서 배제하였다.

Check Point CEPT 제외품목의 효과는

아세안 일부 회원국이 특정품목을 CEPT 제외품목으로 정하면 동일품목에 대해서 아세안 다른 회원국간에 적용되는 특혜관세를 적용받을 수 없다. 아세안 회원국들은 국가안전보장, 공공도덕의 유지, 국민의 건강 보호, 동식물의 보호, 예술품, 문화재 및 유물의 보호를 위해 CEPT의 적용을 배제할 수 있다[2].

아세안 회원국은 자체적으로 민감품목을 설정하여 관세인하에서 제외할 수 있다. 그러나 이러한 관세인하 제외품목은 CEPT 계획에의한 혜택을 받을 수 없고 이러한 관세인하 제외품목은 HS 관세분류 8~9 단위로 한다.(김세영 외,2003:158)

〈표 〉 아세안 회원국의 역내관세율 인하추이(1998~2003년)

	1998	1999	2000	2001	2002	2003
싱가포르	0.00	0.00	0.00	0.00	0.00	0.00
태　　국	10.56	9.75	7.40	7.36	6.02	4.64
브루나이	1.35	1.29	1.00	0.97	0.94	0.87
인도네시아	7.04	5.85	4.97	4.63	4.20	3.71
말레이시아	3.58	3.17	2.73	2.54	2.38	2.06
필 리 핀	7.96	7.00	5.59	5.07	4.80	3.75
베 트 남	6.06	3.78	3.30	2.90	2.89	2.02
미 얀 마	4.47	4.45	4.38	3.32	3.31	3.19
라 오 스	5.00	5.00	5.00	5.00	5.00	5.00
ASEAN 평균	5.37	4.77	3.87	3.65	3.25	2.68

자료:이재기(2007)

〈표〉 아세안의 고관세 품목 현황

	말레이시아	태국	베트남
고관세(20퍼센트 이상) 부과 품목	2,899개	2,467개	2,447개
전체품목	11,719개	12,602개	10,692개
비중(%)	24.7	19.6	22.9

자료: 이요한(2005)

2) CEPT 제9조

〈표 〉관세인하 및 비관세장벽 철폐계획

구분	현행 관세율 20%이상 품목	현행 관세율 20%이하 품목
1. 정상관세인하 - 1단계 - 2단계	• 1993.1.1부터 5~8년 이내에 20%수준으로 인하 • 이후 7~10년간 0~5% 수준으로 인하	• 1993.1.1부터 15년 이내에 0~5% 수준으로 인하
2. 가속관세인하	• 1993.1.1부터 10년 이내에 0~5%수준으로 인하	• 1993.1.1부터 7년 이내에 0~5%수준으로 인하
3. 비관세장벽양적규제 - 기타비관세장벽	• 1993.1.1부터 5~8년 이내에 철폐 • 양적규제가 철폐된 후 5년 이내에 철폐	• 즉시철폐

자료:정영규(2003)

6. 아세안 주요국들의 AFTA 활용

EU, 미국 등의 선진국들은 아세안과의 FTA에 적극적이었으나 아세안 내부의 경제력 격차와 이로 인한 협상과정에서 난항을 겪고, 최근에는 아세안 전체보다는 아세안 개별국과의 FTA 논의가 더욱 활발하다(IIT, 2011).

아세안 국가들은 일반적으로 체결한 FTA의 활용률이 낮다. 1998년 아세안 국가 전체의 AFTA 특혜관세(CEPT)활용률은 5.6%에 불과했으나, 2008년에는 28.6%로 높아졌다. 특히 태국은 인도네시아와 베트남 수출에 대한 AFTA 특혜관세(CEPT)활용률[3]은 각각 50.6%와 39.9%로 높게 나타났다.

이에 비해 말레이시아의 특혜관세(CEPT)활용률은 대베트남 및 필리핀 수출에 대해 각각 46.7%와 25.0%를 기록하고 있을 뿐 다른 아세안 국가들에 대한 특혜관세(CEPT)활용률은 매우 낮은 수준이다.

아세안 국가들의 AFTA 특혜관세(CEPT)활용률은 아세안 국가별로 큰 차이를 보이고 있는데, 베트남, 인도네시아, 필리핀의 활용률은 30~40%

3) 해당 국가에 대한 총수출 대비 FTA적용 수출액 비율

에 이르고 있는 반면, 아세안 후발참여국의 활용률은 한자리 수를 벗어나지 못하고 있다.(최영석, 2009)

또한 아세안 국가들 중에서 태국은 AFTA뿐만 아니라 독자적인 FTA를 많이 체결했고, FTA 활용률이 높은 편이다. 특히 태국은 수입보다는 수출에서 FTA 활용률이 높다. 호주와의 FTA 수출활용률은 88%나 되고 있다. 2008년 기준 태국과 말레이시아의 무관세 비율은 태국 54.4%, 말레이시아 77.7%였다.(Asean. 2011)

〈표〉 태국의 주요 FTA 활용률 (단위: %)

	수출			수입		
	태국-호주 FTA	아세안-중국 FTA	태국-인도 FTA	태국-호주 FTA	아세안-중국 FTA	태국-인도 FTA
평균 관세 인하율(%)	4.47	1.02	2.56	0.74	0.72	6.61
FTA 활용률(%)	88.15	37.28	80.6	32.03	23.43	44.97

주: 태국-인도 FTA는 조기자유화(Early Harvest) 적용대상 품목임.
자료: Suthiphand(2007) Table 5의 내용을 근거로 작성
Suthiphand, Chirathivat(2007) "Japan-Thailand EPA: Problems and Future". Doshisha University CCAS Working Paper No. 5. May.

〈표〉 태국과 말레이시아의 AFTA 활용률(수출기준) (단위: 백만달러, %)

		AFTA 활용한 수출액					총수출액대비 AFTA 활용액 비율(%)				
		1998	2003	2006	2007	2008	1998	2003	2006	2007	2008
태국	합계	391	2,561	5,509	7,865	10,735	4.0	15.5	20.2	22.6	26.8
	합계(싱가포르 제외)	383	2,454	5,299	7,609	10,343	7.4	23.0	28.2	30.9	34.4
말레이시아	합계	214	1,382	3,071	3,924	4,815	1.2	5.3	7.3	8.7	9.3
	합계(싱가포르 제외)	206	1,242	2,898	3,736	4,561	3.8	13.2	16.9	19.1	20.3

주: 1) AFTA CFPT를 활용하여 수출한 품목의 수출액
2) 수출비용은 MFN관세가 철폐된 품목의 총수출액대비 FTA활용 수출액 비율임.
주: JETRO(2009) *2009 JETRO White Paper on International Trade and Investment: A Global Strategy for Japanese Companies Seeking New Growth in the Green Economy*. August 25. Tokyo: JETRO

	전체 세번의 수	자유화 대상		2007년 기준 세번 수 및 비율			
		세번 수	비율	5% 미만 관세 세번의 수	비율	무관세 세번의 수	비율
태국	8,301	8,301	100.0	8,288	99.8	4,513	54.4
말레이시아	12,593	12,504	99.3	12,439	98.8	9,785	77.7
인도네시아	8,732	8,619	98.7	8,619	98.7	5,730	65.6
필리핀	11,490	11,444	99.6	11,369	98.9	8,149	70.9
싱가포르	10,705	10,705	100.0	10,705	100.0	10,705	100.0
브루나이	10,702	10,598	99.0	9,924	92.7	8,444	78.9
기존회원국 (ASEAN6)	62,523	62,171	99.4	61,344	98.1	47,326	75.7
베트남	10,689	10,523	98.4	10,285	96.2	5,478	51.2
라오스	10,690	10,389	97.2	9,960	93.2	629	5.9
캄보디아	10,689	10,454	97.8	5,301	49.6	603	5.6
미얀마	10,689	10,611	99.3	9,325	87.2	365	3.4
후발가입국 (CLMV)	42,757	41,977	98.2	34,871	81.6	7,075	16.5
전체	105,280	104,148	98.9	96,215	91.4	54,401	51.7

주: 1) 자유화 대상의 세번은 inclusion list에 포함된 세번을 의미
2) 전체 세번의 수 대비 비율
자료: ASEAN

아세안 기업들의 AFTA 특혜관세(CEPT)활용이 저조한 이유는 아세안의 많은 기업들이 AFTA 자체에 대해 잘 인지하지 못하고 있고, 아세안 국가간에 많이 거래되는 전자제품의 다수는 정보기술협정(ITA)에 따라 무관세혜택을 받고 있어 AFTA에 대한 관심이 낮기 때문이다. (Hiratsuka, 2008)

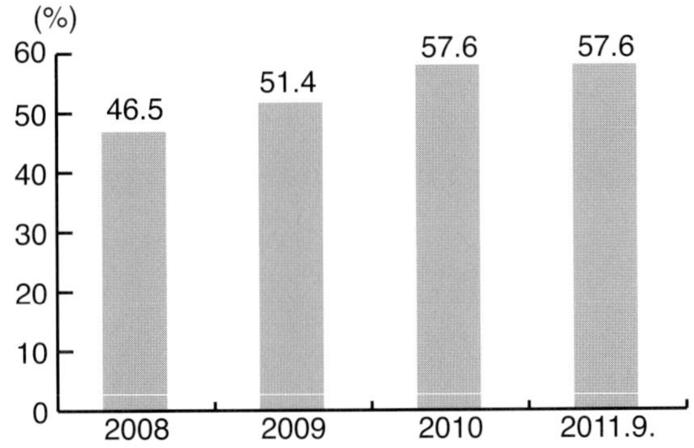

그림 ASEAN의 FTA 발효국과의 교역 비중 추이

주: ASEAN의 교역비중은 ASEAN 역내 교역이 포함된 수치

자료: 중국해관, 2010년 통계

제4장 _ AFTA의 한계와 미래

1. AFTA의 문제점

AFTA는 많은 성과를 거두었지만, 해결할 문제점도 상존하고 있다. AFTA의 문제는 다음과 같다.

첫째, 아세안국가들의 산업구조가 상호보완적이기 보다는 상호경쟁적이기 때문에 무역창출효과보다는 무역전환효과가 더 크게 나타나고 있다

둘째, 아세안 국가들의 경제개발전략은 서로 유사하여 상호보완성보다는 상호경쟁적인 경우가 더 많아 경제협력을 저해하고 있다.(이요한,2005,122)

셋째, 아세안은 회원국간 경제력 차이가 크고, 단일 시장규모는 작지 않지만, 역내경제협력의 비중이 다른 경제협력체에 비해 상대적으로 낮다.

넷째, 아세안은 역외시장에 대한 의존도가 높아 역내교역 규모가 작고 아직까지도 선진국편향의 구조를 갖고 있다(김세영외, 2003,158). 특히 아세안과 비회원국 간 교역량이 전체 교역규모 중 70%를 넘어섰다.(mk, 2007.8.7) EU가 60%, NAFTA가 54%의 역내무역비중을 보이고 있는데 비해 아세안의 이와같은 낮은 비중은 매우 제한적인 협력효과를 나타낼 수 밖에 없다. 아세안은 대부분의 수출시장이 일본, 미국 등에 집중되어 있다.(Chia, 2002:61)

다섯째, 아세안의 신규가입국인 베트남, 라오스, 미얀마, 캄보디아 등의 체제전환국들은 저소득국으로 세계 최대빈국이다. 이처럼 기존 회원국들과 신규가입국간에 국민소득에 현격한 차이가 있어 경제협력이 활성화되고 있지 않다.(이요한, 2004: 92-93)

여섯째, 현재 인도차이나 반도 국가들의 전력, 항만, 도로, 용수, 통신 등 사회간접 자본 및 외화가 크게 부족하여 경제협력에 장애를 주고 있다.(제럴드 탄,1997,184)

일곱째, 대부분의 아세안국가들은 피식민지 통치경험을 통하여 과거의 식민종주국과 수직적 무역관계로 농산품과 원자재를 선진국으로 수출하고 2차 상품을 수입하는 경제구조가 고착되어 있다.

이러한 산업구조는 원료공급자로서 아세안과 선진제국들의 종속적인 경제관계를 심화시켰으며, 아세안의 역내 경제협력은 상대적으로 부수적인 것으로 인식하게 되었다.(이요한,2005,122)

여덟째, AFTA는 개발도상국간의 협력에 의한 수평적통합의 성격을 띠고 있으므로, 역내기술 및 자본 부족에 따라 통합체내의 경제적 자립이나 내부결속력은 아직 낮은 단계에 머물러 있다.(김세영외,2003,158)

AFTA는 EU와 NAFTA 등에 비해 상대적으로 경제규모가 작고, 남·남 협력체라는 구조적 한계점을 가지고 있다. 기본적으로 AFTA가 개발도상국간의 수평적 통합의 성격을 띠고 있다.

아홉째, 아세안은 역내 주도국이 없어 주요 사안들에 대한 합의를 도출하는데 어려움이 존재하고 있다.(이승철외,2006,98-99) 역내에 중심국가의 역할을 수행할 만한 나라가 없어 향후 경제통합 진전에 걸림돌로 작용하고 있다.(한국수출입은행, 2007)

2. AFTA의 발전가능성

아세안 경제협력의 발전 가능성은 다음과 같다. 첫째, 아세안은 회원국 지도자들의 아세안 발전에 대한 정치적 의지가 강하다. 1992년 제4차 정상회의에서 합의한 AFTA와 CEPT협정체결은 회원국 정치 지도자들의 역내 경제협력에 대한 강한 열망의 결과이다.

둘째, 아세안의 경제발전 단계가 한발 앞선 기존 회원국들과 인도차이나 후발회원국간의 상호보완적인 결합은 자원, 자본과 기술이 결합하여 시너지 효과가 발생할 것으로 전망된다.

기존의 아세안국가들이 인도차이나 국가들을 소비시장으로 여기고 진출이 확대되고 이러한 가운데 인도차이나 국가들의 시장경제로의 이행이 촉진되고 부족한 인프라가 확충될 것으로 전망된다.(제럴드 탄, 1997,184)

셋째, 아세안은 AFTA를 기반으로 경제통합의 효과를 극대화하기 위하여 AFTA 플러스에 많은 노력을 기울이고 있다. 중국을 포함한 동북아, CER, 서남아 등과의 경제협력체제를 확대하고 있어 발전가능성이 큰 지역으로 대두되고 있다 (김세영외, 2003,158).

아세안 포스터

〈표〉 ASEAN 시장 현황 및 성장 전망

국명	인구(천명)	GDP(억불)	인플레(%)	수출(억불)	수입(억불)	FDI(백만불)
인도네시아	231,369	5,469	2.8	1,165	968	4,876
태국	66,903	2,643	3.5	1,525	1,338	4,975
말레이시아	28,306	1,931	1.1	1,569	1,233	1,381
싱가포르	4.987	1,827	-0.6	2,698	2,458	16,808
필리핀	92,226	1,614	4.4	383	68	1,952
베트남	87,228	963	6.9	567	692	7,600
미얀마	59,534	250	-	63	38	578
브루나이	408	108	1.9	72	24	369
캄보디아	14,958	104	5.3	50	39	530
라오스	5,922	56	8.5	12	17	318
ASEAN	591,841	1조4,965	N/A	8,105	7,264	39,387

자료: KOTRA, 2010

아시안 에세이

"아세안, EU식 경제공동체 가능할까?"

올해로 창설 40주년을 맞은 아세안(동남아국가연합) 10개 회원국은 유럽연합(EU)을 모방한 경제공동체 설립에 합의했으나 이를 위해서는 험난한 노정이 놓여 있다고 전문가들이 22일 지적했다.

아세안 정상들은 지난 20일 의장국인 싱가포르에서 제13차 연례 정상회의를 갖고 지역 공동체의 헌법 구실을 하게 될 '아세안 헌장'과 EU식 경제공동체인 아세안경제공동체(AEC) 설립을 위한 청사진에 서명했다.

청사진에 따르면 경제와 통상 개방으로 2015년까지 단일시장과 단일 생산기반을 구축한다는 것이다.

AEC 하에서는 EU의 유로화와 같은 단일통화는 없으나 상품, 서비스, 투자, 숙련공, 자본의 아세안 역내 교역이 자유롭게 이루어지게 된다.

그러나 아세안은 인구 면(5억5천만명)에서 EU와 비슷한 규모이지만 보호무역주의, 정치 불안정, 빈곤, 느슨한 정책 이행 등이 경제공동체 설립에 걸림돌이 될 것으로 경제전문가들이 전망했다.

아세안 10개 회원국은 말레이시아.인도네시아.싱가포르.브루나이.태국.필리핀 등 선진 6개국과 공산국가인 베트남과 라오스, 군부통치 국가인 미얀마와 캄보디아 등으로 정치체제와 발전 단계가 다양하다.

특히 미얀마는 인권침해 국가로 국제사회의 지탄을 받고 있는 국가여서 아세안이 미국, EU 등과 자유무역협정(FTA) 등을 체결하는데 어려움을 주고 있다.

또 대부분의 아세안 국가에서 금융, 의료, 교통 등 주요 산업부문에 대한 보호 장벽이 높고 말레이시아는 말레이족(族) 우대정책을 고집하고 있는 실정이다.

싱가포르의 아시아 경제 연구소인 AFAC의 데이비드 코헨은 "아세안이 경제통합을 위해 올바른 방향을 설정하고 2015년이라는 목표연도도 합리적이지만 보호주의 정책이 통합에 가장 큰 장애가 될 것"이라고 전망했다.(한겨레신문, 2007,11,22)

아시안 에세이

"아세안, EU방식 통합 공식화"

10개 회원국 헌장 채택…"2015년까지 경제공동체" 청사진 서명

동남아국가연합(아세안)이 유럽연합(EU) 방식의 통합을 공식화했다.

올해로 창설 40돌을 맞은 아세안 10개 회원국은 20일 의장국 싱가포르에서 제13차 연례 정상회의를 열고, 지역 공동체의 헌법 구실을 하게 될 "아세안 헌장"과 유럽연합식 통합을 목표로 한 "아세안 경제공동체 청사진"에 서명했다고 〈블룸버그〉 통신 등이 보도했다.

아세안은 민주주의 강화와 법치, 인권과 기본적 자유 보호 등 55항으로 된 아세안 헌장을 통해 인권기구 창설을 명문화하고, 일부 경제문제에 대해서는 회원국의 투표로 결정하게 하는 등 제도화 수준을 끌어올리기로 했다. 그러나 인권기구를 어떻게 구성하고 어떤 힘을 지니게 할지는 구체적으로 언급하지 않았다.

아세안 정상들은 또 경제·통상 개방으로 2015년까지 단일시장과 단일생산기반을 구축해 유럽연합식 경제통합을 이룬다는 합의문도 채택했다. 청사진을 보면 아세안 회원국은 2010년까지 항공·의료·관광 분야를 개방하는 것을 시작으로, 2013년 물류 서비스, 2015년까지 나머지 모든 산업 분야의 시장을 단계적으로 개방한다는 방침이다. 그러나 아세안이 표방하는 유럽연합식 통합은 쉽지 않을 전망이다. 당장 의장국인 싱가포르 같은 선진국부터 군부독재로 말미암아 최빈국으로 전락한 미얀마까지 국가별 국내총생산(GDP)이 큰 격차를 보이고 있기 때문이다.

싱가포르의 조지 여 외무장관은 "아세안 회원국은 각기 다른 역사와 문화가 있고 경제발전 속도가 다르다"며 "유럽연합은 유럽 전체를 대표하는 법원과 의회, 단일 통화 유로화가 있지만 아세안은 그 정도의 통합을 기대하기 어렵다"고 비판적 견해를 밝혔다. (한겨레신문, 2007.11.20)

아시안 에세이

"아시아국 긴급지원자금 아세안+3, 두배 늘린다"

아시아지역 나라들이 앞으로 외환위기와 같은 금융위기가 닥치면, 최대 800억달러에 이르는 대규모 자금을 지금보다 훨씬 빠르고 체계적으로 지원받을 수 있는 새로운 체제가 다음달 4일부터 가동된다. 오는 5월4일 인도 하이데라바드에서 열리는 "아세안+3" 재무장관회의에서 "위기시 긴급 자금지원 체제"(CMI·치앙마이 이니셔티브)에 대한 합동 서명식이 열린다고 재정경제부가 30일 밝혔다.

"아세안+3"은 타이·말레이시아·싱가포르·인도네시아·필리핀 등 아세안 5국과 한국·중국·일본을 합친 8개국을 뜻한다.

긴급 자금지원 체제는 어떤 나라가 자금위기 등에 처하면, 참여국들이 즉각 모여 자금지원을 함께 결정해 신속한 지원이 이뤄지도록 하는 체제다. 지금까지는 자금위기가 발생하면, 해당국이 개별 국가에 일일이 자금을 요청하고, 각 나라가 개별적으로 지원을 결정해 긴급상황 대처에 적합하지 않다는 지적이 있었다. 새 시스템에서는 "아세안+3" 의장국에 지원을 요청하면, 의장국이 조정국이 되어 긴급회의를 소집해 공동지원을 결정하도록 했다. 또 위기 때 활용될 수 있는 역내 긴급자금도 현재의 395억달러에서 갑절 수준인 800억달러로 늘리기로 했다. 문홍성 재경부 금융협력과장은 "바뀐 시스템에서는 일시에 대량의 자금이 신속히 공급되므로 위기극복에 큰 도움이 될 것"이라고 말했다.

긴급 자금지원 체제는 1997년 아시아 외환위기 이후, 위기확산을 막고자 2000년 타이 치앙마이 "아세안+3" 재무장관회의에서 처음 구축된 제도다. 역내 회원국 중앙은행들이 위기가 발생하면 국제통화(달러 등)를 일정시점에서 결정된 환율로 빌리고, 계약기간이 지난 뒤 다시 상환하는 "스와프 거래" 제도다. 이번 아세안+3 재무장관회의에서는 이 밖에 아시아 채권시장 발전 방안, 아시아 통화협력 체제 등도 논의한다.

(한겨례신문, 2006, 4.30)

'아세안+3'의 강화된 긴급자금지원 체제

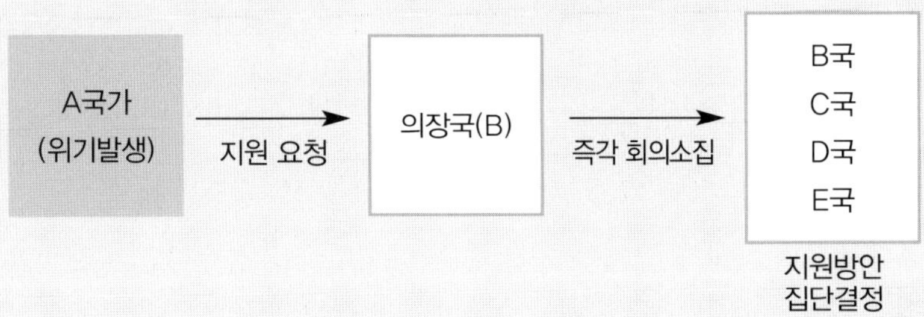

아시안 에세이

유럽통합 50년주년과 아세안+3

50년 전 오늘 유럽인들은 본격적인 유럽통합의 시작을 알리는 로마조약을 체결했다. 이 조약에 근거해 이듬해 프랑스, 서독, 이탈리아와 베네룩스 3국 등 6개국으로 출범한 유럽경제공동체는 지난 50년간 심화와 확대를 거듭해 27개 회원국에, 4억9천만명의 인구, 그리고 11조유로(약 1경 4000조원)의 국내총생산을 자랑하는 지금의 유럽연합으로 성장했다. 경제적 통합의 상징인 단일통화 유로가 도입됐고, 공통의 통상정책은 물론 외교·안보정책 등에서도 공통의 정책을 마련하려는 노력이 활발하다. 회원국 시민들은 자유로운 이동과 취업이 가능해지면서 개별 국가의 시민이란 정체성을 넘어 유럽인으로서의 정체성을 이야기할 수 있을 정도가 됐다.

그렇다고 하여 유럽연합의 현재와 미래가 장밋빛만은 아니다. 국가 간 수준의 차이가 통합을 심화하려는 노력에 걸림돌이 되고 있고, 그 결과 일부 나라들에서 유럽헌법이 부결된 것처럼 유럽통합에 대한 환멸이 나타나고 있는 것도 사실이다. 아울러 통합을 이끌어온 프랑스, 독일, 영국 등 역내 강대국들의 내부경쟁 역시 때로는 불협화음을 빚기도 한다.

그럼에도 지난 50년간 유럽인들이 추구해온 통합을 위한 노력은 인류 역사에서 비견하기 힘든 귀중한 실험이었다. 전쟁으로 점철됐던 과거를 극복하고, 관용과 협력과 연대에 바탕한 국가 간의 관계를 본격적으로 추구해온 역사이기 때문이다. 유럽연합의 또다른 중요성은 냉전 해체 이후 유일한 초강국으로 등장해 세계를 농단하고 있는 미국을 견제하면서 새로운 대안을 제시할 수 있는 세력이라는 점이다. 유럽연합은 충분하다고는 할 수 없지만 패권적 세계질서에 맞서 다른 목소리를 내려고 노력해왔으며 베를린선언에 포함될 온난화 방지를 위한 야심적 목표 설정처럼 에너지·환경 등 전지구적 문제 해결을 위해 선도적 역할을 자임했다.

아직도 냉전의 잔재가 가시지 않은 동북아를 포함한 동아시아에도 아세안+3라는 협력의 틀이 있다. 한·중·일과 아세안이 협력의 내용을 심화하면서 북한 등 역외 지역까지 포괄할 수 있도록 이를 확대해 나간다면, 동아시아에서도 화해와 관용 그리고 연대의 새 역사가 가능해질 수 있다. 분단의 고통 속에서 중급국가로 성장한 한국은 이 과정에서 민족국가를 넘어서는 새로운 국가의 비전을 제시할 수 있어야 한다(한겨레신문,2007,3.25).

3. 아세안이 꿈꾸는 미래

아세안은 AFTA를 넘어 궁극적으로 아세안경제공동체(AEC: ASEAN Economic Community)를 꿈꾸고 있다. 아세안 정상들은 2007년 창설 40주년을 맞아 아세안 공동체의 헌법 역할을 할 아세안 헌장 (ASEAN Charter)에 합의하고, EU식 경제공동체인 아세안경제공동체 설립을 위한 청사진에 서명하였다.

아세안경제공동체는 아세안 국가들이 EU와 같은 경제공동체로 발전하겠다는 구상이다. 아세안 경제공동체가 구축되면 아세안 단일시장과 생산 기반의 경제공동체가 구성된다.

미래 아세안 시장은 2015년까지 정치안보, 경제, 사회문화 통합을 추진할 전망이다. 또한 풍부한 에너지, 곡물 자원 기반으로 자본축적이 가속화될 전망이다.(kotra, 2011)

또한 아세안 국가의 정상들은 아세안에 한국, 중국, 일본의 동아시아 3개국을 포함한 동아시아 자유무역지역(East Asia Free Trade)에서도 아세안의 주도적 역할을 꿈꾸고 있다

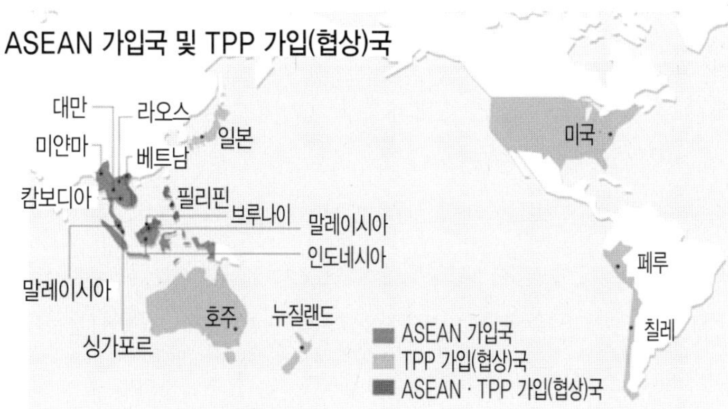

자료: encyber.com · WSJ

아시안 에세이

"아세안 거대시장"
지갑 두둑해진 인구6억 소비시장, 아낌없이 쓴다

크리스마스이브를 하루 앞둔 지난해 12월 23일 오후 7시 베트남 호찌민시 동커이 거리. 꽃으로 수놓은 것 같은 불빛 축제인 루미나리에가 한가득 펼쳐졌다. 동커이 거리는 서울 명동 같은 쇼핑의 중심지다. 눈이 내리지 않는 이곳에도 곳곳에 눈사람과 크리스마스트리가 장식됐다. 거리는 크리스마스의 들뜬 분위기를 즐기러 나온 사람들로 북적였다.

도로에 빽빽이 들어찬 오토바이와 자동차 때문에 옴짝달싹할 수 없는 교통 대란 속에서도 사람들은 마냥 즐거워 보였다. 현지인 통역은 "24일엔 더 많은 사람이 몰리기 때문에 쇼핑센터도 안전을 우려해 오후 6시까지만 영업한다"고 귀띔했다. 10년 전만 해도 베트남에서 연말의 화려한 분위기와 흥청거리는 풍경은 존재하지 않았다.

불교와 이슬람교가 대부분인 동남아시아국가연합(ASEAN·아세안)이지만 크리스마스의 열기는 선진 기독교 국가 못지않았다. 크리스마스는 종교적 행사가 아니라 쇼핑과 휴식을 위한 일종의 연말 이벤트다. 말레이시아 정부 산하 e러닝 담당기관인 MDeC의 노리잔 라잘리 박사는 라마단을 기념해 메카를 다녀온 무슬림인데도 "크리스마스를 참 좋아한다"고 말했다. 세일과 쇼핑을 즐기기 위해서다.

최근 수년 사이 소득이 증가하고 쇼핑몰이 발달하면서 크리스마스는 더욱 화려해지고 있다. 갓 생겨난 쇼핑몰들에 크리스마스는 최고의 이벤트 기회이기 때문이다. 쇼핑몰들은 저마다 화려한 크리스마스 장식을 하고 특별세일을 진행하며 소비자를 유혹했다.

크리스마스에 선물을 주고받는 문화도 5~6년 전부터 본격화했다. KOTRA 베트남 무역관의 과장급 직원 레밍부 씨(41)는 "10년 전엔 크리스마스가 여유 있는 사람들만 즐기는 행사였는데 지금은 대중화됐다"며 "나도 아이들에게 20만 동(1만1000원)짜리 선물을 사줬다"고 말했다.

사람들의 씀씀이도 커졌다. 동커이 거리 최고급 쇼핑몰인 빈콤센터 앞에서 만난 32세 가장 팟 씨는 "12월에는 500만 동(29만1000원) 정도 쓸 계획"이라고 말했다. 500만 동은 그의 한 달 치 월급에 가까운 돈이다. 베트남의 1인당 국민소득은 2001년 410달러에 불과했지만 2008년 890달러로 2배 이상으로 뛰었다.

최근에는 주머니가 두둑해진 사람들을 중심으로 고급상품에 대한 관심이 높아지는 추세다. 2007년 처음으로 1인당 국민소득이 3000달러를 넘어선 태국에는 디자인을 중요하는 소비패턴이 나타났다. 삼성전자 태국 판매법인 조철호 차장은 "태국인은 스타일리시한 제품을 좋아한다"며 "핑크색 휴대전화가 전 세계에서 가장 잘 팔리는 나라"라고 말했다. 태국인들은 2, 3년에 한 번씩 휴대전화를 바꾼다. 얼리어댑터가 많은 한국과 비슷하다.

해외여행도 활성화되고 있다. 말레이시아 현대자동차의 현지 채용 직원인 제인 차우 씨(30)는 "지난 3년간 태국, 인도네시아, 대만, 홍콩·마카오 등 외국 4곳을 여행했다"고 말했다. 말레이시아 근로자의 평균 임금은 3000~4000링깃(약 110만~147만 원). 제인 씨는 최근 2박 3일간 태국을 여행하면서 월급의 절반 정도인 1750링깃(약 64만 원)을 썼다. 미혼이라서 크게 부담스럽지 않았다고 한다.

1980년대 이후 아세안의 경제 성장을 이끌어 온 힘은 외국인 투자였다. 넓은 시장에다 저렴한 노동력과 풍부한 자원이 아세안의 무기다. 1985년 이후 도요타를 비롯한 일본 기업들이 아세안으로 일부 생산기지를 이전한 것이나 2010년 국내 철강사인 포스코가 인도네시아에 일관제철소를 세우면서 총 27억 달러(약 3조500억 원)를 투자한 것은 아세안 각국의 산업을 고도화하는 주요 요소다.

아세안은 이런 요인들을 바탕으로 소비력과 생산력을 동시에 갖춘 거대한 경제권으로 성장하고 있다. 2008년 기준 아세안 10개국의 국내총생산(GDP)은 2조7797억 달러, 인구는 5억9000만여 명에 이른다. 특히 젊은 인구가 많아 향후 20~30년간 소비가 급속히 늘어날 것이란 점은 더욱 매력적이다.

현재 아세안은 기존 자유무역지대에서 공동시장(혹은 단일시장) 성격을 지닌 아세안 경제공동체로 가는 길목에 있다. 아세안이 2015년 출범을 목표로 추진하는 아세안공동체(ASEAN Community)는 아세안경제공동체(AEC)의 형성을 골자로 한다. AEC는 역내 국가 간 상품과 서비스, 투자, 숙련 노동자, 자본이 좀 더 자유롭게 이동하도록 하자는 것이다. 소비 측면에서는 하나의 단일시장으로, 생산 측면에서는 하나의 생산기지로 통합되게 된다. 외국 기업들은 아세안 중 한 개 국가에 공장을 세우고 물건을 만들어 타 아세안 회원국에 수출할 경우 무관세 혜택을 보게 되며, 이에 따라 아세안에 대한 투자 매력은 더욱 높아진다.

국제통화기금(IMF)은 "세계 경제 전망 2010" 보고서를 통해 아세안이 2015년까지 평균 8% 이상의 경제 성장을 지속할 것으로 내다봤다. 아세안 강국인 인도네시아, 말레이시아, 싱가포르, 필리핀, 태국의 경제 성장률은 연 6% 안팎이 될 것으로 예상된다.(동아일보,2011.1.24)

03

아세안 국가들과 친구되기

제1장 _ 한국과 아세안의 친구되기

1. 한국과 아세안의 관계

"따뜻한 이웃, 번영의 동반자" -2009 한·아세안 특별정상회의 슬로건-

한국과 아세안의 협력적 관계는 1989년에 한·아세안 부문별 대화관계(ASEAN-ROK Sectoral Partnership))을 체결함으로써 본격적으로 시작되었다. 한국과 아세안의 관계는 1991년에는 완전대화 상대국(Full Dialogue Partnership)으로 격상되었다.

1994년에는 한국이 ARF에 참여하여 아세안과 안보분야 협력도 강화되었다. 1997년에 시작된 ASEAN+3(한·중·일) 정상회의와 한·아세안 정상회의가 매년 개최되고 있다.

2004년에는 한·아세안 관계가 포괄적 협력 동반자관계(Comprehensive Cooperation Partnership)로 더욱 발전되었다. 또한 한국과 아세안은 포괄적 협력 동반자관계의 실행을 위해 행동계획을 발표하였다. 2009년 3월에는 서울에 사무국을 둔 한·아세안센터가 설립되었다(asenkorea, 2011). 2010년 베트남 하노이에서 개최된 제13차 한·아세안 정상회의에서 한·아세안 관계는 전략적 동반자관계로 또다시 격상되었다.

한국과 아세안은 현재 아세안지역안보포럼(ARF), ASEAN+3 정상회의, 동아시아 정상회의(EAS), APEC, ASEM 등에서 우호적인 협력파트너이다.

2. 한국과 아세안의 밀접한 경제관계

한국과 아세안은 2006년 한·아세안 FTA 상품협정을 체결하였고[4], 2007년 11월 서비스협정을 체결[5]하였으며, 2009년 6월에는 투자협정[6]을 체결하였다. 아세안은 미국, 일본, EU와 함께 한국의 핵심 교역파트너이다. 또한 아세안은 한국의 해외투자에 있어서 2위 투자대상지역이고, 한국의 제1위 해외건설수주지역이다. 특히 아세안은 한국의 원자재, 에너지, 광물자원 등의 주요 공급지역이다. 또한 아세안은 한국 관광객들이 두 번째로 가장 많이 방문하는 관광지로 한국과 아세안국가간에 상호 방문객이 연간 400만 명을 넘고 있다.

4) 2007년 6월 발효
5) 2009년 5월 발효
6) 2009년 9월 발효

3. 한·아세안 협력사업

한국은 1989년 한·아세안 대화관계를 체결할 때 1990년부터 5년간 매년 100만 달러씩 한·아세안 협력기금을 제공하기로 하였다. 그 이후 1992년 협력기금을 연간 200만 달러로 증액하였고, 2005년에는 300만달러로 증액하였다.

한·아세안은 이러한 협력기금으로 한·아세안 양측이 합의하는 상호인적교류 및 인적자원 개발 사업을 하는 한·아세안 특별협력기금사업(Special Cooperation Fund, SCF) 등의 각종 협력사업을 하고 있다.

또한 한국은 아세안 회원국들 간의 경제개발 격차 완화, 경제통합 확산을 목표로 2000년에 제4차 비공식 아세안 정상회의에서 채택된 아세안통합 이니셔티브(Initiative for ASEAN Integration)사업에 2003년에서 2008년간 500만 달러를 지원하였다.

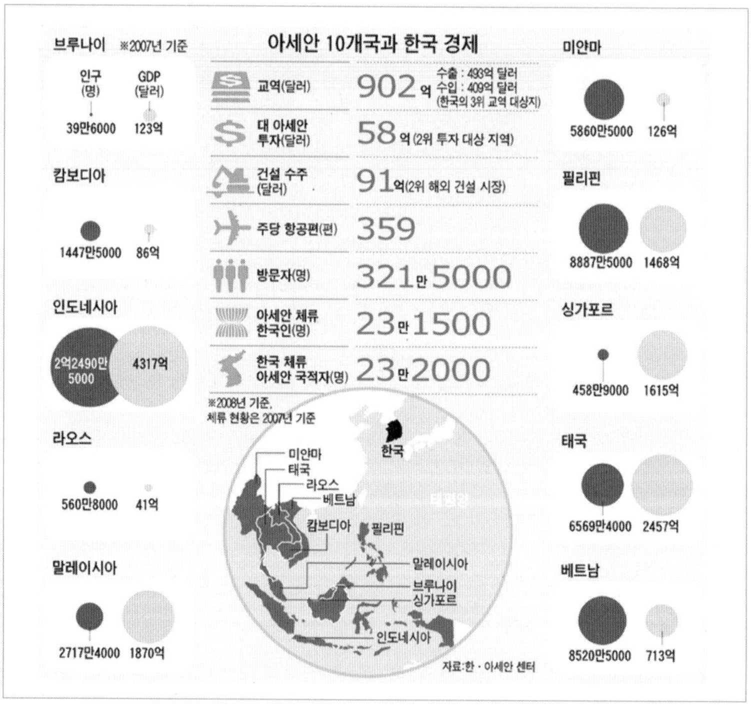

아시안 에세이

"밀착해지는 아세안 한국관계"

한국어를 배우려는 캄보디아 젊은이들이 3층 규모의 교육센터 강의실을 가득 메웠다. 이들이 한국어를 배우는 가장 큰 이유는 현지에 진출한 한국 기업에 취직하기 위해서다. 한국 기업의 보수는 월 150~200달러. 이는 현지 회사 평균 임금의 2~3배나 된다. 이 때문에 프놈펜 시내에만 한국어 학원 3곳이 성업 중이다. 한국교육센터에서 4개월째 한국어를 배우고 있는 오이 쇼튼(21)은 "보수가 많고 근무 여건이 좋은 한국계 은행에 취직하기 위해 한국어를 배우고 있다"며 "한국어 실력을 키우기 위해 TV로 한국 드라마와 오락 프로그램을 자주 본다"고 말했다.

프놈펜 루세이케오 지역에서 "한국어전문학교(KLC)"를 운영하고 있는 한강우 교장은 "한류와 함께 한국 기업들의 캄보디아 진출이 크게 늘고 있어 한국은 이제 캄보디아인들에게 정서적으로 아주 가까운 나라로 인식되고 있다"고 말했다.

한국과 아세안(ASEAN·동남아국가연합)의 관계가 끈끈해지고 있다. 한국에 있어 아세안은 지난해 기준으로 교역 규모가 중국·유럽연합(EU)에 이어 세 번째로 많은 대상이다. 우리나라는 1990년 이후 흑자(지난해 84억 달러) 기조를 유지하고 있어 알짜배기 시장이기도 하다. 아세안은 또 중동에 이은 한국의 두 번째 건설 시장(2007년 89억5000만 달러 수주)으로 떠올랐다. 이처럼 아세안의 비중이 커지자 올 3월에는 "한·아세안 센터"가 서울에 설립됐다. 다음 달 1~2일 제주에서 열릴 한·아세안 특별정상회의를 계기로 양측의 관계는 더욱 돈독해질 것으로 기대되고 있다.

한국과 아세안 관계에서 가장 큰 비중을 차지하는 것은 경제 부문이다. 양측의 무역 규모는 지난해 902억 달러에 달했다. 글로벌 경제위기에도 불구하고 전년에 비해 무려 25.5% 증가했다. 이는 2006년 8월 상품 분야에서의 한·아세안 자유무역협정(FTA)이 체결되고, 이듬해에 서비스 분야까지 확대된 데 힘입은 것이다. 아세안 회원국들에 대한 우리 기업의 투자도 급증했다. 2001년 아세안에 대한 해외직접투자(FDI)는 5억 달러에 불과했지만 지난해에는 59억 달러로 늘었다. 박번순 삼성경제연구소 전문위원은 "아세안은 중국의 부상과 일본의 영향력 감소 등 변화하는 동아시아 경제 질서 재편 과정에서 위상이 크게 높아지고 있다" 고 말했다.

우리나라와 아세안은 89년 대화관계(Dialogue Relation)를 수립한 이후 긴밀히 협력하고 있다. 2004년에는 대화관계 수립 15주년을 기념해 "한·아세안 포괄적 협력 동반자 관계에 관한 공동선언"을 내놓았다. 이 같은 협력관계는 대북 경수로 사업에서 구체화되기도 했다. 아세안 회원국 상당수가 2006년 종료되기 전까지 대북 경수로 지원 사업에 참여했다. 이처럼 아세안과의 협력 강화를 위해 열리는 제주 정상회의는 우리나라의 "신아시아 외교구상"을 구체화시키는 장이 될 것으로 전문가들은 전망하고 있다. 김영채 외교통상부 동남아과장은 "한국과 아세안은 현재 국제무대에서 긴밀히 협력하는 동반자"라고 말했다.

아세안과의 관계에서 빼놓을 수 없는 것이 관광 분야다. 아세안을 방문한 한국인은 95년 110만 명이었다. 하지만 2007년에는 353만 명으로 급증했다. 연간 해외로 나가는 전체 관광객의 26% 수준이다.

90년대 후반부터 태국·베트남 등을 중심으로 불던 한류 열풍은 2006년 이후에는 필리핀·라오스·브루나이 등으로 확대되는 추세다. 한국동남아연구소장인 김홍구 부산외대 태국어학과 교수는 "한류의 급속한 확산으로 한국을 경계하는 목소리도 생겨나고 있다. 쌍방향 문화 교류 확대가 필요한 상황"이라고 말했다.

◆아세안=동남아시아 지역 10개 국가로 결성된 정치·경제 연합체. 태국·필리핀·말레이시아 3국이 1961년 창설한 동남아연합(ASA)이 모태다. 인도네시아와 싱가포르가 67년 ASA에 합류한 후 같은 해 8월 5개국 외교장관이 지역안보 환경에 공동으로 대응하기 위해 "아세안 창립 선언(방콕

선언)"을 하면서 공식 출범했다. 이후 브루나이(84년), 베트남(95년), 라오스·미얀마(97년), 캄보디아(99년)가 합류했다. 우리나라는 중국·일본과 함께 별도의 정상회의(아세안+3)를 열고 있다. 미국·일본·중국·유럽연합(EU) 등과 함께 "아세안+10" 체제도 구축했다.(중앙일보, 2010.10.5)

아시안 에세이

"동남아 화교와 한국기업"

BCT 최고등급 받은 말레이 출신 화교 삼성전자 직원

4개 언어 능통한 탄메이핑 "비상"이란 단어가 제일 헷갈렸어요. 저에겐 "매우"라는 뜻의 "비상(非常)"이 훨씬 친숙한데 한국에서 쓰는 "비상(非常)"은 이머전시(emergency)란 뜻이잖아요."

제14회 비즈니스 중국어 시험(BCT) 읽기·듣기 부문에서 최고 등급(5등급)을 차지한 말레이시아 화교 출신 탄메이핑의 한국어 실력은 유창했다.

화교 3세인 그는 모국어인 말레이어뿐 아니라 중국어·영어도 유창하게 구사했다. 4개 언어에 능통한 셈이다. 그는 지난 2월 고려대 전자공학과를 졸업한 뒤 삼성전자 영상디스플레이 사업부에서 일한다. 지구촌 구석구석을 누비는 신인류인 셈이다.

화교 3세일 경우 중국어를 잘하는 이가 많지 않다. "말레이시아 인구의 4분의 1은 화교예요. 말레이시아·싱가포르의 화교들은 중국어 교육을 열심히 시키는 편이죠. 저 역시 화교학교를 다녔고요." 초등학교 때까지는 중국어로, 중·고교 때는 말레이어로 공부했다.

“하나의 언어를 배우면 다른 언어를 배우는 것은 그리 어렵지 않아요. 한국에 와 가장 좋았던 것도 또 하나의 외국어를 깊게 배울 수 있다는 점이었어요.” 말레이시아가 영문 알파벳을 쓰는 덕에 영어를 쉽게 배웠고, 같은 한자문화권이어서 한국어도 금방 익혔다.

그에게 제일 좋은 한국어 교재는 TV 드라마였다. 2005년 정부 장학생으로 한국에 온 탄씨는 “겨울연가” “가을동화”의 빅 팬이었다.

“아는 사람 한 명 없었지만 드라마 덕분에 한국이 친밀하게 느껴졌고 전자 분야에서 배울 것이 많았다.”

중국어 학습의 가장 좋은 교재 역시 드라마·신문이다. 매일 30분씩이라도 인터넷으로 관심 있는 소재들을 찾아본다.

삼성 그룹은 지난해부터 임직원 중국어 능력을 평가하는 기준으로 BCT를 활용하고 있다. “BCT가 이렇게 높은 수준일 줄 몰랐어요. 저도 고교 졸업 뒤엔 처음 본 중국어 시험이니까요. 텍스트가 모두 비즈니스와 관련돼 중국 관련 업무에 정말 유용할 것 같아요.”

장래 계획에 대해선 “TV 안에 들어가는 영상처리 칩 설계 관련 일을 하고 있는데 공부를 더하고 싶다. 기회가 닿으면 일본어도 배우고 싶다”고 말했다.(중앙일보, 2011.10.17)

4. 한국의 아세안대응의 문제와 미래전략

아세안은 1990년대에 들어서 경제통상뿐만 아니라 정치외교, 안보측면에서도 한국의 중요한 파트너로 부상하고 있다. 한국이 1994년에 ARF에 참여함으로써 한국과 아세안은 안보분야에 있어서도 관계가 더욱 긴밀해지고 있다.

한국과 아세안의 관계는 더욱 밀접해지고 중요성은 더욱 부각되고 있는

데 한국에 있어 아세안은 아직도 외교통상정책의 주요관심에서 제외되고 있다. 전통적으로 한국의 외교통상정책이 미국, 일본, 중국, 러시아 등 4대 강국들에 집중되어 왔다.

이제 한국의 외교통상정책은 변해야 한다. 아세안 국가들은 여전히 약소국임엔 틀림없다. 그러나 아세안 10개국들은 아세안이라는 기구를 통해 국제 외교통상무대에서 강력한 영향력을 발휘하고 있다.

한국은 아시아에서 한국의 지정학적, 경제적 중간적 위상을 활용하여 중국, 일본, 아세안의 조정자 역할을 해야 한다. 한국은 아세안 국가들이 초강대국 중국과 일본에 대해 갖고 있는 역사적, 정치적, 군사적 위협이 없는 장점을 갖고 있다

아시안 에세이

"활발한 한-아세안 정부간 협력과 시민사회의 무관심"

다가오는 2009년은 한·아세안 관계에 있어 역사적 전기가 될 것이다. 6월 초순 아세안 10개국 정상 모두가 대화상대국관계 수립 20주년을 기념하기 위한 한-아세안 특별정상회의에 초청을 받아 한국 땅을 밟게 된다. ASEM이나 APEC과 같은 다자기구가 한국에서 개최한 회의에 여러 나라 정상들이 참석한 적은 있지만, 한국만이 초청자가 되어 이렇게 많은 정상들을 동시에 맞은 적은 일찍 없었고, 또 이 정상들이 모두 특정 지역에 속한 국가의 지도자란 점에서 그 역사적, 국제정치적 의의가 더욱 크다고 하겠다.

또한 한국과 아세안은 한·아세안센터(Korea-ASEAN Center)라고 이름 붙인 "국제기구" 창설에 합의하여 이번 달 초에 한국과 아세안 10개국의 국내 비준절차를 모두 끝내고, 다음 주인 12월 3일 정식 발효를 하게 되며 내년부터 본격적인 활동에 들어간다. 한·아세안 센터는 2004년에 "포괄적 협력동반자 관계"를 선포한 "한국과 아세안 간의 무역투자를 촉진하고, 문화·관광 교류를 활성화"한다는 설립목적에 쫓아 우리 사회 전반에 동남아에 대한 관심을 드높이고 이해를 증진시키는 데 일익을 담당할 것이다.

이 외에도 내년에 한국은 지난 10년 동안 아세안과 한, 중, 일이 공동 참여하여 "동아시아공동체" 건설을 목표로 추진해 온 여러 동아시아 지역협력 사업의 주최국이나 의장국이 된다. 동아시아 13개국의 산, 관, 학이 모여 지역 협력과 통합에 관한 관점과 방안들을 교환하고 조율하는 동아시아포럼(EAF: East Asia Forum, 한국 주도), 정책지향의 연구소들이 모여 동아시아 지역통합을 앞당길 수 있는 구체적인 협력방안을 연구하는 동아시아씽크탱크네트워크(NEAT: Network of East Asian Think-Tanks, 중국 주도), 그리고 동남아와 동북아를 포괄하는 동아시아연구 또는 동아시아학(East Asian Studies)의 정립과 확산을 도모하려는 동아시아연구네트워크(NEAS: Network of East Asian Studies, 일본 주도) 등 중요한 세 사업의 연례 총회가 모두 한국에서 개최된다. 이러고 보면 내년 서울과 제주의 국제회의장은 온통 한-아세안 관계와 동아시아 지역협력이란 주제로 장식될지도 모르겠다.

그 뿐이 아니다. 한·아세안 관계 증진과 동아시아 협력을 위한 가장 중요한 장인 아세안+3, 아세안+1(한국), 동아시아정상회의(EAS: East Asian Summit)가 바로 다음 달인 12월 16-17일 양일간에 태국 치앙마이에서 개최된다. 아세안+3은 아세안 10개국과 한, 중, 일 등 동북아 3국의 정상들이 한자리에 모여 이른바 동아시아를 "평화, 번영, 진보의 동아시아공동체"로 통합해 내기 위해 정치안보, 경제, 사회문화의 모든 영역에서 현안들을 검토하고 해결책을 강구하는 가장 중요한 회의이다. 과거 금융위기, 테러리즘, 재난구조, 대체에너지 개발 등이 지역의 모든 주요한 쟁점들이 논의된 바 있다. 아세안+1은 아세안 정상들이 한, 중, 일의 정상을 개별적으로 초청하여 양자간 협력방안을 협의하는 자리로서, 일반적으로 역내 개발격차를 해소하기 위해 한, 중, 일이 동남아, 특히 CLMV(캄보디아, 라오스, 미얀마, 베트남)라고 불리는 대륙부 동남아 국가들에 대한 원조와 지원을 약속한다. 동아시아정상회의는 ASEAN+3 회원국에다 인도, 호주, 뉴질랜드까지 합류하여 지역 현안뿐만 아니라 미래지향적이고 전지구적인 문제까지 폭넓게 논의되는 "포럼"이다.

동아시아 협력을 위한 정부간(intergovernmental) 회의는 이렇듯 다양한 채널을 통해 그리고 빈번하게 이루어지고 있다. 위에서 언급한 EAF, NEAT, NEAS 등은 민간부분이 참여하거나 주관하기 때문에 엄격한 의미에서 "트랙1"로 볼 수 없지만, 실제로는 정부의 도움 없이는 그 유지가 불가능하기 때문에 "트랙1.5"라는 비아냥거림을 듣기도 한다. 이런 "준정부간" 회의까지 다 계산에 넣으면, 동아시아 국가들이 함께 참석하는 회의의 수는 무려 70회 가까이에 이르니 매주 한, 두 차례 회의가 열리는 셈이다.

동아시아 13개국(아세안+3) 또는 16개국(EAS) 정부의 모든 부처의 실무자, 국장, 차관보, 차관 및 장관들이 제각기 수준에서 접촉하고, 매년 연말에 열리는 세 차례 정상회의에서 정부간 회의의 대미는 장식된다.

이렇게 눈코 뜰 새 없이 돌아가는 국제회의 속에 급증하는 정부간 접촉과 협력은 동아시아의 통합을 추진하고 앞당기는 추동력이 될 것이다. 1997년 통화위기 이후 동아시아의 협력과 통합이 급속히 확대되고 강화되어 온 것을 보면, 지금 전 세계가 당면하고 있는 "미국발 금융위기"는 그 추세를 더욱 가속화할 것이다. 위기의 위험성과 충격이 특히 강하게 감지되고 있는 한국으로서도 중, 일, 아세안이 포함된 동아시아를 떠나서는 해결책을 찾을 수가 없기 때문이다. 이래저래 동아시아 지역 협력과 통합 과정에서 정부의 주도권은 더욱 강화될 수밖에 없다. 지금 동아시아에는 "국가"만 있고 "시민"은 보이지 않는다. 지난 몇 년간 동아시아 문제로 눈을 돌리는 시민단체들이 더러 생겨나고 있지만, 관료와 엘리트들이 주도해 온 "정부간" 협력에 비해서는 시민사회의 관심과 영향력이 턱없이 부족한 실정이다. 부디 우리 시민운동이 한미관계, 남북한협력, 광우병 등 좁은 한반도적 쟁점을 벗어나 동아시아와 세계의 넓은 바다로 나아가길 바란다.

(서남포럼, 2008.11.25)

제2장 _ 한중일의 아세안과 친구되기

1. 한중일의 아세안에 대한 끝없는 구애(求愛)

아세안은 한국뿐만 아니라 중국, 일본 등 동아시아 3국과 FTA를 체결하여 아세안이 동아시아 경제통합의 허브로 부상하려는 전략을 갖고 있다. 특히 아세안은 한국, 중국, 일본이 경쟁적으로 아세안 국가들과 정치외교뿐만 아니라 경제협력관계를 강화하려는 태도를 지혜롭게 잘 활용하고 있다.

한중일 정상

2. 아세안의 한중일에 대한 FTA

아세안시장에서 한국, 중국, 일본은 주요 수출품목에서 경합이 치열하다. 중·아세안 FTA는 2005년 7월 발효되었고, 일·아세안 CEPA도 2008

년 12월 각각 발효되었다. 특히 중·아세안 FTA 체결이전부터 저가제품으로 아세안시장을 선점하고 있는 중국은 중·아세안 FTA 체결로 아세안과의 상품교역 증대 효과보다는 중국 위안화의 아세안 역내에서의 결제통화 추진 등 아세안에서 중국의 위상 강화를 목표로 하고 있다.

일본의 대아세안 FTA의 가장 큰 특징은 일본은 아세안 개별국가들과 FTA(EPA)를 추진하고 있다. 일본은 싱가포르, 인도네시아, 말레이시아, 필리핀, 태국, 브루나이 등과 개별 FTA를 체결했다.

3. 한중일의 아세안 교역 변화

〈표〉 한·중·일의 對아세안 수출입 (단위 : 억 달러)

구분	한국		중국		일본	
	2005	2008	2005	2008	2005	2008
수출	274	493	555	1,141	761	1,030
수입	261	409	750	1,169	731	1,061
수지	14	84	−196	−28	30	−33

출처 : Kita

아세안은 한국, 중국, 일본의 무역에 있어 중요한 교역파트너이다. 최근 한중일 모두 아세안과의 무역이 증가하였다. 중국의 2008년 아세안 무역 규모는 약 2,310억 달러로 일본과 한국의 2.6배, 2.3배에 달하는 수치이다. 한국은 아세안과의 무역에서 2005년, 2008년 모두 무역수지 흑자를 보였다. 그러나 중국과 일본은 적자를 기록하고 있다.

한국의 2009년 대(對)아세안 수출은 중국, 일본과 비교했을 때 부진하였다. 한국의 대아세안 수출이 부진한 이유는 한국의 대아세안 총수출의 45.1%를 점하고 있는 상위 5대 품목의 대부분이 감소하였기 때문이다. 2008년 한국의 아세안 수출 1위 품목이었던 한국의 석유제품은 중국에 밀렸다.

한국 석유제품은 대아세안 수출의 최대상품이었다. 그러나 중국의 본격적인 아세안 시장진출로 한국 석유제품의 아세안 수출은 크게 감소하였다. 2008년 100억 달러로 아세안 수출의 20%를 차지했던 한국의 석유제품의 수출은 2009년 49.7% 감소하였다. 이에비해 중국 석유제품의 아세안수출은 2009년 48.1% 증가하였다.

2008년 한국의 아세안 수출 3위 품목이었던 선박 및 구조물은 일본에 밀렸다. 2009년 한국의 아세안 선박 수출이 23.1%하였으나 일본의 아세안 선박 수출은 89.6%로 증가하였다. 이외에도 중국은 경쟁력이 높은 컴퓨터 및 부품 등의 대아세안 수출이 크게 상승하면서 한국의 수출의 증가를 가로막고 있다.[7]

7) 박번순, 「한국-아세안 경제협력 현황과 확대방안」, 삼성경제연구소, 2009, pp.1-11.

〈표〉 한·중·일의 아세안 수출 (09년 9월 누계)

(단위 : 백만 달러, %)

구분	한국		중국		일본	
	금액	증가율	금액	증가율	금액	증가율
싱가포르	9,743	−25.9	20,617	−15.5	15,004	−26.4
베트남	4,998	−22.5	10,980	−6.9	4,444	−26.2
인도네시아	4,240	−27.4	10,091	−23.8	6,314	−32.5
필리핀	3,250	−19.4	6,001	−13.2	5,643	5,644
태국	3,128	−31.7	9,284	−23.4	14,722	−33.6
말레이시아	2,969	−35.1	13,575	−14.4	8,932	−30.8
기타 4국	585	26.6	2,550	−3.7	394	−14.7
총 계	28,913	−26.0	73,098	−15.9	55,453	−29.9

자료 : Kita.net, JETRO.

〈표〉 한국의 상위 5위 품목에 대한 한·중·일 수출비교

(단위 : 백만 달러, %)

국가	석유제품	전자직접회로	선박 및 구조물	무선전화기	액정디바이스
한국	4,373 (−49.7)	3,784 (−16.9)	2,535 (−23.1)	718 (−34.7)	723 (8.0)
중국	3,031 (48.1)	3,727 (−19.8)	3,641 (24.6)	3,686 (−28.5)	1,358 (−26.1)
일본	2,802 (−28.6)	4,260 (−33.2)	2,147 (89.6)	482 (−10.0)	388 (8.3)

자료 : Kita.net, JETRO.

연도별 한중일 3국 ASEAN 방문객 추이

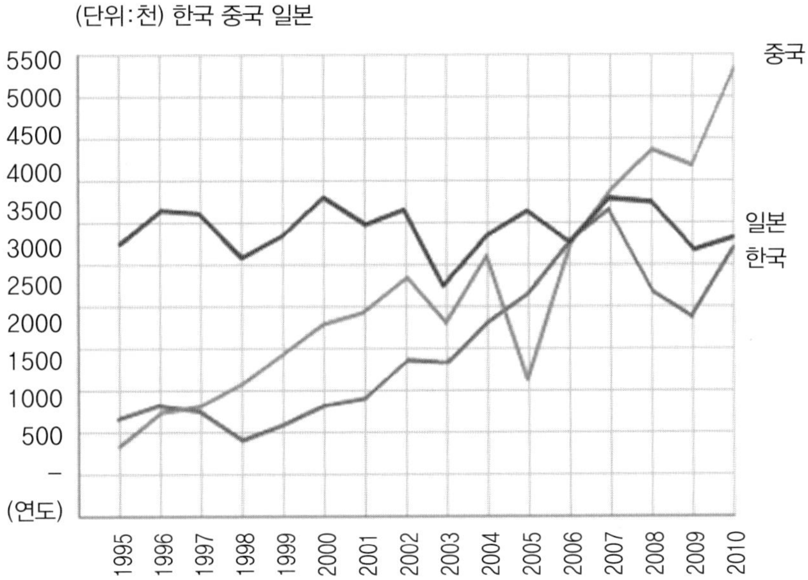

주: 2010년 방문객 수는 2011년 8월 15일 추정치
자료 : 아세안사무국 『2005/2008년 아세안 연례통계집, 관광통계』, 2011.6.

〈표〉 한국인 해외여행자 행선지 별 분류 (2010)

(단위: 천 명)

순위	국명	방문객수	비중
1	중국	4,706	32.6%
2	일본	2,440	19.5%
3	미국	1,108	8.9%
4	홍콩	891	7.1%
5	태국	816	6.5%
6	필리핀	741	5.9%
7	베트남	496	4.0%
8	싱가포르	361	2.9%
9	마카오	332	2.7%
10	인도네시아	299	2.4%

자료 : 한국관광공사

아시안 에세이

"아세안 연계성과 동아시아 지역통합"

요즈음 열리는 아세안 관련 회의들은 거의 예외 없이 회의주제를 연계성(또는연결성;connectivity)강화에 초점을 맞추거나 이 문제와 연결을 짓고 있다. 전자통신 분야에서 유래한 이 생소한 용어가 아세안 지역통합 논의에 처음 등장한 것이 2년도 채 되지 않았는데, 삽시간에 아세안 지도자들과 정책결정자들의 관심을 사로잡아 버린 것이다. 이들의 연설문과 합의문건들을 보면 모두 연계성에 그 방점이 찍혀 있다. 연계성 증진이 얼마나 다급한 과제라고 생각했던지 아세안 정상들은 그 논의를 시작한지 불과 1년만인 작년 10월 28일, 〈아세안 연계성에 관한 마스터플랜〉이라고 이름붙인 구체적인 계획서를 공표하였다. 도대체 연계성이 뜻하는 바는 무엇이며 이것이 갑자기 주목을 받게 된 연유는 또 무엇인가? 나아가 아세안의 연계성에 대한 관심이 동아시아의 지역 협력 또는 통합에 어떤 영향을 미칠 것인가?

〈마스터플랜〉에 의하면 연계성이란 아세안 역내에서 사람, 상품, 서비스, 자본 등이 국경을 넘어 자유롭게 이동할 수 있도록 교통, 통신 네트워크, 수단, 자원 등을 구축, 창출하고, 법적, 제도적 장애물을 제거하며, 국민들 간의 접촉을 장려하는 것이다. 구체적으로, "교통, 정보통신기술, 에너지"를 "물적(physical) 연계성"의 요소로, "무역 자유화와 간소화, 투자 및 서비스 자유화와 간소화, 상호인정제도, 역내교통협약, 월경절차, 역량증대프로그램"을 "제도적(institutional) 연계성"의 요소로, "교육과 문화, 관광"을 "국민 대 국민(people-to-people) 연계성"의 요소로 삼분된다. 결국, 광범한 의미와 다양한 종류의 인프라, 즉 "하드웨어 인프라"와 "소프트웨어 인프라" 모두를 포괄하는 매우 유용한 개념으로서 연계성이 각광을 받게 된 것이다.

창립 30주년만에 비로소 기지개를 편 아세안은 1997년 이후 정상회의를 연례화하면서 지역협력을 가속화해 왔고, 급기야 2003년 발리 정상회의에서는 2020년까지 지역통합을 이뤄 "아세안공동체"(ASEAN Community)를 실현하겠다는 선언을 채택하였다. 그 이후 아세안은 야심 차게 "아세안 경제공동체" 실현의 목표를 2015년으로 앞당기는 의욕까지 보였지만, 실질적 수준의 경제통합을 이렇게 짧은 시일 내에 달성하리라고 전망하는 이는 드물다. 그 까닭은 무엇보다도 아세안이 역내 국가 간에는 물론이고 대다수 개별국가 내에서도 경제 성장과 통합을 가로막는 가장 큰 요인으로서 허약한 인프라 즉 낮은 연계성이란 약점을 안고 있기 때문이다.

싱가포르와 브루나이 정도를 제외하고는 모든 나라에서 공통적으로 인프라의 취약성이야말로 외국인 투자의 가장 큰 장애물로 여겨지며, 국경을 가로지르는 교통, 통신망의 절대적인 부족과 이동과 소통을 가로막는 높은 법적, 제도적 장벽은 지역통합을 저해하는 가장 큰 요인으로 꼽힌다. 그런데 연계성의 강화는 경제성장을 촉진할 뿐 아니라 국내 지역간, 역내 국가간 개발격차를 줄이는 효과까지 있는 것으로 기대되니, 경제 발전과 통합이라는 일석이조의 효과를 동시에 보장하는 묘약처럼 대접받고 있는 것이다.

하지만 연계성 개념을 발견했다고 해서 그것이 그냥 실현되는 것은 아니지 않는가? 물적 연계성은 (비싼) 대규모 투자를 필요로 하고, 제도적 연계성은 (어려운) 개혁과 정치적 결정을 요구하며, 인적 연계성의 증진에는 (더딘) 사회적, 문화적 변동을 전제로 한다. 그렇다면 결국 아세안의 경제성장과 지역통합에 필요한 자본, 선택, 제도 등은 여전히 결핍된 채, 투입을 기다리고 있는 것이다. 아세안 지도자들이 연계성 증진의 기치 아래 모이는 것은 이것들을 마련하는데 상당한 기여를 하겠지만, 역내 협력으로만 소기의 목적을 달성한다는 것은 불가능할 것이다. 일례도 향후 10년간 아세안의 인프라 구축에는 연간 1천억달러, 총 1조달러 가까운 엄청난 액수의 투자가 필요할 것이라는 분석들이 있는데, 그 투자규모는 아세안 국가들이나 지역기구들의 내부 능력으로는 도저히 엄두를 낼 수 없는 규모라고 할 것이다. 결국 아세안의 역내 연계성 강화에는 역외 국가나 국제기구들의 투자와 기술협력을 반드시 필요로 하고, 그럴 때 아세안+3를 통해 협력을 강화해 온 중국, 일본, 한국이 최적의 파트너가 될 수밖에 없다.

실제로 최근에는 아세안 연계성이 확대, 확장된 "아세안+3 또는 동아시아 연계성"을 주제로 한 회의가 자주 열리고 있다. 이른바 "아세안 중심성"(ASEAN centrality)이 의제 수립에 큰 영향력을 미치는 아세안+3 회의에서 역내(intraregional) 연계성을 넘어 역외(interregional) 연계성 증진 방안도 논의되기 시작한 것이다. 동아시아포럼(East Asia Forum)은 작년 8월 베트남 달랏에서 개최된 제8차회의에 이어, 2주 전 중국 청뚜의 9차회의에서도 동아시아 연계성이 주요 의제의 하나로 채택되었다. 아세안 연계성을 강화하려는 아세안의 노력은 플러스3 국가들의 자본과 기술, 그리고 전략적, 제도적 경험을 필요로 할 것이고, 이는 연계성을 동아시아 수준으로 확대시킴으로써 결과적으로 동아시아 지역통합을 앞당기는 효과를 가져다 줄 것이다.(서남포럼, 2011.9.25)

아시안 에세이

"라오스, 아세안 최초로 중국 위안화 결제 시스템 가동"

기축통화에 한발 다가선 중국, 아세안 남진 정책 가속화 될 듯...

라오스와 중국이 국제무역과 자본거래에서 달러를 거치지 않고 직접 자국 화폐로 결제하는 시스템을 가동했다.

라오스는 아세안(ASEAN) 10개국 가운데 처음으로 위안화 무역 결제를 시작함으로써 동남아시아권에서 위안화 국제화의 선봉에 나서게 됐다.

이렇듯 중국화폐로 라오스 무역 거래가 가능해짐에 따라 위안화가 달러화를 대체하거나 기축통화 반열에 올라설 것이라는 전문가들의 주장이 설득력을 얻고 있다.

최근 중국 관영 통신 신화사는 지난 1~4월 위안화 무역 결제가 5,300억위안(약 90조1000억원)에 달하면서 작년 한해 전체규모인 5,000억위안(85조원)을 이미 넘어섰으며, 이같은 추세가 이어질 경우 올해 연간 위안화 결제는 1조5,000억위안(약 255조원)에 이를 것으로 예상된다고 보도했다.

또 기업과 개인, 은행들이 달러를 거치지 않고 위안화와 라오스 킵(kip)으로 직접 거래가 가능하게 돼 양국간 무역과 투자가 더욱 활발해질 것이라고 전망했다.

이번에 라오스 킵화와 위안화의 직접 결제를 담당하는 은행은 윈난 성 쿤밍(昆明)의 푸덴 상업은행으로 선정됐으며, 위안화와 라오스 킵화를 결제하는 중국 내 최초의 은행으로 기록됐다.

실제로 라오스에서 위안화의 위력은 대단하다. 중부와 남부가 태국 바트화가 주로 통용되는 반면 북부 국경도시인 보텐과 퐁사리, 루앙남타, 우돔싸이 등은 모든 거래가 위안화로 이루어지고 있다.

특히, 중국 위안화 거래가 두 나라 합의에 의해 공식화됨에 따라 라오스

뿐 아니라 미얀마와 태국, 캄보디아 등 중국의 남진(南進) 정책이 가속화될 것으로 보인다.

한편, 라오스는 아세안 10국 가운데 대중 무역이 가장 활발한 곳으로 교역규모는 2005년 1억3,000만불에서 2010년 10억불로 10배 가까이 급증했다. (아세안투데이,2011.6.10)

아시안 에세이

"중국과 라오스를 잇는 고속철 첫 삽 뜬다"

홍콩의 유력 일간지 명보(明報)가 오는 25일(월) 중국 서남부 윈난성 쿤밍에서 라오스를 잇는 범 아시아 고속철의 공사를 착수한다고 24일 보도했다.

▲ 북부 카지노로 유명한 보텐을 출발해 루앙프라방과 방비벵을 거쳐 비엔티안까지 총 21개의 역사가 건설된다.

2015년이 완공 목표인 이 노선은 총 연장 421㎞로 카지노로 유명한 보텐 국경부터 우돔싸이, 루앙프라방과 방비엥, 수도인 비엔티안까지 총 21개의 역이 건설될 예정이며, 태국과 말레이시아를 거쳐 싱가포르까지 이어지는 고속철도와 연결될 것으로 예상된다.

또한 중국은 쿤밍~싱가포르를 연결하는 고속철도를 2020년까지 건설한다는 목표를 세우고 동남아국가연합(아세안)과의 자유무역협정(FTA) 발효 1주년을 맞은 올해부터 범아시아 고속철 건설을 본격적으로 추진하기로 했다.

한편, 라오스는 지난 해 중국과 고속철도 건설을 위한 양해각서(MOU)를 체결했으며 이 공사에 투입되는 사업 자금은 총 70억달러(7조5천억원)로 라오스가 30%, 중국이 70%를 각각 투자한다.

이와 관련해 솜사밧 랭사밧 라오스 수석부총리는 “라오스가 메콩강 유역 지역 중심에 있기 때문에 고속철도 건설이 완공되면 외국인 여행자 유치, 동남아 국가 간 국제무역거래 등의 수요가 증가하면서 라오스 경제에 큰 도움이 될 것으로 기대된다”고 밝혔다. (아세안투데이, 2011.4.24)

04

아세안 10개국의 통상과 한·아세안 통상

제1장 _ 싱가포르(Republic of Singapore)

1. 싱가포르의 통상

싱가포르는 개방경제로서 대외무역 의존도가 360%에 달하고 있다. 싱가포르는 좁은 국토의 도시국가라는 특성상 1차산업의 비중이 매우 낮다. 싱가포르는 제조업과 서비스업을 경제성장의 양대 축으로 발전하고 있는 국가이다. 싱가포르는 한국, 미국, 일본, 호주, 중국, 인도 등과 FTA를 체결하였다.

싱가포르는 아세안 창설 회원국으로서 아세안의 통합과 발전을 주도하고 있다. 최근 싱가포르는 중국과의 관계를 강화하고 있다. 이를 위해 싱가포르는 중국어 교육를 강화하고 중국 유학를 확대하고 있다. 싱가포르 정부는 1996년부터 최근까지 2만 여명의 중국 공무원을 대상으로 연수 프로그램을 운영하고 있고, 2009년에는 싱가포르의 소위 3M 이라고 일컬어 지는 리센룽 총리, 고척동 선임 장관, 리콴유 고문장관이 모두 중국을 방문하였다[8].

자유무역항에서 출발한 싱가포르는 일관된 개방정책을 추진하여 왔고, 중계무역이 발달되어 있다. 싱가포르는 이러한 대외경제관계로 인해 아세안 국가들중에서 AFTA에 가장 적극 참가하고 있다.

일반적으로 싱가포르의 수입품은 대부분 수출용 원자재, 산업용 기계류, 아세안 이웃국가에 재수출을 위한 것이어서 수입증가가 곧 수출증가로 연결

8) 대외경제정책연구원, 「한국의 캄보디아·라오스·베트남에 대한 인적자본 개발원조의 영향력 평가와 협동방안 연구」, 2010, pp.2-10.

멀라이언

상가포르 전경

되는 구조를 갖고 있다. 따라서 싱가포르는 AFTA의 CEPT로 대아세안 수출품의 3/4이상이 관세인하가 되므로 대아세안 수출이 증가 할 것으로 전망하고 있다.

글로벌 무역자유화와 관련하여 싱가포르는 전통적으로 다자주의를 지지하였으나 2000년 들어 쌍무간 지역주의에 적극 참가하여 아시아 국가들 가운데 가장 활발히 FTA를 체결하고 있다.

2009년 최대 교역국인 중국과의 FTA가 발효되었지만 중·ASEAN FTA가 이미 적용되고 있어 발효국과의 교역비중의 변화는 나타나지 않았고 최근 FTA 발효실적이 없어 교역비중은 66.1%로 변화가 없다. (singapore fta network, 2011)

싱가포르 개척자 래플즈

멀라이언 앞에서

에스플러네이드에서

선텍분수(fountain of wealth)에서

센토사에서

싱가포르 대통령

싱가포르 전전 총리

싱가포르 전 총리

싱가포르 현총리

〈표〉 싱가포르 개관

위 치	말레이 반도 남단	언 어	말레이어, 영어, 중국어
면 적	710㎢ (서울시의 약 1.2배)	주요민족	중국계(74.7%), 말레이계 (13.6%), 인도계(8.9%)
인 구	5,165,000명 (2010년)	종 교	불교, 도교, 이슬람교, 기독교, 힌두교
수 도	싱가포르(Singapore)	화폐단위	싱가포르 달러 (Singapore Dollar)

〈표〉 싱가포르 경제현황

국내총생산(GDP)	2,227억불 (2010)	1인당 GDP	43,117불 (2010)
실질GDP 성장률	14.5% (2010)	교 역	6,645.29억불 (2010)
수 출	3,536.44억불	수 입	3,108.85억불

싱가포르 국립대학교에서

싱가포르경영대학교에서

싱가포르 경영대학교 연구실에서

2. 한국과 싱가포르의 무역

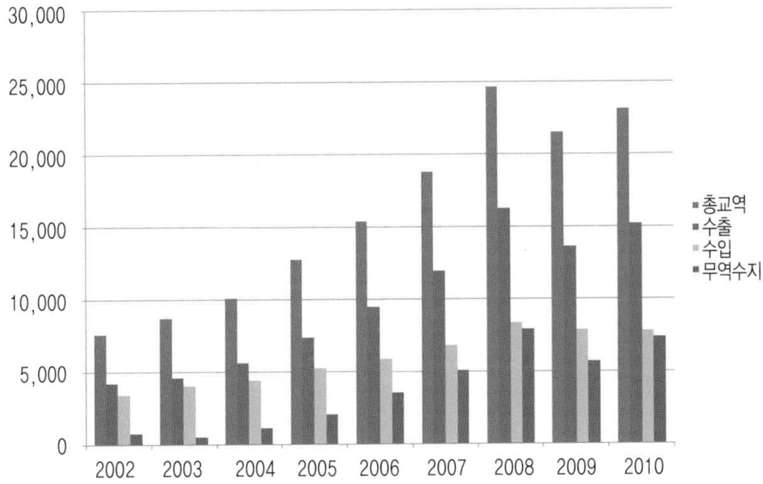

그림 한·싱가포르 수출입 동향

한국은 2010년 싱가포르에 있어 수출 대상국 7위이고, 수입 대상국 6위이다. 또한 한국에 있어 싱가포르는 수출 대상국 5위, 수입 대상국 14위이다. 한국과 싱가포르간 무역에서 한국은 무역수지 흑자를 시현하고 있으며, 2010년 한국이 싱가포르에 수출한 주요 품목은 직접회로반도체, 선박, 경유 등이며, 한국이 싱가포르에서 수입한 주요품목은, 직접회로반도체, 반도체 제조용장비, 중유 등이다.(KOTRA, 2011)

보타닉가든에서

아시아문명 박물관에서

아시안 에세이

"싱가포르 네트워크 도시 1위"

서울, 세계 3대 네트워크 도시로 선정 싱가포르, 스톡홀름 이어

에릭슨, 23개 도시 비교 결과

서울은 도시 성장에 필요한 정보통신(IT) 기반 기술을 잘 갖춘 세계 3대 네트워크 도시로 선정됐다.

통신장비업체 에릭슨과 컨설팅업체 아더 리틀은 16일 유엔이 산정한 세계 최대 도시 23개를 대상으로 네트워크 소사이어티 지수를 분석한 결과 서울이 싱가포르, 스톡홀름에 이어 세계 3위의 네트워크 도시로 선정됐다고 밝혔다. 런던, 파리, 뉴욕, 도쿄, 로스앤젤레스, 상하이, 베이징 등은 서울보다 뒤쳐진 4~10위였다.

에릭슨에 따르면 서울과 싱가포르 스톡홀름은 도시 발전에 IT를 적극 활용하는 것으로 나타났다.특히 서울은 IT가 산업을 주도하고 있으며, 싱가포르는 e헬스, 스톡홀름은 지식 이전 분야에 IT를 적극 활용하는 것으로 분석됐다. 베이징, 시드니, 모스크바 등은 각 도시에 맞는 계획을 추진하기 위해 IT 기술을 모색하는 단계이며, 하위권인 마닐라, 요하네스버그, 라고스 등은 국민들의 디지털 문맹을 줄이기 위한 노력이 필요한 것으로 조사됐다.

에릭슨은 현재 전세계 인구의 50% 이상이 현재 도시에 거주하고 있으며 2030년까지 도시 거주자가 인구의 60%에 이를 것으로 예상됨에 따라 IT를 활용한 도시성장이 중요하다고 내다 봤다. 이에 따라 에릭슨은 이번 조사 자료를 해당 도시들이 도시 계획 수립에 참고할 수 있도록 제공할 예정이다.(한국일보, 2011.5.17)

싱가포르 대통령궁(이스타나)

이스타나에서

아시안 에세이

"싱가포르, 9년 연속 아시아 최고 컨벤션 도시"

싱가포르가 9년 연속 아시아 최고의 컨벤션 개최지로 선정됐다.

세계 최대의 국제회의 전문기구인 국제컨벤션협회(International Congress and Convention Association)가 발표한 글로벌 랭킹에서 싱가포르가 아시아 최고 컨벤션 개최지로 선정됨과 동시에 비엔나와 바르셀로나, 파리, 베를린과 함께 세계 5대 컨벤션 도시로 선정되는 영예를 안았다.

지난해 싱가포르가 개최한 컨벤션 행사는 136개로 2009년보다 약 14% 증가했으며 비즈니스를 목적으로 방문한 외국인 역시 전년 대비 19.2% 증가, 이는 지난해 전체 방문객의 27%를 차지했다.

또한, 이들이 지난해 창출한 수익은 총 54억 달러로 전년 대비 28.6% 성장, 싱가포르는 MICE(Meeting·Incentives·Convention·Events and Exhibition) 산업을 적극적으로 공략함으로써 다양한 컨벤션을 개최하고 외국인을 유치함과 동시에 많은 관광수익을 창출하고 있다.

마틴 서크 (Martin Sirk) 국제컨벤션협회 CEO는 "싱가포르는 지난 수년간 MICE산업을 적극적으로 공략해오고 있다"며 "싱가포르가 작년 한해 동안 아시아 태평양지역 중 가장 많은 컨벤션을 개최한 도시로 성장한 것을 축하한다"고 말했다.

한편, 싱가포르는 이미 2012년부터 2016년까지 개최할 12개의 새로운 국제회의를 확보하는 등 아시아 최고의 컨벤션 도시로서의 위상을 높이고 있다. (아세안투데이, 2011.8.8)

마리나베이샌즈호텔

마리나베이샌즈호텔 야경

스카이파크에서

제자들과 함께

제2장 _ 브루나이(Brunei Darussalam)

1. 브루나이의 통상

브루나이의 산업은 원유 및 천연가스 등 에너지 산업에 집중되어 있다. 또한 서비스산업이 GDP의 42%를 차지하고 있다. 브루나이는 주변의 강대국인 말레이시아와 인도네시아의 태도를 중시하는 경향이 있다.(KIEP, 2010)

최근들어 브루나이 정부는 석유, 천연가스 일변도의 경제에서 탈피하기 위해 다양한 산업정책을 추진하고 있다. 특히 브루나이 정부는 쌀 자급율을 현행 3%에서 2015년까지 60%까지 향상시키기 위해 대규모 경작지를 조성하고 있다. 또한 브루나이의 수도 반다르세리베가완을 향후 25년간에 걸쳐 생태친화경도시, 관광명소, 상업금융센터로 발전시키는 계획을 추진하고 있다.(김성환, 2011)

브루나이모스크 야경

오마르알리사우푸딘 모스크

브루나이 왕궁

브루나이는 1992년말 현재 6,554개 교역품목 중 98.5%가 20%이하의 관세율을 유지하고 있으며, 농산가공품을 포함한 4,510개 제조상품에 대해 무관세화를 실시하고 있다.

따라서 CEPT의 실시에 따른 수입이 급증할 가능성은 낮을 것으로 전망된다. 그러나 AFTA의 실현으로 인구 6억의 거대한 아세안 단일시장이 형성될 경우 합작을 통한 규모의 경제를 추구하려는 외국기업들의 브루나이 진출이 더욱 활발해 질 것으로 기대하고 있다.

엠파이어 호텔에서

브루나이 왕궁에서

하사날 볼키아 모스크에서

〈표〉 브루나이 개요

위　치	보르네오 섬 서북연안에 위치	언　어	말레이어(공용어), 영어, 중국어 및 기타 토속어도 사용
면　적	5,765㎢ (경기도의 약 1/2, 한반도의 약 1/40)	주요민족	말레이계 66%, 중국계 11%, 토착인종 6%, 기타 12%
인　구	417,000명 (2010년)	종　교	이슬람교 (국교이나 기타 종교 인정)
수　도	반다르스리브가완 (Bandar Seri Begawan)	화폐단위	브루나이 달러 (Brunei Dollar)

〈표〉 브루나이 경제현황

국내총생산(GDP)	124억불 (2010)	1인당 GDP	29,675불 (2010)
실질GDP 성장률	2.6% (2010)	교　역	112.98억불 (2010)
수　출	81.92억불	수　입	31.06억불

브루나이의 주요 수출국가 순위

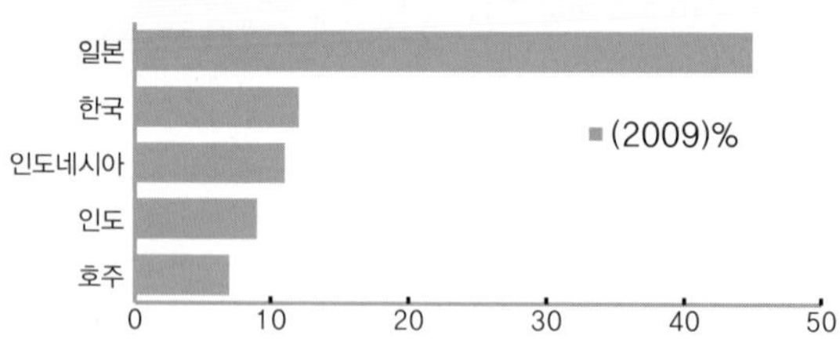

브루나이의 주요 수입국가 순위

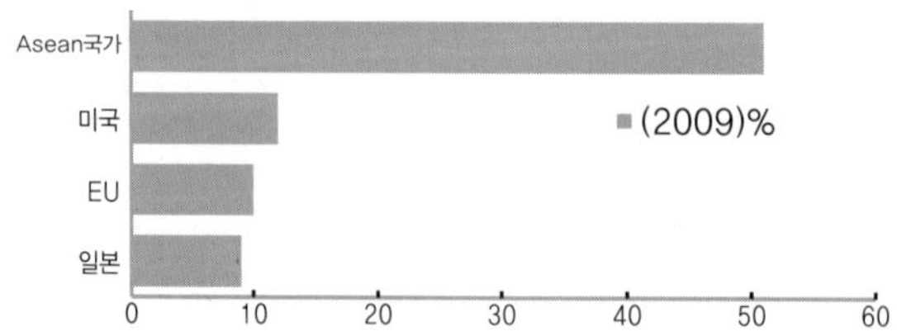

〈표 〉 브루나이의 아세안 회원국과의 관계

싱가포르
- 일본에 이은 제2의 교역상대국으로 가장 긴밀한 관계
- 양국 간 협정에 의해 브루나이 화폐와 등가교환
- 거의 모든 수입품이 싱가포르 중계로 수입
- 정글전 훈련을 위한 부대가 브루나이에 상주하고 있으며, 1979년부터 육·해·공군이 각각 정기적으로 합동군사훈련, 상호 교환훈련 및 인사교류를 실시
- 빈번한 양국 정상간 상호 방문 및 고위인사 교류를 통해 우호관계 유지

말레이시아
- 1962년 브루나이 반정부인사의 말레이시아 망명 및 1963년 말레이시아연방 발족 관련 브루나이 편입을 둘러싼 대립, 1973년 브루나이 정치범 탈옥 때 말레이시아의 비호 등으로 양국관계 악화
- 1980년 7월 브루나이 국왕의 말레이시아 국왕 대관식 참석을 계기로 양국 국왕 간 소위 'Polo Diplomacy'를 통하여 양국 관계가 개선된 이후 계속 긴밀한 협조 관계 유지
- 양국 정상간 상호방문 이외에 왕실 결혼식 참석 등 각종 계기의 빈번한 비공식 방문과 연례 정상회담 등을 통해 우호 협력관계 유지
- 2009. 3월 말레이시아와 분쟁 중이었던 심해전 유전 문제에 대해 합의하고 양해 각서를 교환

인도네시아
- 1962년 브루나이 반란 시 인도네시아 정부의 반란 지지로 양국관계 악화
- 1981년 4월 브루나이 국왕의 인도네시아 방문을 계기로 양국관계 개선
- 양국 간 군사협력 MOU체결을 통해 해군, 공군의 합동 군사훈련 실시
- 현재 3만여 명의 인도네시아 근로자가 브루나이에 체류 중

필리핀
- 1983년 주 브루나이 총영사관(독립 후 대사관으로 승격)개설
- 현재 2만 7천여 명의 필리핀 근로자들이 브루나이에 체류 중

태국
- 양국 간 교육, 인적자원 개발 분야 협력 및 브루나이 원유의 대 태국 수출을 중심으로 긴밀한 관계 유지

베트남
- 1995년 12월 브루나이-베트남 정상회담 개최, 양국 간 정치·경제발전 모색
- 1999년 국왕의 인도차이나 3국(베트남, 라오스, 캄보디아) 방문을 통해 ASEAN 신규 가입 인도차이나 3국과의 협력관계 강화

자료: MOFAT(2011).

캄퐁아에르 수상가옥에서

브루나이 강에서

2. 한국과 브루나이의 무역

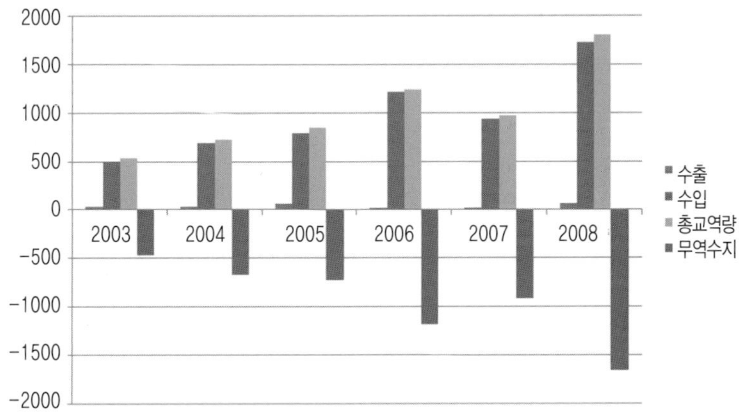

그림 한·브루나이 수출입 동향

2010년 한국의 대 브루나이 수출은 81.92억불, 수입은 31.06억 달러였다. 브루나이는 시장이 협소하여 우리 제품 수출에 한계가 있으며, 더군다나 유통체계가 동남아 화교를 중심으로 형성되어 있고 총 수입의 40% 이상이 싱가포르를 경유하는 중계무역을 통하여 이루어지고 있다.

한국은 브루나이의 제2원유 수입국으로, 연간 약 1,055만 배럴을 수입하여 브루나이 총 수출의 약 15%점유하고 있다. 또한 제2의 LNG 수입국으로 1994년부터 매년 약 70만 톤을 수입하고 있다.(KOTRA, 2011)

아시안 에세이

"브루나이 국왕 인터뷰"

브루나이 국왕

세계에서 가장 부유한 군주 중 한 명인 하지 하사날 볼키아 브루나이 국왕은 "브루나이 산업 다각화를 위해 한국과 정보기술(IT) 분야 등에서 인적 교류 확대를 희망하며, 이중과세방지협정이 체결되면 양국간 경제협력이 강화될 것이다"고 밝혔다.

"한국은 브루나이의 주요 무역 상대다. 이를 더욱 활성화하기 위해서는 민간 접촉, 특히 기업 간 접촉을 넓힐 필요가 있다. 상공회의소나 투자 기관들 간의 교환방문을 통해 이뤄질 수 있을 것이다. 한·아세안 센터도 중요한 역할을 할 것이라고 믿는다."

브루나이의 하지 하사날 볼키아(63) 국왕은 "한국과 브루나이 간에 이중과세방지협정이 체결되면 양국 간 경제협력은 더욱 진전되고 투자도 증가할 것"이라고 기대했다. 또 "브루나이와 한국은 정보통신기술(ICT) 분야에서 협력해 왔는데, 대단히 고맙게 생각한다"며 "한국과의 IT 분야 인적 교류를 확대하고, 산업 다각화와 관련해 한국이 기술 지원을 확대하기를 바란다"고 밝혔다. 그는 브루나이 경제에서 90%를 차지하는 석유·천연가스에 대한 의존도를 낮추기 위해 산업 다각화를 꾸준히 추진해 왔다.

볼키아 국왕은 정교일치(政敎一致) 체제의 이슬람 왕국인 브루나이에서 사실상 "국가"와 같은 존재다. 술탄인 동시에 행정수반인 총리, 재무·국방장관, 군·경찰 총수까지 겸하고 있다. 입법·사법부의 주요 인사도 직접 임명한다. 브루나이가 석유 부국이어서 그는 1997년 미국 경제주간지 포브스가 선정하는 세계 최고의 부자로 뽑히기도 했다. 그 뒤 빌 게이츠 등에게 1위 자리를 내줬지만 여전히 각국 군주 가운데 자산 랭킹 5위 안에 든다.

브루나이 왕세자와 국왕

브루나이 왕세자 부부

● **브루나이와 한국 간 협력을 확대할 파트너십을 더욱 발전시킬 방안은.**

"한국은 브루나이의 발전에 기여해 왔다. 특히 IT와 인적교류 분야에서 그랬다. 브루나이가 더욱 발전하기 위해선 국민들의 기술·지식을 업그레이드하는 것이 매우 중요하다. 이를 위해 양국 간에 젊은 사람들과 관료, 전문가들의 교류 프로그램을 확대했으면 한다."

● **아세안 회원국들 간의 협력 방안은.**

"브루나이는 아세안 회원국으로서 보호주의에 반대한다. 우리는 2015년까지 아세안 경제공동체를 건설하기 위해 노력하고 있으며, 대화 상대들과 협력하고 있다. 또한 아세안+3국(한·중·일) 대화를 통해 치앙마이 이니셔티브(CMI·2000년 태국 치앙마이에서 열린 아세안+3국 재무장관 회담에서 합의한 역내 금융위기 방지 시스템)를 강화하고 확대했다. 나는 이런 노력이 역내 신뢰 회복에 도움이 될 것이라고 생각한다."

● **브루나이의 복지정책은 유명한데.**

"국민 복지는 우리의 최우선 과제다. 브루나이는 각 정부 부처·기관을 통해 국민들에게 포괄적인 복지 지원 프로그램을 제공해 왔다. 모든 브루나이 시민은 무상으로 교육·의료 서비스를 받는다. 개인소득세가 없고, 주택자금도 보조해 준다. 땅이 없는 사람에게는 땅도 준다."

하사날 볼키아 국왕

1946년 제28대 술탄 오마르 알리 사이푸디엔의 장남으로 출생
1967년 선왕의 자진 퇴위로 왕위 승계
1968년 제29대 술탄 즉위
1986년 국방장관
1997년 재무장관
2007년 포브스 선정 세계 최고 갑부 군주

〈브루나이 개요〉

공식 국명은 브루나이 다루살람(Brunei Darussalam). 다루살람은 "평화가 깃든 곳"이란 뜻이다. 보르네오섬 서북 연안에 위치해 있다. 1984년 1월 영국으로부터 독립하자마자 한국과 외교 관계를 맺었다. 교민 90여 명(2006년)이 살고 있다. 면적은 경기도의 절반 크기인 5765㎢. 인구 39만8000명(2007년)은 말레이계 67%, 중국계 15%, 토착인종 6%, 기타 12%로 구성돼 있다. 이슬람교가 국교며 절대 세습 왕정 체제다. 신앙의 자유는 인정하지만 포교는 금지돼 있다. 산유국으로 하루 18만 배럴의 석유를 생산한다. 국내총생산(GDP)은 123억 달러, 1인당 GDP는 3만1076 달러에 달한다(2007년 기준). 그러나 제조업과 사회간접자본은 취약한 편이다.(동아일보, 2007, 7.2)

제3장 _ 인도네시아 (Republic of Indonesia)

1. 인도네시아의 통상

인도네시아의 산업구조는 3차 산업이 GDP의 약 40%를 차지하고 있다. 인도네시아의 2008년 평균양허관세율은 37%이고, 평균실효관세율은 8%이다. 그러나 일부 화학제품, 자동차, 철강 등에 대한 관세율은 40%이상으로 관세가 높고, 농산품에 대해서도 관세가 높다. 인도네시아의 1,300종 이상의 농산품의 관세율은 40% 이상이다.

인도네시아정부는 수입허가 요건으로 선적전 검사제도를 활용하고 있다. 인도네시아 정부는 2009년 최종소비재인 신발, 장난감, 가전제품, 의류, 식료품 등을 수입할 때 선적전 증명서(pre-shipment verification)를 요구하고 있고, 수입도 정부가 지정한 5개의 인도네시아 항구와 공항을 통해서만 해야 한다[9].

인도네시아는 1997~1998년의 외환위기 이후 2003년까지 무역수지가 개선되었다. 외환위기 직전 해인 1996년의 인도네시아 무역수지는 69억 달러였는데 1997~2003년 연평균 무역수지는 238억 달러로 증가하였다.

이러한 인도네시아의 무역수지 개선의 원인은 인도네시아의 수출 증가에 있다기 보다는 인도네시아의 내수산업 위축으로 수입이 감소되었기 때문이다. 2004년 취임한 유도요노(Yudhoyono) 대통령의 부패척결과 시장경제를 지향하는 경제개혁이 성과를 나타내어 인도네시아의 수출과 수입은 동

9) 채욱, 「ASEAN 주요국의 비관세장벽 현황과 대응방안」, 대외경제정책연구원, 2010, pp.5-12.

시에 증가하고 있다

인도네시아의 수출액은 2003년 611억 달러에서 2008년 1,370억 달러로 증가하였고, 수입액도 326억 달러에서 1,292억 달러로 증가하였다.

수출액을 기준으로 2004년과 2008년 인도네시아의 주요 수출국은 일본, 싱가포르, 미국, 중국, 한국 등이다[10].

인도네시아 대통령

인도네시아 테러경계

10) 김태윤·이재호, 「인도네시아 비관세장벽 현황과 철강제품 비관세조치의 관세 상당치 추정연구」, 대외경제정책 연구원, 2010, pp.10-19.

인도네시아 정부는 자국의 경제여건을 고려하여 AFTA의 추진에 대해 소극적인 자세를 보여 왔다. 인도네시아 정부는 자국 기업들의 반대로 CEPT의 이행을 1995년 이후로 연기하였다. 2010년 ASEAN·인도 FTA 발효로 인도네시아의 FTA 발효국과의 교역비중은 62.9%를 기록했다[11].

보루도부루

11) 한국무역협회, 「주요국 FTA 동향」, 2011. pp.16~17

〈표〉 인도네시아 개요

위　치	동남아시아 남단 인도양 서쪽과 동태평양 사이 적도 부근	언　어	인도네시아어 (Bahasa Indonesia)
면　적	1,860,360㎢ (한반도의 약 9배)	주요민족	자바족, 순다족, 아체족, 바딱족, 발리족 등
인　구	237,641,000명 (2010년)	종　교	이슬람교(87%), 개신교(6%), 가톨릭, 힌두교, 불교
수　도	자카르타 (Jakarta)	화폐단위	루피아 (Rupiah)

〈표〉 인도네시아의 경제현황

국내총생산(GDP)	7,067.5억불 (2010)	1인당 GDP	2,974불 (2010)
실질GDP 성장률	6.1% (2010)	교　역	2,934.82억불 (2010)
수　출	1,577.91억불	수　입	1,356.91억불

부사끼 사원에서

CHICAGO
ROCKIN' SINCE 1998
Hard Rock
HOTEL
LOVE ALL SERVE ALL

ALL IS ONE
Hard Rock
HOTEL
BALI

발리에서

2. 한국과의 인도네시아의 무역

2010년 현재 인도네시아는 한국의 10번째 교역 상대국이다. 한국의 대 인도네시아 수출은 2010년 89억 달러로 FTA체결 이전인 2006년 대비 83% 증가하였다. 4년간 연평균 수출증가율은 16.2%이다.

한국의 인도네시아 수출품목은 경유, 휘발유 등이고, 한국의 대인도네시아 수입품목은 천연가스, 유연탄, 원유, 동광, 천연고무 등)이다.(KOTRA, 2011)

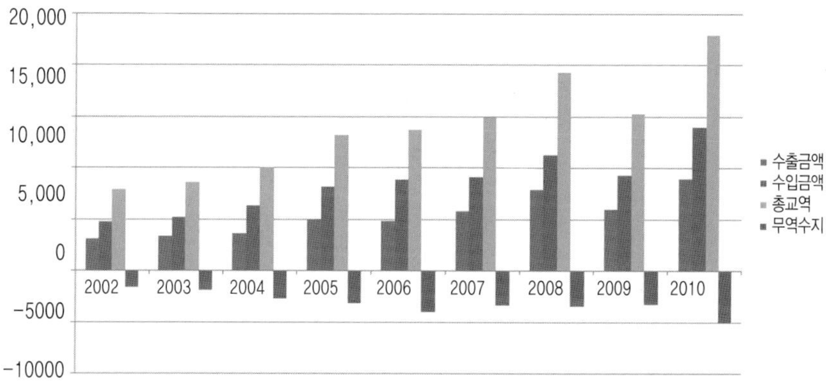

그림 한·인도네시아 수출입 동향

〈표〉 한국의 對인도네시아 수출상위 10대 품목의 수출액(2010)〉 (단위 : US$백만)

순위	품목명(HS코드)	2006	2007	2008	2009	2010	연평균증가율
	총계	4,874	5,771	7,934	6,000	8,897	16.2%
1	제트유 (271019)	1,083	1,364	2,297	843	2,259	20.2%
2	휘발유 (271011)	185	131	181	665	953	50.7%
3	염색편물 (600622)	103	136	219	215	282	28.6%
4	탱커선 (890120)	0	1	2	1	184	376.9%
5	라디오/TV 부품 (852990)	95	117	113	119	173	16.2%
6	편물 (600410)	82	94	119	124	161	18.3%
7	녹음/녹화기 부품 (852290)	127	105	127	171	155	5.1%
8	LCD (901380)	76	88	115	103	131	14.7%
9	휴대폰 (851712)	0	11	54	107	119	–
10	열연강판 (720839)	4	2	40	41	100	125.3%

자료: 한국무역협회

인도네시아 계단식논에서

구따해변에서

빈탄에서

아시안 에세이

"CO_2흡수하는 인도네시아 열대림" CO_2배출권 확보위해 인니에 "산림투자"

인도네시아 칼리만탄 지역(보르네오섬 내) 중남부에 있는 도시 팡칼란분. 이 인근에 한국계 회사인 코린도의 조림지가 있다. 지난달 7일 공항에서 비포장도로를 두 시간 넘게 달려 이곳을 찾았다. 서울시보다 조금 넓은 6만5000㏊에 유칼립투스와 아까시나무 등이 빼곡히 들어차 울창한 숲을 이루고 있었다.

하지만 조림지 경계를 벗어나자마자 나무 타는 냄새가 코를 찔렀다. 주민들이 야자나무 화전(火田)을 일구기 위해 숲에 불을 지른 탓이다. 큰 불길이 사그라든 지 1주일이 넘었다고 한다. 그러나 지금도 곳곳에서 연기가 피어올랐다. 주민들은 숲을 태우고 불을 끄지 않는다. 그래서 비가 내리기 전까지 산불은 계속된다. 주민들은 이에 아랑곳하지 않고 검게 그을린 땅에 야자나무 묘목을 심고 있었다. 최근 바이오에너지로 야자기름(팜오일)이 각광을 받으면서 생긴 일이다. 코린도 목재사업부 김보균 과장은 "화전으로 인한 산림 파괴는 지방도시로 갈수록 정도가 심하다"며 "바람을 타고 조림지까지 불이 옮겨 붙을 때가 많아 감시를 소홀히 할 수 없다"고 말했다.

한국국제협력단(KOICA)에 따르면 인도네시아에서는 해마다 화전·벌목·기반시설 확장으로 187만㏊의 숲이 사라지고 있다. 한반도 면적의 약 18%에 해당하는 넓이다. 아마존 파괴 속도보다 세 배 빠르다.

인도네시아 정부는 산림파괴에 속수무책이다. 그래서 생각해낸 것이 외국의 산림투자를 유치하는 것이다. 이를 통해 산림을 체계적으로 관리하려 한다. KOICA 이규태 과장은 "대규모 산림 파괴가 이뤄지는 나라여서 CO_2 배출권 확보를 위한 조림과 산림보호 프로젝트를 수행하기 적합한 곳"이라고 말했다. 조림지에서 흡수하는 CO_2의 양만큼 한국 기업이 배출할 수 있는 CO_2의 규모는 늘어난다.

한국과 인도네시아는 2006년 50만㏊의 조림투자 양해각서를 체결했다. 올해부터 2013년까지는 500만 달러(약 58억원)를 투자해 조림·산림 보호에 관한 공동연구를 하고 기후변화에 대응하는 새로운 모델을 만들 계획이다. 산림청도 올 3월 인도네시아 산림부와 산림투자 협약을 맺고 20만㏊ 규모의 조림 대상지를 찾고 있다. 기업의 진출도 활발하다. 코린도는 1998년부터 팡칼란분에 나무를 심었다. 천연림을 해치지 않고 필요한 목재를 미리 심고 가꾸어 매년 양질의 목재를 확보한다는 전략에 따른 것이다.

서울대 국제환경협력센터 강호상 연구교수는 "향후 CO_2 배출권 시장에서 주도권을 쥐기 위해서는 단순히 기업이나 정부의 진출뿐 아니라 현지에서의 연구 수준을 높일 필요가 있다"고 말했다.(중앙일보, 2009.11.18)

제4장 _ 말레이시아(Malaysia)

1. 말레이시아의 통상

말레이시아는 2차 산업과 3차 산업이 경제를 주도하는 산업구조를 가지고 있다. 말레이시아의 2009년 단순평균실효관세율(simple average applied MFN)은 7.4%이다. 말레이시아는 고부가가치 상품보다 원자재에 대해 낮은 관세율을 적용하고 있다.

또한 말레이시아는 밀크·크림 등의 17개 품목에 관세할당(Tariff-Rate Quota)을 적용하고 있다. 쿼터기준량까지는 10~25%의 관세를 부과하지만, 초과수입물량은 40~168%까지 고관세를 부과하고 있다. 또한 수출에 대해서도 팜 오일, 천연고무, 목재의 경우에는 수출허가를 받아야 한다. (채욱, 2010)

말레이시아 정부는 아세안 역내 무역자유화가 말레이시아 경제의 지속적인 성장에 필요다는 인식하에 AFTA 추진에 적극적으로 참여하고 있다. 2010년 ASEAN· 인도 FTA, ASEAN· 호주· 뉴질랜드 FTA 발효로 말레이시아의 FTA 발효국과의 교역비중 은 65.9%를 기록했다.[12]

12) 말레이시아 통상산업부, 2011

페트로나스 트윈타워 빌딩

페트로나스 트윈타워 빌딩 입장을 위한 새벽 줄서기

페트로나스 트윈타워 빌딩 입장을 기다리며

페트로나스 트윈타워 빌딩 내부

〈표〉 말레이시아 개관

위 치	동남아시아 적도 북단	언 어	말레이어, 영어 통용
면 적	330,252㎢ (한반도의 약 1.5배)	주요민족	말레이계(58%), 중국계(25%), 인도계(7%), 기타(10%)
인 구	28,251,000명 (2010년)	종 교	이슬람교(국교), 불교, 힌두교
수 도	쿠알라룸푸르 (Kuala Lumpur)	화폐단위	링깃 (Ringgit/RM)

〈표〉 말레이시아의 경제현황

국내총생산(GDP)	2,380억불 (2010)	1인당 GDP	8,423불 (2010)
실질GDP 성장률	7.2% (2010)	교 역	4,267.80억불(2010)
수 출	2,373.25억불	수 입	1,894.55억불

바투동굴에서

겐팅에서

아시안 에세이

"말레이시아의 이해"

한 페이지라는 짧은 지면을 통해 일국의 정치체제의 성격에 관한 논의를 전개하는 것은 무척이나 어려운 일이다. 더욱이 민주주의처럼 그 개념의 정의나 적용이 다양하고 광범위한 용어도 드물다는 점을 고려하면 더욱 그러하다. 과연 말레이시아에서 민주주의는 어떠한 의미를 내포하고 있으며 그 동안 정치과정에서 어떻게 적용 또는 변용되어 왔는가? 민주주의의 전통과 위상을 논하는데 있어서 말레이시아는 제3세계의 여느 국가들에 비해 매우 독특한 위치를 점하고 있다. 이는 말레이시아가 영국의 오랜 식민통치를 거치면서 민주주의 정체를 독립의 유산으로 상속받았다는 점이 고려된 것이기도 하지만, 독립 이후 이들이 누려온 고도의 정치안정과 예측 가능한 정치과정에서 기인하는 것이다.

단일종족, 단일 언어 및 역사적 동질성 등을 특징으로 하는 한국과 달리, 말레이시아는 대표적 종족집단인 말레이계(55%), 중국계(28%), 인도계(8%)를 포함하여 기타 60여 소수 종족들로 구성된 총인구 2,500만의 전형적인 다종족 복합사회이다. 그러나 여타 다종족 신생독립국들의 현대사가 심각한 분열, 파편화와 전쟁으로 점철된 것과는 달리, 말레이시아는 지난 반세기 동안 고도의 정치적, 사회적 안정을 구가하고 있다. 독립 이후 단 한 차례 예외도 없이 4-5년 주기로 치러진 경쟁적인 11번의 총선, 여야 간의 수평적 정권교체는 아니어도 집권정당 내에서의 네 차례에 걸친 평화적인 정권이양, 단 한 차례도 발생하지 않았던 군부의 의회정치에의 도전 등 지난 반세기 동안의 예측가능한 정치과정은 제3세계의 여느 나라에 비해 말레이시아가 민주주의를 향유하고 있다는 평가를 받기에 부족함이 없었다.

그러나 말레이시아만큼 그 정치체제를 설명하는데 있어서 접두어가 많이 사용되는 나라도 드물다. '준'(semi)민주주의, '의사'(quasi)민주주의, '협의'(consociational)민주주의, '제한적'(limited)민주주의 등등 이 모두가 말레이시아 정치체제를 설명할 때 학자들이 사용하는 용어들이다. 여기서 엿볼 수 있는 공통적 함의는 말레이시아가 "민주주의를 향유하고 있다"는 점과 "그 민주주의가 온전한 형태의 것은 아니다"라는 것이다. 즉 표면적으로 말레이시아는 서구민주주의의 본질인 정당 및 의회정치에 의한 정치과정을 유지하고 있음에도 불구하고, 그 정치과정의 실질적 내용이 서구적 기준에서의 민주주의에는 충분히 부응하고 있지 못하다는 것이다.

그동안 '한국식' 민주주의라는 용어에 익숙한 우리로서도 이러한 현상이 전혀 생소한 것은 아니다. 하지만 한국을 비롯한 제3세계의 많은 국가들이 20세기 종반의 민주화의 물결이라는 범세계적, 보편적 흐름에 부응하여 정치체제의 성격이 변모되어온 것을 고려해 볼 때, 말레이시아 정치체제는 지속적으로 민주주의의 궤적을 벗어나고 있었다는 점에 주목할 필요가 있다. 1970년대 초반까지 다종족 복합사회에서 "정치안정"과 "민주주의"가 동시에 향유될 수 있다는 발전국가의 전형적인 사례로서 스위스, 네덜란드, 벨기에 등 서유럽 다원주의국가들과 그 어깨를 나란히 하던 말레이시아의 현주소가 주변의 인도네시아, 필리핀, 태국에도 미치지 못하는 상황에 이른 것이다. 이는 지난 20여 년간 한국에서 이루어낸 역동적인 민주화만큼이나 말레이시아에서 권위주의화 또한 역동적으로 진행되었음을 의미한다.

더욱 흥미로운 점은 아직도 수많은 말레이시아 국내외 학자들이나 일반 국민들이 "비자유적"(illiberal) 또는 "말레이시아식" 등의 접두어를 사용하여 말레이시아의 민주주의를 이야기하고 있다는 사실이다. 민주주의-권위주의의 궤적에서 이미 권위주의의 "전형적" 행태를 보이는 말레이시아에서 "안정"과 "성장"이라는 정치질서 논의에 현혹되어 민주주의의 개념과 가치가 얼마나 많이 또 어느 정도 큰 폭으로 변이되어 버렸는지에 대한 현실 인식이 턱없이 부족한 것이다. 지난 30여 년간 지역감정 또는 지역주의에 발목이 잡혀 이제는 이것이 너무도 자연스러운 한국정치의 특징으로 인식되는 것처럼, 말레이시아에서도 민주주의의 개념과 의미가 안정과 효율성의 덫에 빠져 그 보편적 존재가치 마저 상실되는 것이 아닐까 심히 우려된다.(황인원, 서강대학교 동아연구소 상임연구원)

메르데카 광장에서

쿠알라룸푸르 모노레일안에서

아시안 에세이

"마하티르 정치리더십의 빛과 그림자"

2003년 10월 31일은 말레이시아 현대사에서 역사적인 날이다. 1981년 수상에 취임한 이래 집권 22년째를 맞은 마하티르 말레이시아 수상이 공식 퇴임한 것이다. '아시아 개발독재의 마지막 상징'이자 '현존하는 아시아 최장수 정치지도자'로 불리던 마하티르의 퇴진은 동남아 한 시대의 마감이라는 역사적 평가를 내리기에 손색이 없다.

일국의 정치지도자에 대한 평가를 함에 있어서, 22년 집권이라는 물리적 수치를 떠나 제3세계의 어느 정치지도자도 마하티르처럼 끊임없이 국제사회의 주목을 받던 이는 없었다. 마하티르에 대한 수식은 '전형적인 개발독재자'로부터 '말레이시아 근대화의 국부', '아시아의 대변인', '반세계화의 선봉장'에 이르기까지 실로 다양하고 현란하다. 마하티르는 10월 초 이슬람 정상회의(OIC)에서 반유대주의 발언을 통하여 퇴임 직전까지 국내외 언론의 조명을 받았다.

한 가지 흥미로운 사실은, 말레이시아 국내는 물론 최근 '아세안+3 정상회의'에서의 "많은 한국 국민들이 각하를 존경한다"는 노무현 대통령의 찬사는 접어두더라도, 그간 마하티르에게 적대적이었던 서방의 언론들에서조차 마하티르 리더십에 대한 총평에 있어서 지나칠 정도의 후한 점수를 주고 있다는 것이다. 물론 마하티르가 이룩한 공과에 대해 지나치게 인색할 필요는 없지만, 말레이시아에 마하티르가 남겨놓은 정치, 사회적 유산의 빛과 그림자에 대한 평가에 있어서는 보다 냉정할 필요가 있다.

우선 개발독재의 전형이라는 부정적 평가에도 불구하고, 집권기간 마하티르가 이룬 업적은 실로 화려하다. 1981년 취임 당시에 비해 20배로 늘어난 말레이시아의 국민소득은 차치하고라도, 종족간의 심각한 분열로 점철된 여타 다종족 신생독립국들과는 달리 전형적 다종족사회인 말레이시아가 현재 고도의 사회적 안정을 구가하는데 있어서 마하티르의 정치리더십이 끼친 영향은 지대하다. 1969년 인종폭동이후 '말레이 딜레마'라는 책의 저술로 말레이계 우대정책의 근간을 제공했음에도 불구하고, 집권기간 동안 인구의 40%에 달하는 중국, 인도계 등 소수종족의 안정과 요구를 담보하는 탁월한 통치방식은 신생독립국의 전형적 골칫거리인 종족갈등으로부터 말레이시아를 자유롭게 하였다.

하지만 사회 경제적 측면에서의 마하티르의 공적이 정치적 측면에서도 계승된 것은 아니었다. 강대국 중심의 패권주의에 대항하여 제3세계의 대변인으로 '국외적으로는 보다 민주적'으로 보이는 마하티르의 정치적 행보는 '국내적으로는 덜 민주적'이라는 비판과 함께 말레이시아에서의 정치를 철저하게 마하티르 개인 중심의 '권력의 사유화 과정'으로 몰고 갔다. 즉, 1960년대 종족 엘리트간의 타협의 정치가 1970년대 말레이계 중심의 통일말레이국민조직(UMNO)을 정점으로 한 패권적 지배를 거쳐 1980년대 이후 마하티르 집권기를 거치면서 정치영역의 전반에 걸쳐 마하티르 개인으로의 권력집중 현상이 두드러진 것이다.

1990년대에 들어서서 전통적으로 민감한 언어, 문화 및 교육 정책의 완화에서 보이는 '제한적인 자유화(minor liberalization)'에도 불구하고, 이 시기의 정치가 보다 신장된 자유화를 동반한 것은 아니었다. 오히려 1987년 집권 UMNO내에서 마하티르 권위를 둘러싼 파벌갈등은 마하티르 주도의 UMNO 해체와 新UMNO의 창당으로 이어졌고, 1990년대 집권당 내부의 정치는 기존의 역동성을 상실한 '탈정치화'와 '비경선'의 전통으로 대체되었다.

집권 UMNO내에서의 마하티르 독점적 지위 강화와 함께, 1990년대의 또 다른 두드러진 현상은 마하티르를 수반으로 한 행정부로의 권력 집중화이다. 1994년 헌법개정으로 '윤리강령'에 어긋나는 사법부 판사의 처벌권을 법원이 아닌 수상에게 부여함으로써 사법부를 사실상 개인 권력의 시녀로 전락시킨 것은 그 단적인 예이다. 이 시기 그나마 명목상 유지되던 입헌

군주의 권한 또한 더욱 축소되었다.

사실 행정부의 권력 강화는 1957년 독립 이후 꾸준한 현상이었지만, 마하티르 집권기간을 통해 그나마 제한적으로 견제와 균형의 외향을 지탱하던 요소들조차 마하티르 개인으로의 권위주의적 통제강화 과정에서 체계적으로 제거되어 간 것이다. 집권 말기, 사유화된 권력기반에 위협 요인이 된다는 정치적인 이유로 10년 가까이 후계자로 양성하던 안와르 전 부총리를 동성애와 부패혐의로 축출한 사실은 마키아벨리식 마하티르 정치철학의 비정함을 단적으로 드러내는 사례이다.

하지만 안와르 제거 과정에서 나타난 전통적인 말레이 정서에 반하는 마하티르의 '잔혹하고(cruel)' '수치스런(shameful)' 정치행태는 기존의 'UMNO=말레이 종족의 수호자'라는 등식이 한낮 집권층의 권력유지를 위한 '허위의식'에 불과했다는 회의와 함께 그동안 강력한 정치적 후원세력이었던 말레이계를 중심으로 反마하티르 정서가 광범위하게 퍼지는 계기를 제공했다. "잔혹하고 수치스런 탄압이 권력의 동반자인 2인자에게도 이렇듯 행해질 수 있다는 현실이 우리에게 너무도 심한 좌절을 심어주었다"는 한 젊은 대학생의 울분은 안와르 사건 이후 변화된 말레이계의 정서를 웅변적으로 대변하고 있다.

그렇다면, 이번 마하티르의 퇴임을 갖가지 화려한 찬사로 맞이하는 말레이계의 (중국계와 인도계는 차치하고라도) 속내는 어떠한 것일까? 10년이 넘게 말레이시아 연구에 몸을 담고 있는 입장에서 마하티르 수상의 퇴임이라는 역사적 현장에 있어야 한다는 막연한 의무감(?)에 말레이시아행 비행기에 몸을 실었던 필자의 의문은 비록 1주일간의 짧은 여정이었지만 어렴풋하게나마 그들의 속내를 엿볼 수 있었다. "우리는 마하티르가 더 이상 권좌에 남아있지 않고 떠나가는 것이 너무도 다행스럽고 기쁘다"는 한 말레이계 택시기사의 말은 비록 말레이계 전반의 정서를 대변하고 있지는 않을지언정, 집권 말기 마하티르의 정치행태에 상처받은 말레이계의 정서가 종결형이 아닌 현재진행형으로 고스란히 남아있음을 느낄 수 있어서 신선했다.

과거의 전통적인 UMNO 지지세력인 말레이계의 상처받은 정서를 어떻게 치유해야 하는가? 오랜 정치적 동면에서 깨어 권력정치의 적나라한 속성을 간파한 이들의 현실적인 정치적 요구에 어떻게 대응할 것인가? 쏟아지는 찬사와 함께 역사의 뒤안길로 돌아서는 마하티르식 정치리더십이 남긴 빛과 그림자는 마하티르 이후를 준비하는 UMNO를 중심으로 한 말레이 정치엘리트들이 고스란히 짊어지고 가야할 정치적 유산인 셈이다.

황인원 (서강대학교 동아연구소 상임연구원)

말레이시아 왕궁에서

말레이시아 국립박물관에서

2. 한국과 말레이시아의 무역

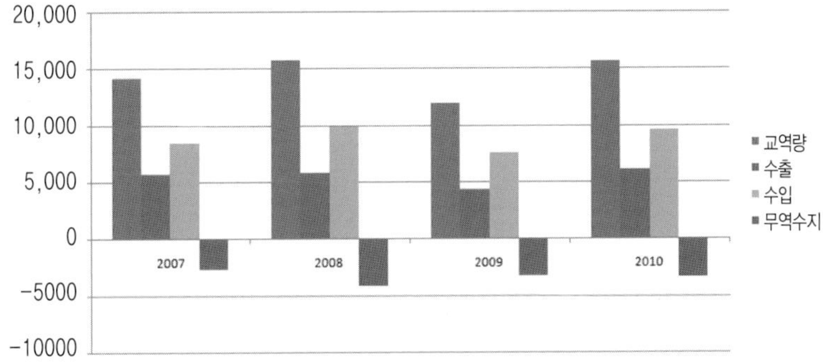

그림 한·말레이시아 수출입 동향

2009년 한국의 말레이시아 수출은 43.24억 달러였고, 2009년 한국의 대 말레이시아 수입은 75.74억 달러를 기록하여 무역수지는 32.50억 달러로 적자를 보였다.

2010년 한국의 말레이시아 수출은 61억 달러를 기록하였다. 한아세안 FTA 체결이전 인 2006년에 비해 수출이 약 17% 증가하였고, 4년간 연평균 수출증가율은 4%이다.

말레이시아의 공업화 단계가 한국보다 한 단계 아래에 있으나, 원유, 천연가스, 고무, 주석, 목재 등 자원 보유국으로 한국과 상호 보완적인 무역구조를 갖고 있다. 한국은 말레이시아 전체 무역량에서 4.5%를 차지하고 있으며, 6번째의 국가이다.

한국의 대 말레이시아 주종 수출 품목은 평판디스플레이, 반도체, 철강판, 선박해양구조물 및 부품, 합성수지, 자동차 등으로 이들 품목이 대 말레이시아 전체 수출의 50%를 차지하고 있다.(KOTRA, 2011)

〈표〉 한국의 對말레이시아 수출상위 10대 품목의 수출액(2010)〉 (단위 : US$백만)

순위	품목명(HS코드)	2006	2007	2008	2009	2010	연평균증가율
	총계	5,227	5,704	5,794	4,325	6,115	4.0%
1	광학용 액정디바이스 (901380)	55	168	540	591	897	101.0%
2	탱커선 (890120)	0	40	25	140	388	-
3	메모리 (854232)	0	196	198	236	331	-
4	안테나/부품 (852990)	55	168	197	182	289	51.4%
5	인쇄회로 (853400)	169	217	246	182	204	4.8%
6	전자회로 (854231)	0	861	665	236	187	-
7	골프차량 (870323)	263	115	91	30	185	-8.4%
8	제트유 (271019)	125	7	46	56	144	3.6%
9	고무 (400251)	0	0	2	26	91	-
10	철·비합금 평판압연제품 (720917)	44	53	86	76	86	18.2%

자료: 한국무역협회

SELAMAT
TAHUN
BARU 2012
NEGARA MAKMUR 2012
2012
2
0
1
2

CHRIST CHURCH MELAKA

말라카

아시안 에세이

"말레이시아 'Hari Raya' 축제"
라마단 끝나는 이달말부터 한달간 열려

말레이시아의 대표적인 이슬람 축제인 '하리 라야 아이딜피트리(Hari Raya Aidilfitri)'가 올해 금식월인 '라마단'이 끝나는 8월30일과 31일 양일간 현지에서 열린다.

말레이시아가 라마단이 끝나는 시점부터 하리라야(Hari Raya) 축제에 들어간다.

인구의 60% 이상이 이슬람교도인 말레이시아는 이슬람법에 따라 무슬림 달력으로 9번째 달에 해당하는 "라마단(Ramadhan)" 기간 동안 일출에서 일몰까지 음료를 포함한 모든 음식을 금식하면서 종교적인 신념을 확인하는 시간을 갖는다.

한달간의 금식월 라마단이 끝나는 첫째 날인 9월1일은 "하리 라야 아이

말레이시아 하리라야 축제

딜피트리"로, 말레이시아 정부는 단식을 끝낸 모든 무슬림을 축하하는 이틀간의 공휴일을 선포한다.

공휴일을 포함해 이슬람 달력의 10번째 달 내내 계속되는 축제 기간 동안에는 거리 곳곳에서 라마단을 지키느라 마음껏 즐기지 못했던 음식들을 무료로 제공하고, 자선을 베푸는 등 모든 국민들이 한데 어우러져 즐거움을 나눈다.

말레이시아를 찾는 외국인 관광객들도 함께 즐길 수 있는 하리 라야 아이딜피트리 축제 개막일에는 국왕과 왕비를 포함한 정부 고관들이 참여한 가운데 국민들과 함께 어울리는 성대한 축하 행사가 개최된다.

이날만큼은 왕과 국민들, 이슬람교를 믿지 않는 말레이시아인과 외국인 관광객들도 한데 어우러져 즐거움을 나눈다. 또한 가까운 친척들을 집으로 초대해 같이 즐기고 선물을 주고받는 "오픈 하우스(Open House)"도 열린다. 이 행사에는 모든 종교와 인종을 초월해 누구나 축제에 초대 받고 함께 즐길 수 있다. (아세안투데이, 2011.8.21)

제5장 _ 필리핀(Republic of the Philippines)

1. 필리핀의 통상

필리핀은 서비스업이 GDP의 50%를 차지하고 있다. 특히 최근들어 필리핀의 BPO산업이 많은 다국적 기업들로부터 각광받고 있다.

필리핀 정부는 아세안과 AFTA에 적극 참가하고 있다. 필리핀은 1993년 12월 필리핀의 CEPT 프로그램 이행을 명시한 행정명령 제145호를 발표하여 1994년 1월부터 시행하고 있다.

〈표〉 필리핀 개요

위 치	북쪽으로 대만, 남서쪽으로 말레이시아아와 근접	언 어	영어, 타갈로그어
면 적	300,000㎢ (한반도의 약 1.3배)	주요민족	말레이계, 중국, 미국, 스페인계 혼혈
인 구	94,013,000명 (2010년)	종 교	가톨릭(83%), 기독교(9%), 이슬람교(5%), 불교 및 기타
수 도	마닐라(Manila)	화폐단위	페소 (Peso)

〈표〉 필리핀의 경제현황

국내총생산(GDP)	1,995.9억불 (2010)	1인당 GDP	2,123불 (2010)
실질GDP 성장률	7.6% (2010)	교 역	1,337.82억불 (2010)
수 출	577.56 억불	수 입	760.26 억불

지프니 앞에서

지프니 안에서

트라이시클로 앞에서

아시안 에세이

"필리핀, 인도 제치고 최대 아웃소싱 강국으로 급부상"

10년 사이, IT 아웃소싱 산업 인력만 20배 늘어

인도가 아웃소싱 최대 강국이란 고정관념은 이제 바꿔야 할 때가 됐다.

15일 투자 전문사이트 마켓워치에 따르면 IBM서비스사업부의 조사 결과 영어 공용국과 낮은 인건비, 여기에 서구문화에 친숙한 국민성을 무기로 필리핀이 인도를 제치고 세계 최대 아웃소싱 강국으로 부상한 것으로 확인됐다.

비즈니스 프로세싱협회(Business Processing Association)에 따르면, 지난해 필리핀의 IT 및 기업 업무 처리 아웃소싱 산업은 89억달러 규모로 전년 대비 26% 급증했다. 아웃소싱 산업에 종사하는 근로자와 전문가의 숫자도 24% 늘었다.

10년 전만 해도 필리핀의 IT 아웃소싱 산업에서 일하는 인력은 2만 5000명 수준이었는데 지난해에는 약 50만 명으로 대략 20배가 늘었다.

이는 필리핀 아웃소싱 산업 근로자의 연봉이 5000~6000달러 수준으로 필리핀 평균 근로자들보다 약 40%가량 더 많고, 또 필리핀 정부가 해외 콜센터 기업들을 유치하기 위해 적극적인 친비즈니스 정책을 펼친 것이 적중했기 때문이다.

현재 필리핀 정부는 2000년 이후 콜센터 산업 육성을 위해 세금 우대, 사업자 등록 면허 간소화, 콜센터 관련 장비 수입세 면제 등의 혜택을 아끼지 않고 있다.

이에 따라 기업 업무와 관련한 아웃소싱은 콜센터 운영에서부터 고객관리와 인적자원 관리, 회계 등을 넘어 주택담보대출 처리 업무 같은 특정한 전문 영역까지 확대되고 있는 추세다.

IT 리서치회사인 IDC는 전세계 아웃소싱 산업이 2015년까지 매년

5.3%씩 성장해 1910억달러 규모로 확대될 것으로 전망하고 있다. 이는 앞으로 필리핀이 아웃소싱 산업을 통해 자국 경제 발전에 큰 도움을 받을 수 있을 것으로 예상된다.

다만 이에 앞서 해결해야 할 과제가 몇 가지 있다. 정작 아웃소싱업체들은 전문직 구인난을 겪고 있기 때문이다.

이는 필리핀의 아웃소싱 산업의 역사가 10년가량으로 짧아 경험 많은 관리직을 구하기 어렵다는 단점을 안고 있기 때문이다. 또 콜센터 직원에 대한 사회 인식이 낮은 것도 해결해야 할 문제다.

하지만 서구국가들과의 시차관계로 야간에 근무하는 콜센터 특성상 근처 식당과 상점은 신바람이 분다고 마켓워치는 전했다.

(아세안투데이, 2011.6.16)

인트라무로스에서

따가이따이에서

2. 필리핀과 한국의 무역

2010년 현재 한국에 있어 필리핀은 수출시장은 17위, 수입시장은 27위이다. 2010년 한국의 필리핀 수출은 58.4억 달러, 수입은 34억 달러로 무역수지 흑자는 23.5억 달러였다.

한국의 필리핀 주요 수출품은 전기전자, 반도체, 석유제품, 정밀화학, 자동차, 철강, 동제품 등 중간재 산업재가 많다. 최대 수출품은 반도체이다.

2010년 한국이 필리핀으로부터 수입하는 품목중에 반도체가 전체 수입의 36%를 차지하고 있고, 원유, 곡물류 등 1차 제품과 컴퓨터 등 현지 다국적기업들이 생산하는 IT제품이 많다[13].

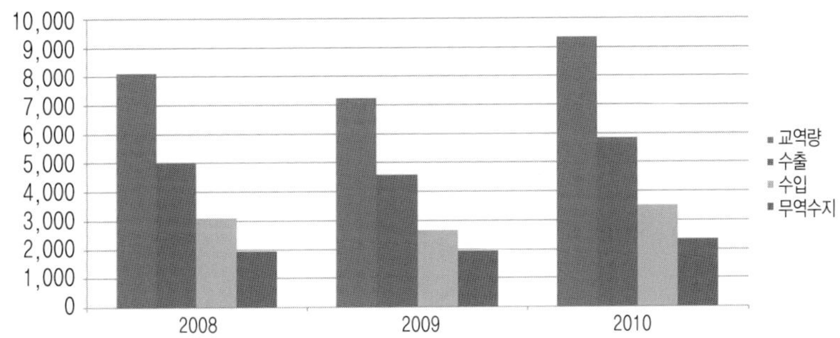

그림 한·필리핀 수출입 동향

한국의 필리핀 수출은 한·아세안 FTA가 체결된 2007년부터 2010년까지 연평균 8% 증가한 58억 달러를 기록하였다. 한국의 필리핀 주요 수출품목은 전자부품으로 한국의 필리핀 전체 수출의 40% 이상을 차지하고 있다.

13) 홍석우, 「한-아세안 FTA 체결이후 수출유망품목의 수출동향」, KOTRA, 2011.6.30,

〈표〉 한국의 對필리핀 수출상위 10대 품목의 수출액 (단위 : US$백만)

순위	품목명(HS코드)	2006	2007	2008	2009	2010	연평균증가율
	총계	3,931	4,420	5,016	4,567	5,838	8%
1	전자회로 (854231)	0	1,130	1,139	1,064	1,777	12%
2	휘발유 (271011)	151	163	370	370	321	16%
3	제트유 (271019)	268	521	519	396	210	−5%
4	기타비금속 (280461)	0	4	54	115	197	165%
5	축전지 (853224)	10	45	58	117	179	78%
6	구리선 (740811)	75	116	118	92	176	19%
7	철강판 (720851)	2	20	120	36	109	122%
8	승용차 (870323)	0	18	5	23	73	42%
9	앰뷸런스 (870332)	41	60	73	53	70	11%
10	승합차 (870210)	5	25	44	46	64	67%

자료: 한국무역협회〈2001〉

마닐라만에서

필리핀 어린이들과...

산토토마스 대학교에서

아시안 에세이

"한국의 롤모델은 필리핀?"

전체 국민중 25%가 하루 1.25달러로 연명, 남의 일 아니야...

권력층의 변화 거부, 경제발전 및 분배정책 실패의 대명사....필리핀

아시아개발은행(ADB)의 통계에 따르면 1억명 가까이 되는 필리핀 인구 중 25%가 하루 1.25달러 미만으로 살아가고 있다. 구인구직 사이트인 Payscale이 올해 2월 조사한 11,000개 사업주가 제시한 근로자의 월 평균 급여(경력1년차~20년차)는 17,525페소로 조사됐다.

필리핀에 살면서 다양한 직업을 지닌 필리핀 사람들(혹은 다양한 계층의 사람들)을 접하게 된다. 이들과 몇 마디 대화를 나누어 보면 그들 대부분은 자신들이 처한 상황에 대해 상당히 비관적인 결론을 내린다. 이유는 물질적으로 풍요롭지 못하고, 열심히 일해도 살림살이가 나아지지 않는다는 것이다. 현실도 미래도 절망 그자체인 셈이다. 이들이 이런 불만은 굳이 역사를 들먹이지 않아도 오랜 식민기간을 거치며 고착화 된 지배계층의 노동 착취와 잘못된 분배구조 때문이다. 그 이전에 리더십 부재로 인해 국가가 발전을 하지 못한 이유도 있다.

서너 집 건너 해외근로자가 있는 필리핀의 현실에서 근로자들은 타국과의 비교를 하지 않을 수 없을 것이다. 이를 통해 느끼는 상대적 박탈감 또한 무시 못 할 것이다. 그러나 아이러니하게도 국민들 대부분은 정치에 대해서 상당히 무관심한 편이고, 대부분 온갖 비리가 난무하고 개혁의지가 실종된 정부와 의회에 더 이상 관심도, 지지도 보내지 않고 있는 셈이다. 무관심이 가져올 미래의 암울한 재앙은 생각도 하지 않은 채 말이다.

희망을 잃어버린 필리핀 사람들

사실 필리핀에서 일반인들이 정치에 관심을 가질 수 있도록 신문이나 방

송과 같은 미디어가 접근성 측면에서 친절하지 못한 측면도 있다. 10페소~20페소짜리 신문하나 사서 볼 형편이 되지 못하고, 방송은 편성시간 대부분을 쇼프로그램 형식을 빌린 스폰서 광고가 주이고, 우뢰매 수준의 특수효과가 난무하는 판타지 드라마로 도배가 되는 것이 현실이다. 힘들고 괴로운 현실은 잊고, 그저 즐기길 바랄 뿐이다. 요행으로 현찰 몇 푼 쥐어주는 통에 온 바랑가이 주민들이 무더운 날씨속에서도 아랑곳 않고 뛰게 만든다. 필리핀 사람들이 전력질주 달리기 하는 모습을 볼 수 있는 유일한 경우다.

이렇게 필리핀 서민들은 길들여지고 있다. 이런 서민들을 바라보면 권력층들은 뒤에서 미소 지을 것이다. 서민들에게 필요한 것은 현실 개념을 잊게 하는 판타지 드라마와 현찰 몇 푼 쥐어주는 쇼프로그램이라는 것을 권력층은 너무나 잘 알고 있다. 식민 시절부터 식민지배세력과 결탁해 부와 권력을 나눈 권력층들은 이런 방식으로 자신들의 기득권을 더욱 더 견고하게 유지시켜 나간다. 필리핀뿐만 아니라 어지간한 개발도상국들은 짧은 시간 눈부신 경제발전을 이룩한 우리나라에 감탄을 금치 못하고 롤모델로 삼고 있다. 2010년 7% 경제성장이라는 성적표를 받아든 아키노 대통령이지만 여전히 필리핀 국민들은 나아지지 않는 살림살이에 곱지 못한 시선을 보내고 있다.

필리핀이 과거 60년대 잘나가는 아시아의 부국에서 지금과 같이 나락으로 추락한 원인은 리더십의 부재, 조금 더 파고 들어가면 변화와 개혁을 거부하는 권력층이 지배하는 사회구조 탓이다. 필리핀은 단순히 못사는 나라이기 때문에 무시 받는 것이 아니다. 시쳇말로 사회 구조 자체가 요새 젊은 이들이 즐겨 사용하는 이른바 '넘사벽(넘을 수 없는 사차원의 벽)' 그 자체가 고착화 된 나라이기 때문이다. 이는 상류층과 서민층의 경계가 극명하고 계층 간 위화감으로 극대화 된 양극화 사회라는 의미이다.

우리나라 권력층이 그리는 미래의 종착역은 필리핀

작년 3월 통계청의 발표에 따르면 대한민국의 빈곤층 가구 수는 3년간

37만 가구가 늘어난 305만 8000가구(전체 1691만7000가구 중 18%)이며, 인구는 약 700만명(전체 인구 대비 14.5&)에 달해 소득계층 구조가 중산층 중심의 안정적인 항아리 형에서 빈곤층 중심의 피라미드형으로 변화하고 있다고 밝혔다. 임금근로자의 절반이 넘는 51%가 월 200만 원 이하의 급여를 받고 있다.

우리는 독립과 한국전쟁 이후 60년대~80년대를 거치며'개발도상국', 90년대~2000년대엔 '선진국 진입'이라는 확고부동한 공동의 목표가 있었다. 때문에 정부의 억압과 통제가 있어도 국민들은 참고 견뎠다. 적어도 물질적인 풍요까진 아니어도 부족함에 허덕이진 않기 위해 국민들은 정부의 뜻에 따라줬다는 의미이다. 물론 중간에 IMF나 세계경제위기등과 같은 대내외 변수가 있었지만 이런 정부의 실정조차 국민들은 감내하며 한 발짝씩 전진해 상징점이라 할 수 있는 선진국 클럽(OECD)에도 가입했다.

필리핀 국민들 25%가 하루 1.25달러(한화 1400원)로 살아가고 있다.

애초 정부가 제시한 전반적인 모든 경제 수치가 결승점인 골인 지점에 다다랐다. 사람들은 골인 지점에 도달한 기쁨을 느끼려 했지만 당초 정부가 약속했던 행복은 어디에도 찾아볼 수가 없다. 적어도 현 정부 들어서며 새로운 목표제시가 되어야 함에도 불구하고 여전히 정부의 목표는 전 세계 220여개 국가 중 상위 10%(우리나라는 경제적으로 상위 10% 안에 드는 국가이다)도 아닌 5%안에 드는 선진국이라는 조금은 터무니없는 목표를 제시했다. 당연히 잘못된 목표(비전) 제시로 국민들은 행복을 맛 볼 수가 없게 되었다.

그럼에도 불구하고 권력층들은 여전히 더 뛰라고만 할 뿐, 지난 60여년 가까이 숨 가쁘게 뛰어온 국민들에게 행복이라는 과실을 나누어주길 거부하고 있다. 열심히 뛰는 것에만 길들여진 국민들은 오늘도 여전히 목표가 어딘지도 모른 채 뛰기만 할 뿐이다. 이것이 오늘날 우리가 안고 있는 가장 크고 심각한 문제인 셈이다.

대한민국은 잘나가지만 국민 대부분은 여전히 고달프고 조바심을 느낀다. 주요경제지표의 착시현상이자 거시경제의 한계인 셈. 외환보유고가 넘쳐나고, 수출이 늘어남으로써 “내가 좋은 게 뭔데?” 라며 반문한다. 국민소득이 2만불을 넘었다고 하지만, 가계 빚과 부동산, 물가도 덩달아 올라 이미 3,4만불 시대 수준으로 치닫고 있다. 그럼에도 정부는 높아진 국격이니 글로벌 경쟁력이니 침튀겨가며 추상적인 얘기만 할 뿐, 서민들 개개인이 행복의 척도로 삼는 직업의 안정과 소득 증대, 보편적 복지(의료, 보육, 교육, 노후생활)에는 ‘꿀 먹은 벙어리’가 된다. 뛰기를 멈추면 다시 거지꼴, 국가 파산이 난다는 무서운 협박 아닌 협박과 함께 말이다. 국민들은 뛰지 않겠다는 것이 아니다. 뛸 때 뛰더라도 과실의 달콤함을 맛볼 수 있어야 하고, 뛸맛 나게 해줘야 하는 것이 국가의 책임이자 의무다.

어느 나라와 사회건 간에 문제가 없을 수는 없다. 다양한 의견과 정책이 제시되면 생산적인 비판과 자유로운 토론을 통해 보다 더 나은 사회를 건설해 나가기 위해 상대를 설득, 합의를 도출해 내야 한다. 어느 한쪽의 의견이 일방적으로 옳을 순 없듯이 건전한 비판세력의 견제 또한 반드시 필요하다. 정책적, 국민적 합의를 외면하고, 소통을 무시한 채, 국민들의 투표를 두려워하는 것은 비정상이라는 것을 국민들은 잘알고 있다.

대다수 국민들이 원하는 것은 북유럽 국가들처럼 정치, 경제, 사회, 복지적으로 안정된 선진국이다. 필리핀처럼 특정권력층과 상류층이 부와 권력을 독점하는 국가는 아니라는 의미다. 좌파건, 우파건 정치인들이 말하는 편 가르기와 논리는 국민들이 알바 아니다. 일단 국민 모두가 먹고살기 좋고, 행복한 미래를 꿈꿀 수 있어야 한다. 가장 중요한 것은 기회와 희망이 사라지지 않는 나라이여야 한다. (aseantody, 2011.6.19)

제6장 _ 베트남(Socialist Republic of Vietnam)

1. 베트남의 통상

베트남은 2003년 이후 계속 15%이상의 산업생산이 증가하고 있다. 특히 민간부문과 외국인투자가 산업생산을 주도하고 있다. 베트남의 최대 제조업은 섬유산업이다. 베트남의 2010년 현재 평균 실행관세율은 11.6%이다.

베트남의 수출입 규모는 2008년 1,414억 달러로 대외무역개방도[14]가 1.562를 기록하여 아세안 국가들중에서는 싱가포르 다음으로 높다. 그러나 베트남은 2003년부터 특정 품목에 대한 수입쿼터제도(Import Quota)를 시행하고 있다. 대상품목은 주로 주로 국민경제에 큰 영향을 주는 제품으로 베트남 관련 부처 간의 협의를 거쳐 선정하고 국영기업을 중심으로 쿼터를 배정하여 수입쿼터를 관리한다. 수입쿼터 대상 품목은 매년 고시하고 있다. 2010년도 수입쿼터 대상품목은 계란, 소금, 설탕 등 6개 품목이다.

베트남은 전반적으로 원부자재와 중간재 산업이 취약하고, 수출보다는 수입이 급증하여 무역수지가 지속으로 적자를 나타내고 있다.

베트남의 이러한 무역수지 적자는 외자기업, 국내기업 및 정부의 대형 프로젝트(정유공장, 일관제철소, 대형플랜트 등) 건설을 위한 설비나 철강 등 기자재의 수입이 증가하였고, 베트남의 WTO 가입에 따른 수입관세율 인하와 소득증대에 따른 고급소비재 수요 등이 증가 하였기 때문이다[15].

---

14) 대외개방도 = 수출입/GDP

15) 채욱, 「ASEAN 주요국의 비관세장벽 현황과 대응방안」, 대외경제정책연구원, p.p111~118, 2010.

아세안 가입 후 베트남은 아세안 역내 자유화와 AFTA에 적극적 이었다. 베트남은 2007년 1월 WTO 가입 이후에는 개별국가들과 FTA 추진이 활발해졌다. 베트남은 최근 칠레와의 FTA 협상을 완료 하고 미국 등 거대 경제권이 참여한 TPP 협상에도 참여하고 있다. 2010년 아세안·인도 FTA, 아세안·호주·뉴질랜드 FTA 발효로 베트남의 FTA 발효국과의 교역비중은 전년 대비 4.5% 늘어난 57.4%를 기록했다.[16)]

〈표〉 베트남 개요

위 치	인도차이나반도 동부 지역	언 어	베트남어 (공용어)
면 적	331,212㎢ (한반도의 약 1.5배)	주요민족	베트남족(89%)외 54개 소수민족
인 구	88,257,000명 (2010년)	종 교	불교(12%), 가톨릭(7%)
수 도	하노이 (Hanoi)	화폐단위	베트남 동(Dong)

〈표〉 베트남의 경제현황

국내총생산(GDP)	1,035.7억불 (2010)	1인당 GDP	1,174불 (2010)
실질GDP 성장률	6.8% (2010)	교 역	1,706.29억불 (2010)
수 출	709.12억불	수 입	997.17억불

16) 한국무역협회, 「주요국 FTA 동향」, 2011, pp.19~21.

호치민

하노이에서

하롱베이에서

호치민 기념관에서

2. 한국과 베트남의 무역

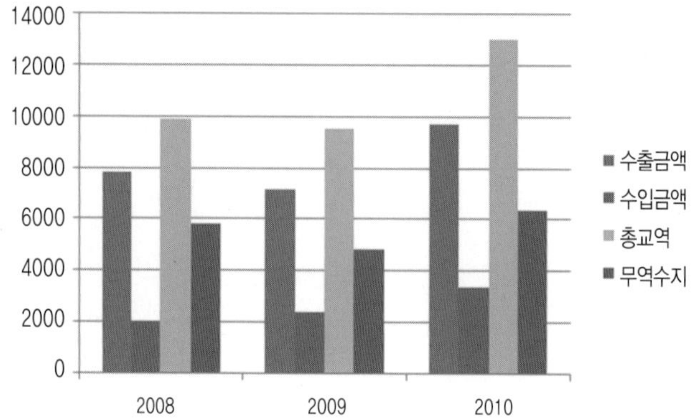

그림 한·베트남 수출입 동향

한국의 대 베트남 수출 증가는 2001년 미국·베트남 무역협정 발효 이후 한국의 현지 투자진출이 증가하면서 이들 투자기업들의 각종 설비류, 원부자재의 수요가 증가하였다.

전통적으로 한국은 베트남에 대해 무역수지 흑자국이다. 한·베트남 총 교역량은 FTA체결 이후 연평균 25% 증가하였다.

2010년 현재 한·베트남간의 교역량은 13억 달러였고, 한국은 6억 3212만 달러의 흑자를 기록했다. 한국의 베트남 주요 수출 품목은 현지 투자기업 생산과 관련한 직물 등 철강제품, 섬유봉제 원부자재 등이다. 한국의 대 베트남 주요 수입 품목은 광물성 연료, 섬유제품, 수산물, 임산물 등이다. 베트남은 다른 아세안 6개국과 달리 일반품목의 관세철폐 시한이 2016년으로 길어 현재까지 FTA를 활용한 수출증대 효과가 미미하다.

2010년 한국의 베트남 수출은 한·아세안 FTA가 체결된 이후 연평균 25% 증가하였다. 한국의 베트남 주요 수출품목인 철강, 석유제품, 자동차 및 부품은 민감품목으로 분류되어 있거나 12~80% 정도의 고관세가 유지되고 있다. 한국의 베트남 주요 수출품목은 베트남 수출기업의 원부자재 조달 수요로서 총 수입의 약 60%를 차지하고 있다.(KOTRA, 2011)

〈표〉 한국의 베트남 수출상위 10대 품목의 수출액(2010) (단위 : US$백만)

순위	품목명(HS코드)	2006	2007	2008	2009	2010	연평균증가율
	총계	3,927	5,760	7,805	7,149	9,652	25%
1	휴대전화기부품 (851770)	0	6	6	151	658	-
2	제트유 (271019)	498	1,282	1,929	537	565	3%
3	철강제품 (720839)	2	14	49	142	307	252%
4	염색편물 (600622)	109	176	219	231	278	26%
5	휘발유 (271011)	0	0	103	181	243	-
6	철강제품 (720838)	1	6	16	55	195	274%
7	편직물 (600410)	58	105	176	173	186	34%
8	골프차량 (870323)	3	36	56	181	174	176%
9	자동차부품 (870899)	25	52	113	154	155	58%
10	화물차 (870421)	61	87	112	192	151	25%

자료: 한국무역협회〈2011〉

베트남 초코파이 공장

한국대통령 베트남 방문

아시안 에세이

"심각한 베트남 경제의 구조적인 문제점"
불과 1년 만에 국가 신용등급 Ba3(부정적)-> B1(부정적)

지난해 하반기 이후 주요 신용도 평가기관들이 베트남의 국가신용등급(장기외화표시채권등급)을 하향 조정하면서 베트남 경제에 대한 불안감이 고조되고 있다고 국내 최대 경제지가 보도해 눈길을 끌고 있다.

신문에 따르면 '베트남은 리먼브러더스 사태로 인한 국제 금융위기 발생과 세계적인 경기침체에도 불구하고, 수출산업의 호조와 성장하는 내수시장으로 대부분의 아세안(ASEAN) 국가들이 고전하던 시기에도 괜찮은 성적을 기록했다'고 보도했다.

그러나 지난해 7월 세계 3대 신용도 평가기관인 피치가 '베트남의 대외채무 증가와 금융산업의 취약성으로 경제 및 재정적 불안이 증가할 것으로 분석하였다.

신문은 또 '베트남 경제에 본격적인 적신호가 켜진 것은 베트남 10대 국영기업 중 하나인 비나신(Vinashin) 국영조선회사가 12월 20일로 예정된 6000만달러의 채무 상환을 못 할 것이라는 우려가 현실화되면서부터 어려워졌고 파산위기가 고조되던 지난달 15일 무디스는 베트남 신용등급을 Ba3(부정적)에서 B1(부정적)으로 한 단계 하향 조정했다'고 우려를 나타냈다.

특히, 국영기업 및 국영은행의 부실로 베트남 정부의 우발채무가 증가할 가능성과 함께 비나신의 부실로 국영기업 및 국영은행에 대한 베트남 정부의 관리 능력 감소도 중요한 등급 하락 요인임을 강조했다.

또 'S&P는 베트남 경제의 낮은 생산성, 불안한 금융시스템, 정부 관리 능력 부족 등을 이유로 베트남 경제가 외부 충격에 매우 취약하며, 이로 인해 국영기업의 부실이 국영은행 구조조정으로 이어지는 베트남의 경제위기가 현실화될 가능성이 있는 것'으로 분석했다.

그러나 '베트남의 주력 수출상품인 원유, 커피, 쌀 등의 국제가격이 상승세를 보이고 있고 공산품 수출 가운데 의류 및 섬유류 수출이 2010년에 사상 처음으로 100억달러를 넘어설 것으로 예상되는 등 당분간 베트남 수출산업의 경쟁력은 유지될 것'으로 보인다며 '수출산업과 내수시장이라는 베트남 경제의 성장 동력은 단기간의 조정 가능성에도 불구하고 베트남 경제발전에 여전히 중심적 역할을 할 것으로 기대된다'고 전망했다.

이 외에도 '대외채무 부분도 대부분 양허성 자금인 총외채 잔액이 GDP 대비 34%에 그치고 있고, 외환보유액 대비 단기외채 비중도 33% 수준을 유지하고 있으며, 한 해 동안 갚아야 될 베트남 외채의 원금과 이자 합계를 총수출로 나눈 외채원리금상환비율도 1.4%에 불과해 단기적인 외환위기 발생 가능성은 크지 않을 것으로 보인다'고 안정 가능성을 시사했다.

(아세안투데이,2011.5.7)

제7장 _ 태국(Kingdom of Thailand)

1. 태국의 통상

태국은 경제활동인구에서 농업이 전체산업에서 차지하는 비중이 높은 국가이다. 태국의 평균 최혜국대우(MFN: Most Favored Nation Treatment) 실행관세율은 10.6%이다. 태국정부는 집중육성중인 농산물[17], 자동차[18], 자동차 부품, 오토바이, 주류, 섬유, 종이류 등은 고관세를 적용하고 있다(채욱, 2010).

AFTA의 창설을 제안한 태국정부는 AFTA의 계획에 적극참여하고 있다. 그러나 그동안 국내산업의 보호 등을 위해 고관세정책을 고수하여 온 태국이 AFTA의 CEPT에 따른 관세인하로 역내 무역에 있어 수입이 증가할 것이라는 우려가 높았다.

태국은 AFTA뿐만 아니라 쌍무간 통상협상을 통해 쌍무간 FTA에도 적극 참여하여 호주, 뉴질랜드 등과 FTA를 발효하였다. 2010년 ASEAN·인도 FTA, ASEAN·호주·뉴질랜드 FTA 발효로 태국은 FTA 발효국과의 교역비중이 큰 폭으로 늘어나 FTA 발효국과의 교역비중은 56.6%를 기록했다.(KITA, 2011)

17) 포도주 60%.
18) 자동차 80%.

치앙마이 불교사원에서

〈표〉 태국의 개관

위　치	인도차이나반도 중앙부	언　어	타이어 (공용어)
면　적	513,120㎢ (한반도의 2.3배)	주요민족	타이족(85%), 화교(12%), 말레이족(2%)
인　구	63,878,000명 (2010년)	종　교	불교(95%), 이슬람교, 기독교
수　도	방콕 (Bankok)	화폐단위	바트(Baht)

〈표〉 태국의 경제현황

국내총생산(GDP)	3,189.1억불 (2010)	1인당 GDP	4,992불 (2010)
실질GDP 성장률	7.8% (2010)	교　역	3,799.78억불 (2010)
수　출	1,953.64억불	수　입	1,846.13억불

구운 바나나 노점상 앞에서

툭툭이 앞에서

카오산 로드에서

태국 대학교에서

방콕 초등학교에서

아시안 에세이

"21세기 태국, 변해야 한다."

탁신 친나왓이 지원하는 푸어타이당의 잉락이 새로운 총리로 선정됨에 따라 태국 국론은 2개로 양분되고 있다.

우선 기본적인 탁신의 성치 이념은 태국 전통적인 국왕 제도 개선이다.

현재 태국의 국왕은 태국 정치일선의 최고봉으로 직접적인 통치를 하고 있다. 또한 국왕은 국가의 대표, 상징적으로 존속하기를 원하는 탁신의 정치 이념은, 그동안 국왕을 내세워 국가운영, 사업운영 등의 전권을 장악했던 군(軍) 수뇌부와 기존 기업인들에 반감과 위기의식까지 만들어 냄으로써, 군부 쿠데타에 의한 탁신 정권의 퇴진 까지 몰고 갔었다.

도대체가 일국의 군대와 경찰이 국가와 국민을 위해 존속하지 않고, 국왕을 위해 존재 한다는 발상 자체가 17세기적인 생각 아닌가?

가난한 농민의 가정에서 태어난 탁신은 그야말로 먹고살기 위해 사관학교에 진학했고, 경찰로 근무 했으며, 이후 태국 최초로 민간 이동통신사업으로 성공한 기업가이다. 사업으로 막강한 부를 축척한 그가 뭐가 아쉬워 그 복잡한 정치 세계에 입문했을까?

그는 태국을 사랑하는 태국인이다. 그리고 어린 시절 가난하게 사는 농촌의 모습을 가슴 아프게 기억하고 있는 "가난한 자와 억울하게 권리를 박탈당한 자들의 대변인"이 되고자 했다.

태국의 경제배급 및 분배는 이해할 수 없을 정도로 나뉘어져 있다. 일명 특권세력(국왕 위주의 세력)은 너무 큰 이해관계로 태국의 부를 거머쥐고 있으며, 일반 국민 85%가 가난과 지배 속에 들어 있는 소위 '노예계층'이다. 군주 국가에서나 볼 수 있는 계급의식과 지배하는 자와 지배받는 자의 사회구조인 것이다.

농촌의 쌀값은 매년 제자리걸음이고, 양곡의 판매루트는 특권층의 지배하에 매년 실소비자의 쌀값은 치솟고 있다. 흔히 말하는 '농업협동조합'은 현재의 왕권제도 하에서는 도저히 불가능 하다.

물론 돈 있고, 기업하는 사람들은 한줄기의 특권과 특혜를 받기 위해 기존 세력에 아부할 수밖에 없는 구조이기 때문이다. 국가의 근간을 이루는 농민은 기댈 곳이 없는, 그야 말로 핍박받는 그리고 무조건적인 굴복만을 강요당하는 현실이 현재의 태국이라고 해도 틀린 말이 아니다.

이제 태국 국민들은 서서히 눈을 뜨고 있으며, 젊은 엘리트 층 역시 이 현실을 그냥 보고만 있을 수는 없게 되었다.

가장 일반적인 예로, 태국의 교육과정을 보면 극명하게 드러난다. 초등학교 수준에서 중, 고등학교의 교과 과정과 교육 과정을 보면, 한마디로 있는 자에게 복종하고, 그들을 숭상하며, 네 처지에 만족하라는 것이 주된 골자다. 그것도 불교의 교리에 따라서 말이다.

국왕이 살아있는 부처이며 신이니까, 그 주변 인물도 역시 같은 살아있는 부처요 신이라는 이론이다.

물론 방콕 등 일부 대도시만을 바라보는 외부인들은 알 수가 없다. 그저 며칠 태국관광을 하고 돌아가는 여행객들 역시 진정한 태국의 현실을 알 수 없는 노릇이고, 방콕 등 대도시에서 상업에 종사하는 교민들 정확하게 간파하기가 쉽지 않다. 태국은 2개의 얼굴을 가지고 있으니까 말이다.

솔직히, 태국은 현재 국왕을 국왕으로 만든 군부의 수뇌격인 프렘에 의해 통치되고 있었다고 해도 과언이 아니다. 그의 꼭두각시가 아피싯 전 총리이고, 이를 모르는 태국 국민은 거의 없다.

군 수뇌부는 국왕을 앞세우고 모든 권력과 특혜를 누리고 있다. 태국은 진정한 민주국가로, 모든 국민이 평등한 권리를 누리는 국가로 성장되어야 할 것이다.

기본임금 인상은 불가피 하다. 현재 150바트의 기본임금으로는 턱도 없는 생활비다. 기업은 노동자를 착취하며 살찌우고 있다. 최근 보도된 300바트의 기본임금 인상도 부적절 하다. 최소 500바트는 되어야 한다. 그것도 싸지 않은가 말이다.

하루 10,000원, 한 달 내내 일해야 겨우 30만원에 불과하다. 태국의 노동력은 중국, 혹은 주변 국가와는 차원이 다르다. 이제 싸구려 인건비로 경쟁할 시기는 지났다고 생각한다. 품질에 앞서고, 노동 생산력에 앞서는데...

국제 곡물가격은 올랐지만, 태국 농촌의 쌀값은 10년 전 그대로다. 이를 어떻게 설명 할 것인가? 앞으로 새로운 정부가 풀어야 할 가장 큰 숙제 중 하나다.

국민이 있어야 국왕도 존재 한다. 국왕이 있어야 국민이 존재 하는 것은 아니다. 현 국왕은 이를 잘 알고 있다. 그러나 그의 주변 인물(세력권 층)은 이를 알지 못하고 있다.

개인적으로 탁신이나 잉락 정권이 이러한 무리들과의 전투에서 승리하기를 바랄 뿐이다.

한마디로 기존 정권과 세력에 아부하는 것은 비열한 세력에 힘을 실어 주는 것이고, 미래의 태국에 대해 능멸하는 태도일 뿐 아무런 도움이 되지 않는다. 태국은 반드시 변한다. 아니 변해야만 한다.

그저 태국 일반 국민들은 자신들에 주어진 최소한의 권리와 권익만을 원하고 있다. 생존을 원하는 것이다. 태국 농촌의 부채는 우리가 보기에는 미미 하지만, 그들에게는 평생 갚을 수 없는 금액이다.

그리고 모든 농촌이 이러한 부채와 저가의 쌀값으로 신음하고 있다. 이러한 농촌이 태국 인구의 80% 이상을 차지하고 있다.

태국은 그저 외국인들이 잠시 놀러 와서 잠깐 놀고 가기에는 좋은 나라다. 그러나 태국의 속사정을 알게 되면 답답한 마음이 들게 된다.

거대하고 화려한 도시의 쇼핑몰이나 호텔, 관광지의 시설은 진정 일반 서민의 피와 땀을 거의 착취수준으로 이루어 진 것들이기 때문이다. 또 이러한 착취 수준으로 부를 이루겠다고 몰려드는 기업이나 외국기업들 역시, 한마디로 'Blood Sucker'가 아니고 무엇이겠는가?

그나마 태국 일반 국민들의 온순한 성격과 품성이 오늘을 유지하고 있는 것이다. 만일 우리나라처럼 다혈질의 국민성이었다면, 세상이 뒤집혀도 수천 번은 더 뒤집혔을 것 같다.

서기 2011년, 현재도 과거처럼 전 국민의 노예화가 가능하다고 생각 하는가? 이게 내가 아피싯 전 총리와 국왕에게 묻고 싶은 말이다.

(아세안 투데이, 2011.7.11)

탁신 전총리

탁신의 여동생 잉럭 현총리

탁신지지자들의 데모

데모와 태국경찰

2011년 선거포스터

아시안 에세이

"태국 의회, 잉럭 친나왓 총리 선출"...
푸어타이당의 총리 후보인 잉럭을 제28대 태국 총리로 선출

태국 잉럭 칭나왓(44)이 5일 첫 여성 총리로 선출됐다.

태국 의회는 이날 투표를 통해 푸어타이당의 총리 후보인 잉럭을 제28대 태국 총리로 선출했다.

잉럭은 전체 500명의 의원들 중 50% 이상의 지지를 받는데 성공했다. 이에 따라 푸미폰 아둔야뎃 국왕의 승인만을 남겨두고 있다.

정계 입문 11주 만에 총리에 오른 잉럭은 탁신 전 총리의 여동생으로 남매가 나란히 총리에 오르는데 성공했다.

지난달 3일 실시된 조기총선에서 푸어타이당은 265석을 차지해 압승했다. 이후 5개 군소정당과 연립정부를 구성해 300석 이상을 확보하고 있다.(아세안타임즈, 2011.8.23)

태국왕궁에서

태국국립박물관에서

태국국왕 80주년 기념물

태국국왕

태국국왕 젊은시절

태국왕자

태국국왕 손자 첫돌기념 주화

2. 한국과 태국의 무역

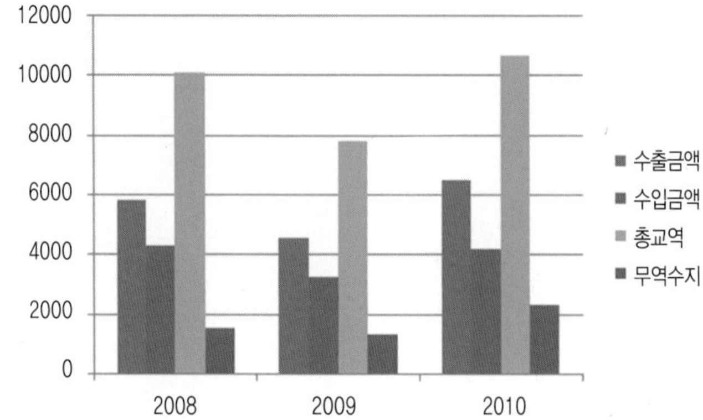

그림 한·태국 수출입 동향

2010년 한국의 대 태국 수출은 64억 달러였다. 한국의 대 태국 수입은 41억 달러로서 무역수지는 22.9억의 흑자였다. 한국의 대 태국 수출품목은 철강제품의 수출이 12.7억 달러를 기록해 1위를 차지하였다. 이외에도 석유화학제품, 전자제품 등이 태국 수출의 주종을 이루고 있다. 또한 한국의 태국으로부터의 수입은 전자부품에 대한 수입이 7.6억 달러로 가장 크다. 전자부품에 이어 임산물, 농산물, 수산물 등 1차산업 제품이 태국 수입의 주종을 이루고 있다.(KOTRA, 2011)

2011년 방콕 홍수

제8장 _ 캄보디아(Kingdom of Cambodia)

1. 캄보디아의 통상

캄보디아는 1990년대 초까지도 농업에만 주력했던 농업국가였다. 캄보디아는 열악한 경제상황으로 해외원조와 차관에 크게 의존하고 있다. 제조업은 노동집약적인 산업인 의류, 봉제업에 집중되어 있다.

캄보디아는 아세안 다른 국가들과 비교해도 투자/GDP비중이 낮다. 국내저축/GDP 비중이 증가하고는 있으나 투자재원이 부족하며, 투자재원의 대부분이 해외직접투자(FDI)를 통해 조달되고 있다. 계층간의 소득불균등도 다른 아세안 국가들에 비해 상대적으로 높다.(채욱, 2010)

훈센총리

〈표〉 캄보디아 개관

위 치	인도차이나 반도 동남부 (베트남, 라오스, 태국과 접경)	언 어	크메르어, 불어(50대 이상), 영어(청·장년층)
면 적	181,035㎢ (한국의 약 1.8배)	주요민족	크메르족 90%, 소수민족 (베트남, 중국, 참족, 고산족)
인 구	14,289,000명 (2010년)	종 교	불교(95%), 기타(5%)
수 도	프놈펜 (Phnom Penh)	화폐단위	리엘 (Riel)

〈표〉 캄보디아의 경제현황

국내총생산(GDP)	116.3억불 (2010)	1인당 GDP	814불 (2010)
실질GDP 성장률	6.0% (2010)	교 역	143.34억불 (2010)
수 출	46.21억불	수 입	97.13억불

앙코르 왓트에서

아시안 에세이

"중국이 잠식한 캄보디아 투자, 시간이 없다"

캄보디아 경제를 들여다보면 2010년도 GDP는 6%가량 성장한 116억 3,000만 달러로 나타났다.

지난 2010년에는 수출량 36억8,700만 달러, 수입량 60억 500만 달러로 23억 달러 이상의 무역적자를 보였던 것에 비해 크게 성장한 규모다.

해외투자규모는 2010년도 총5억3,250만 달러로 대부분이 중국으로부터 투자되었으며, 2011년 10월까지 캄보디아의 투자청을 통한 투자승인은 지난해 같은 기간의 1억6,000만 달러에 비해 크게 증가한 60억 달러로 나타났다. 이 중 중국의 투자금액은 11억5,000만 달러에 달한다.

이는 영국이 진행하는 비료공장 프로젝트를 제외하면 중국의 캄보디아 투자는 가장 많은 액수이고, 꾸준히 증가세를 보이고 있다.

최근 중국은 발 빠르게 아세안(ASEAN) 국가들에 대한 영향력을 높여가고 있다. 비단 캄보디아 뿐 아니라, 미얀마와 라오스까지 막대한 자금을 투자하면서 에너지 및 식량자원의 주도권을 움켜쥐고 있는 것이다.

우리나라도 동남아시아 시장의 진출을 위해 아세안센터를 중심으로 노력하고 있다. 그러나 중국에 비하면 많이 뒤떨어진 상태다. 이 지역은 GDP 규모만 6조 달러의 시장으로 향후 중요한 무역 요충지라는 점을 간과해서는 안 된다.

캄보디아는 동남아시아 국가 중 최빈국이지만 경제발전을 국가 정책으로 정하고 해외투자유치를 위해 부단히 노력하고 있다.

특별경제구역(SEZ) 제도를 도입해 21개의 SEZ를 허가했으며, 이 중 5개 경제구역은 이미 조업에 들어갔다. 또 2개 지역은 거의 완공된 상태로 조만간 조업을 개시한다.

캄보디아에 투자할 경우 기간시설과 유통, 전력사정과 같은 문제점이 있음에도 불구하고 정부가 여러 가지 혜택을 주기 때문에 투자비에 대한 손실을 상쇄할 수 있다.

특히 소득세가 20%대로 낮아 해외투자자들에게 매력있는 지역으로 부상하고, 세금 감면혜택과 수출면세 혜택도 주어진다. 또, 외국인 투자자에게 100% 소유권을 인정해 안정적인 투자도 가능한 나라다.

이런 캄보디아 정부의 해외투자자 유치노력과 함께 도로와 철도 등 기간산업에 11억 달러를 투입하고, 100만 톤 쌀 수출을 위해 정부가 직접 도정설비지원에 나서고 있다.

또 비싼 전력문제를 해결하기 위해 베트남과 중국 기업들이 서둘러 수력발전소를 건설하고 있으며, 깜짜이 수력발전소 완공을 계기로 2015년까지 4개의 발전소를 추가로 건설할 예정이다. 수력발전소가 완공될 경우 전력생산량은 총 722M/W에 달한다. 이 시점이 되면 베트남보다 3배나 비싼 전기 요금도 저렴해질 것으로 판단된다.

캄보디아는 풍부하고 값싼 노동력을 확보하고 있으면서도 상대적으로 경공업이나 제조업과 같은 노동집약적인 산업은 주변국에 비해 매우 뒤쳐져 있다.

우리나라도 농업국가에서 경제발전을 이룩해 경제대국으로 성장했다. 지하자원이 전무한 국토에서 현재의 한국을 일궈낸 경험을 이제는 캄보디아에 수출할 때다.

다소 늦은 감이 있지만 지금부터라도 캄보디아를 눈여겨봐야 한다. 우리가 머뭇거리는 사이 거대 자본을 무기로 중국이 모든 분야를 잠식하고 있으며, 앞으로 더 많은 기회비용을 부담해야 할 지 모른다

(아세안 투데이, 2011.12.20)

2. 한국과 캄보디아의 무역

한국의 대 캄보디아 수출은 지난 2001년 최초 1억 달러를 달성한 이후, 매년 평균 20% 정도의 증가세를 시현하고 있다. 글로벌 금융위기에도 불구하고 교역규모는 꾸준히 증가세를 보이고 있다.

그동안 한국의 대 캄보디아 수입은 연간 500~70만 달러 정도에 불과하였다. 그러나 2008년에는 대 캄보디아 수입이 천만 달러를 돌파하였다.

한국의 대 캄보디아 수출은 2009년 기준 2억 7,332만 달러, 수입은 1,820만 달러를 기록하여, 2억 5,512만 달러의 무역 흑자를 시현하였다. 2010년 한국의 대캄보디아 수출은 3,329만 달러를 기록하였고, 수입은 434만 달러를 기록하여 2,895만 달러 무역수지 흑자를 기록하였다.

한국의 캄보디아 주요 수출상품은 중고 자동차, 중고 오토바이 등이다. 한국의 대 캄보디아 주종 수입 상품은 의류, 천연고무, 상황버섯, 수산물 등이다. 캄보디아에서 한국으로 수입되는 섬유제품은 캄보디아 한국봉제 공장에서 생산된 의류가 대부분을 차지하고 있다.(KOTRA, 2011)

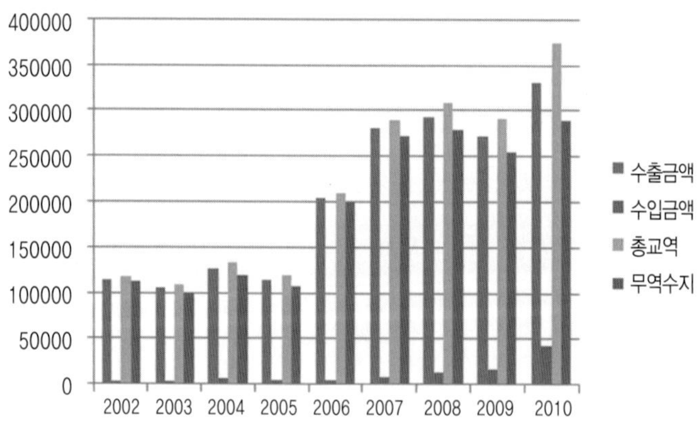

그림한·캄보디아 수출입 동향

압살라댄스

국경수비대

캄보디아의 우물과 어린이들

아시안 에세이

"캄보디아의 당면한 현안과 한국의 지원방향"

훈센 총리 국가 재건에 총력...
한국은 농촌 중심으로 자립 도와야...

캄보디아는 경제적으로 선진국들의 원조를 뒤로한 체 중국과의 친분을 두텁게 하면서 태국과의 교역도 베트남 쪽으로 이동하여 가고 있다.

이제는 정부를 조사하거나 지도하려는 원조는 거부하겠다는 뜻이며, 이를 반영하듯 NGO 단체의 행동을 제약하려는 법안도 마련 중이다.

사회적으로는 토지 등록을 실시해 소외된 계층을 무시함으로써 이들의 원성이 자꾸 늘어만 가고 있다. 이들은 지난날 훈센의 강력한 지지를 보낸 유권자들이다. 그러나 토지의 몰수와 경제적 토지의 양도를 권력과 결탁한 정치가의 지인들에게 넘겨줌으로 인하여 부의 양분화는 계속되고 있다.

이러한 가운데 정부와 법조계 및 공무원은 부패와 결탁, 각자의 주머니 채우기에 정신이 없다. 시내로 들어오는 사거리마다 차량으로부터 돈을 징수하는 전문 징수원까지 등장하여 경찰의 부패를 막고자 하는 정부의 노력을 비웃는 듯하다.

지난날을 돌아보면 정말로 어려운 길을 걸어온 것만은 사실이다. 1975년부터 1979년 까지 4년 여 동안의 폴폿 정권으로 온 사회는 폐허가 되었고, 그 이후로도 내전이 줄어들지 않아온 것이 캄보디아의 현 실정이다.

훈센의 등장으로 지난 30여 년간 정치적 힘을 발휘하여 국가 재건을 꾀하고 있는 요즈음 전범재판에서는 5명의 당시 폴폿 실세들이 하나하나 재판 중에 있고, 이들은 프랑스와 유럽 및 미국의 주도로 진행하려는 과정을 경고하면서 재차 내전 위험까지 서슴없이 말하고 있다.

한국은 이러한 국가를 많이 도와왔다. 지금까지 한국은 캄보디아에 중국에 이어 두 번째로 투자를 많이 해 온 나라다. 최근에는 이명박 대통령의 캄보디아 방문으로 경제 교류가 증가할 것으로 기대하고 있다. 또 포스코 등의 대기업들의 투자가 계속되고 있다.

▲ 캄보디아 농민들이 자립할 수 있도록 돕는 것이 최선의 방법이다.

캄보디아에는 이웃국가 중에서 가장 높은 건물들이 한국인의 손으로 만들어져 올라가고 있다. 그러나 한국의 지자체들은 제각각 독자적인 외교 전략을 펼치면서 통합된 정부의 주도력을 보여주지 못하는 실정이다.

필자의 생각이 틀리다 할지라도, 그래도 이 나라는 농업을 기반으로 진행하여 나가야 하지만 경제적인 성장에 밀려 농업분야의 개발은 내년 예산안을 들여다보면 미흡하기 그지없다.

이제는 농촌으로 눈을 돌려야 할 때다. 아직도 캄보디아 농촌사회는 헐벗고 굶주림에 지쳐있다. 한국도 이러한 과정의 길을 걸어왔다. 진정으로 한국이 캄보디아를 원조하고 지원하고자 한다면 당장 식량이나 원조보다는 이들이 각자가 삶을 꾸려 갈 수 있도록 기술을 가르쳐야 한다.

고기를 주기보다 낚시하는 방법을 가르쳐주어 스스로 살아갈 길을 찾아가도록 하여야 한다. 그래야 미래의 희망을 갖게 되며 진심으로 한국을 존경할 것이기 때문이다.

어떻게 해야 농촌을 살릴 수 있는지는 이곳 모든 사람이 공감하는 한 가지가 있다. 한국의 두레 정신을 살려 이곳에 새마을운동을 정착할 수 있도록 적극적인 지원을 해야 한다고 생각한다.

마을 주민들이 서로서로 협동하여 도로를 만들고, 농로의 개보수와 관개시설을 스스로 진행하여 나가면 가까운 시일 안에 캄보디아 국민 스스로 쌀 증산을 이룰 것이며, 일하고자 하는 의욕도 높아질 것이다.

가장 시급한 것은 농산물 수매시스템의 구축과 저수지 개발이다. 보리고개로 매년 연명하는 이들 스스로 새마을금고도 만들고, 정부의 틀에서 스스로 살아가는 길을 찾아내도록 도와야 한다.

농촌의 기술력을 증진시키기 위해서는 한국의 농업대학교와 교류를 확대해야 한다. 품종의 개량과 기계화로 나아가기 위해서는 기술이 있어야 하지만, 이곳 관료도 아직까지 심경의 경작법을 이해하지 못하는 것 같다.

논을 깊이 갈아 자연퇴비를 시비할 수 있다면 재배 기술의 많은 부분을 전수한 것이다. 그 이후 농촌지도소 같은 조직을 육성, 지역의 특성에 맞는 농산물의 재배를 지도하여 나갈 조직이 필요하다.

이제 한국은 과거의 한국을 넘어 G-20 국가로 우뚝 섰고, 앞으로 행사를 주도하는 선진대열에 들어서 있다. 우리의 지난날 아픔을 생각하여 이 가난한 나라 캄보디아에 정부의 따스한 손길이 닿아 주길 기대해 본다.
(aseantoday, 2011.8.23)

제9장 _ 미얀마(The Republic of the Union of Myanmar)

1. 미얀마의 통상

미얀마의 산업별 GDP 비중은 1차산업, 2차산업, 3차산업이 각각 48.4%, 16.2%, 35.4%로 2차 산업의 비중이 매우 낮다. 이처럼 미얀마의 2차산업의 비중이 낮은 이유는 그동안 미얀마 정부가 모든 산업 시설을 국유화하고 민간의 대외무역을 금지해 왔기 때문이다. 현재 미얀마의 주력 산업은 1차산업이며, 자원개발분야가 전통적인 농수산업, 임업 등과 함께 미얀마 전체 산업을 주도하고 있다. 미얀마는 넓은 국토와 풍부한 자원을 보유하고 있는 국가이다.

그러나 군부독재와 고립정책으로 인하여 세계 최빈국중의 하나이다. 그동안 미얀마는 자립갱생을 기치로 고립정책을 취해오다가 최근 대외개방을 시작하여 외국인투자가 증가하면서 미얀마 천연자원 개발가능성이 높아 지고 있다.(채욱, 2010)

〈표〉 미얀마 개요

위　치	인도차이나 반도의 서북부	언　어	미얀마어(공용어), 영어통용
면　적	676,577㎢ (한반도의 약 3배)	주요민족	버마족(70%), 소수족(25%; 카친, 카렌족 등), 기타(5%; 중국, 인도 등)
인　구	61,187,000명 (2010년)	종　교	불교(89.5%), 기독교(5%), 이슬람교(4%) 외
수　도	내피도 (Nay Pyi Taw)	화폐단위	짯(Kyat)

〈표〉 미얀마의 경제현황

국내총생산(GDP)	454.3억불 (2010)	1인당 GDP	742불 (2010)
실질GDP 성장률	5.5% (2010)	교　역	166.04억불(2010)
수　출	67.69억불	수　입	98.36억불

황금바위

파고다

바간

파고다와 불교사원

2. 한국과 미얀마의 무역

2010년 현재 한국의 대 미얀마 수출은 67.69억불, 수입은 98.36 달러를 기록하였다. 2009년 글로벌 금융위기에도 불구하고 한국의 대 미얀마 수출은 크게 영향을 받지 않았는데 이는 한국의 수출 품목이 미얀마 산업에 필수적인 중간재가 주류를 이루고 있기 때문이다. 한국이 미얀마로부터 수입하는 상품은 섬유제품, 농산물, 임산물 등이다.(KOTRA, 2011)

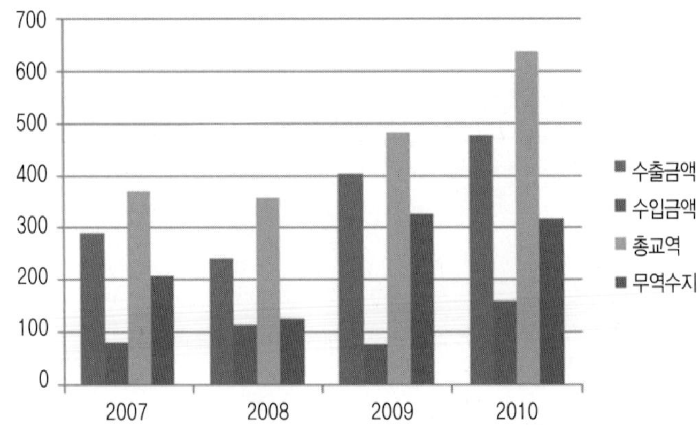

그림 한·미얀마 수출입 동향

미얀마 파고다에서

미얀마 국경도시에서

아시안 에세이

"미얀마 유감(遺憾)"

미얀마는 명백한 군사독재국가이다. 미얀마의 군사독재는 현역 장성들이 실권을 장악하고 정부 요직을 차지하고 있는 "군인이 직접 통치하는 독재"이다. 흔히들 독재라고 할 때 권위주의 체제를 지칭하지만, 미얀마 독재는 이보다 훨씬 통제와 억압의 정도가 강한 전체주의 체제에 가깝다. 국영밖에 없는 미얀마의 방송과 언론은 아마 세계에서 가장 짧은 방송 시간과 적은 신문 지면을 자랑하며 국민의 눈과 귀를 철저히 막고 있다. 외국이나 외국인과의 접촉을 차단하기 위해, 인터넷 사이트들에 대한 접속을 차단하고 있으며 주요 관광지를 빼고는, 특히 소수민족 거주지역에 대해서는, 외국인의 여행을 금지하거나 제한하고 있다. 대학은 외국인 입학은 고사하고 출입조차 허용하지 않고 있으며, 1988년 민주화 시위 이후에는 몇 년씩 휴교와 개교를 반복하며 파행적으로 운영되어 왔으며, 한때 동남아 최고의 명문대학이자 독립운동의 산실이었던 랑군(Rangoon) 대학은 양곤 대학으로 개칭된 뒤 학생운동의 메카로 변하자 1996년부터는 학부과정을 아예 없애버렸다. 과거 한국 대학가의 프락치와 유사한 정보기관의 "스파이"들은 캠퍼스뿐만 아니라 사회 구석구석에 침투하여 감시할 정도로 그 수가 많다.

미얀마 군사정권은 정통성을 상실한 지 이미 오래다. 1990년 버마 역사상 처음 실시된 다당제 민주선거에서 친군부 정당인 국민단합당은 득표율 21.2%로 국회 의석 총 485석 중 10석을 획득하는 데 그쳐, 아웅산수찌가 이끄는 전국민주연맹의 59.9%와 392석과 비교도 안 되는 참패를 당하였다. 그러나 이름만 들어도 섬뜩한 국가법질서회복위원회(슬로옥)라는 당시 최고기관은 아무런 이유 없이 선거결과에 따른 정권이양을 거부하였다. 세계 선거사에서 유례가 없는 일이었다. 야당지도자 아웅산수찌는 1989년 이후 20년 중 14년을 가택연금 상태에 놓였고 그 와중에 노벨평화상을 받았지만 군부는 끄떡도 하지 않았다. 그로부터 20년이 되는 2010년 다시 총선을 실시하겠다며 작년 말 새로운 헌법을 제정, 선포하였지만, 그 의도를 진실로 받아들이는 사람은 없다. 이미 가장 큰 10개의 소수민족 중앙조직들이 헌법을 비난하고 내년 선거를 거부하였다.

1990년대 중반 이후 분리독립을 주장하던 소수민족 무장투쟁단체와 지도자 몇몇이 정부가 제공한 이권을 챙기고 무기를 놓았고 소수민족 지역에 평화가 왔다고 미얀마 군사정부는 주장하고 있지만, 과연 얼마나 많은 소수민족들이 미얀마와 통합과 평화협정을 지지하고 있는지 알 길이 없다. 지난 10여 년간 샨족, 몬족, 카렌족 등 소수민족이 사는 지역에서 미얀마 군부가 자행한 강간, 고문, 살인 등 잔학행위가 그치지 않고 있다는 증거가 수없이 들어나 국제사회의 분노를 사고 있다. 수백만 명에 이르는 소수민족 출신 난민들이 고향을 떠나 타지를 떠돌고 있고, 수십만 명은 국경을 넘어 태국의 난민촌에서 인간 이하를 생활을 하고 있다.

미얀마 군사독재의 압권은 최고지도자들의 만행에 가까운 기행들이다. 1962년부터 무려 30년 가까이 통치했던 네윈(New Win)의 몇 가지 "치적"은 역사 속에 기록될 것들이다. 네윈은 점쟁이 말을 듣고 우파들을 없애려 했는지, 꿈에 계시를 받아 그랬는지 모르지만, 1970년 어느 날 차선을 우측통행으로 변경한다고 선포하여 수십 년 된 일제 버스가 그대로 굴러다니는 양곤에서 승객들이 길 복판으로 내리는 위험과 불편을 지금까지 감수하고 있다. 지금까지 모두 다섯 차례 화폐개혁을 단행하였는데 어떤 때에는 옛날 지폐를 환불해 주지 않아 휴지조각으로 변하였고, 1985년에는 20, 50, 100짯짜리를 대신하여 25짯, (보지도 듣지도 못한) 35짯, 75짯짜리를 만들더니, 1987년에는 이 단위를 다시 없애고 이번에는 45짯, 90짯짜리를 발행하는 횡포를 저질렀다. 이 모두 수비학(numerology)과 점성술(astrology)에 현혹된 군부지도자들의 소행이었다.

1992년 새로운 지도자로 등장한 딴쉐(Than Shwe)도 횡포와 기행으로 점철된 군부통치의 전통을 유감없이 계승하였다. 2005년 11월 군사정부는 수도를 양곤에서 오지 삐마나(네삐도)로 이미 옮기기 시작하였다고 발표하여 세계뿐만 아니라 미얀마 국민들도 깜짝 놀라게 만들었다. 공무원들에게는 불과 이틀 전 이 사실을 통보하였다고 한다. 미국의 침공에 대비했다고도 하고 역시 점성술사의 조언이었다고 하지만, 21세기에 존재하는 국가의 정책을 결정한 요인으로서는 도저히 이해가 가지 않는다. 주지하다시피 2007년 9월에는 1988년 이후 최대의 민주화 시위 사태에 직면한 군사정권은 신성시되는 승려들까지 구타하고 무자비하게 진압하는 만행을 저질러 국민들을 경악하게 하였다. 작년 싸이클론 나르기스가 남부 미얀마를 휩쓸어 15만여 명의 목숨을 집어 삼킨 직후에는 외국인 원조단과 자원봉사단의 입국을 거부하여 백척간두에 놓인 국민들의 목숨보다 정권에 대한 조그만 위협이 더 걱정임을 여실이 드러냈다.

이렇듯 시대착오적이고 잔인무도한 군사정권을 옹호하는 논리와 심지어 찬양하는 입장들까지 버젓이 우리 한국 사람들 사이에 나도는 것은 심히 부끄러운 일이다. 가장 흔히 내세우는 입장은 박정희식의 개발독재의 논리에 입각한 것으로서, 미얀마 같은 후진국은 경제발전을 위해 강력한 리더십을 필요로 하고 군부가 그것을 제공한다는 주장이다. 미얀마 군부는 무려 반세기를 통치하였지만, 비약적 성장은 고사하고 한때 동남아 부국의 하나였던 버마를 아시아 최빈국의 하나로 전락시켰다. "개발독재"가 아니라 "빈곤독재" 또는 "저개발독재"라 불러 마땅하다. 또 다른 주장은 군부만이 국민의 40%가 소수민족으로 이루어진 이 다민족사회를 하나의 국민 또는 새로운 민족으로 통합할 수 있다는 정치안정을 앞세우는 입장이다. 이러한 주장은 통합의 방식을 무시한 반민주적이고, 소수민족의 자결권을 부인하는 반인권적인 논리에 입각한 것으로 미얀마 군부의 입장을 그대로 따르고 있다. 마지막으로, 민주주의를 앞세워 미얀마를 봉쇄한 미국과 유럽의 패권주의와 제국주의를 비난하고 이에 저항하는 미얀마 군사정부의 민족주의적 입장을 지지하는 옹호론자들을 들 수 있다. 이들은 공통적으로 야당지도자 아웅산수찌는 외국에서 자라 외국인 남편을 두었으며 서구 강대국의 앞잡이로서 국내에는 아무런 인기가 없다고 주장한다. 과거 야당지도자들을 반민족적이라 몰던 유신독재나 전두환독재 시절과 너무나도 닮았는데, 국제사회로부터 정보가 차단된 미얀마 사람도 아니고 외국을 수시로 드나들고 민주화까지 일궈낸 한국인들이 군부독재자들의 선전과 세뇌공작에 넘어간다는 것은 이해할 수 없는 노릇이다. 한류가 엄청난 인기를 얻고 있고 교민 수가 급증한 이즈음에, 우리도 미얀마의 진정한 발전이 무엇인지 다시 생각해보고 이 나라의 개방과 민주화에 힘과 행동을 보태는 일류국민의 자세를 보여야 할 것이다.(서남포럼, 2009.2.25)

딴쉐장군

수찌여사

아시안 에세이

"미국, 미얀마 끌어안기"

美, 미얀마 끌어안기… 클린턴 내달 전격 방문 국무장관으론 반세기 만에… 중국 견제 포석

남중국해 영향력 강화 차원 베트남에 구애도

북한과 함께 국제사회에서 철저하게 고립됐던 미얀마가 10여년 만에 국제무대에 등장한다. 중국을 견제하려는 미국의 구애 때문에 가능했다. 미국은 동남아에서 중국과 패권을 다투는 베트남과도 관계를 강화할 태세다.

동남아국가연합(ASEAN)은 17일 미얀마를 2014년 순회의장국으로 공식 승인했다. 미얀마는 2006년 의장국을 맡기로 돼 있었으나 인권탄압을 이유로 미국과 유럽연합(EU)이 반대해 무산된 바 있다.

미국은 당초 "시기상조"라는 입장이었지만 생각을 바꿨다. 버락 오바마 대통령은 "최근 몇 주 동안 미얀마에서 민주화 개혁의 빛을 봤다"며 "힐러리 클린턴 국무장관을 다음달 미얀마에 보내기로 했다"고 18일 말했다. 미 국무장관이 미얀마를 찾는 것은 50년 만이다.

동아시아정상회의(EAS) 참석차 인도네시아 발리를 방문 중인 오바마 대통령은 "미얀마 민주화 운동 지도자 아웅산 수치 여사와 통화해 미국이 미얀마를 돕는 것을 지지한다는 의사를 확인했다"며 "클린턴 장관이 미얀마의 긍정적 변화에 미국이 힘을 실어줘도 될 것인지 확인할 것"이라고 덧붙였다. 미얀마 대통령실은 워싱턴포스트 기고에서 "미국의 미얀마 정책 변화는 양국의 전략적 이해에 부합한다"고 밝혔다.

미국의 극적인 입장 변화는 아시아에서의 영향력을 확대하기 위한 일환이다.

미얀마는 그 동안 국제사회의 제재가 계속되자 중국에 밀착했다. 5월에는 전략적 동반자 관계도 맺었다. 미국으로서는 벵골만에서 중국 남서부로 이어지는 송유관이 통과하는 미얀마와 관계 개선에 성공한다면 대 중국 포위 효과를 극대화할 수 있다.

미국은 걸프만-말라카 해협-남중국해로 이어지는 해상항로 통제에도 열심이다. 과거 전쟁까지 치렀던 베트남이 이를 위한 핵심 파트너이다. 월스트리트저널(WSJ)은 "8월 미군 함정이 베트남 캄란만 해군기지를 방문한 점에 주목해야 한다"고 지적했다. 군사전문가들은 캄란만이 남중국해에 접근할 수 있는 전략적 기지를 제공한다는 점에서 매우 중요하다고 평가한다. 베트남도 캄란만 기지를 개방해 중국의 영향력을 견제하겠다는 의도를 숨기지 않는다.

WSJ는 "미국이 군사·환경 등 다양한 방식으로 베트남에 접근하고 있다"며 "중국의 부상을 견제하기 위한 미국의 전면적 압박공세의 한 단면을 보여주는 것"이라고 평가했다. (한국일보, 2011.11.19)

제10장 _ 라오스(Lao People's Democratic Republic)

1. 라오스의 통상

라오스는 국토의 80%이상이 산악지대인 인도차이나 반도 중앙에 위치한 내륙국가이다. 라오스의 주력산업은 광업, 수력발전, 서비스산업이다. 라오스는 적은 인구로 인한 태생적인 협소한 내수시장과 노동력 부족에도 불구하고, 최근 10년간 평균 6%이상의 경제성장을 달성하였다.

최빈개도국이자 일반특혜관세제도(GSP : Generalized System of Preferences) 수원국인 라오스는 수출확대 및 공업화를 촉진하기 위해 관세인하를 점진적으로 해왔다. 라오스는 산림자원 및 수자원이 풍부하여 전통적으로 농수산업이 국내총생산의 40%가량을 차지하고 있다. 경제활동인구의 약 80%가 농업에 종사하고 있다. 라오스에 대한 외국인직접투자는 주로 농업, 광물자원 및 수력발전 등의 천연자원 분야에 많이 집중되고 있다.

〈표〉 라오스 개요

위 치	인도차이나 반도 중앙에 위치한 내륙국가	언 어	라오스어
면 적	236,800㎢ (한반도의 약 1.1배)	주요민족	49개의 종족, 라오룸, 라오퉁, 라오숭 등
인 구	6,437,000명 (2010년)	종 교	불교(67%), 기독교(1.5%), 기타종교(31.5%)
수 도	비엔티안 (Vientiane)	화폐단위	킵 (Kip/KN)

〈표〉 라오스의 경제현황

국내총생산(GDP)	64.6억불 (2010)	1인당 GDP	1,004불 (2010)
실질GDP 성장률	7.9% (2010)	교 역	57.99억불 (2010)
수 출	22.17억불	수 입	35.82억불

라오스 국경도시에서

루앙프라방 불교사원에서

아시안 에세이

"라오스, 생선을 뒤집어 먹지 말라".

동남아시아의 최빈국 라오스는 북쪽으론 미얀마와 중국, 서쪽엔 태국, 동쪽엔 베트남, 남쪽엔 캄보디아에 둘러 쌓여있는 내륙국이다.

이런 이유로 라오스에서 해산물을 먹기란 쉽지 않다. 전량 주변국 수입에 의존하기 때문에 가격도 비싸고 신선도도 떨어진다.

바다가 없는 라오스지만 이곳에는 바다 못지 않은 자원이 있다. 바로 '어머니의 강'이라 불리는 메콩강이 바다를 대신하고 있다.

중국의 티베트에서 발원해 미얀마와 라오스, 태국, 캄보디아, 베트남을 거쳐 남중국해로 흐르는 길이 4,020km의 동남아시아 최대의 강 메콩강 지류의 절반정도인 1,500km가 라오스를 관통하고 있다.

일찍이 라오스는 메콩강 유역을 중심으로 발전해왔다. 메콩강의 풍부한 수량과 급류를 이용하여 전력을 생산하고, 이웃한 태국과 베트남에 수출도 한다.

또한 강가에서 잡은 물고기로 생계를 이어나가며 이곳의 물을 끌어올려 농사를 짓고 가축을 키운다. 라오스에 메콩강이 없었다면 지금보다 훨씬 어려운 환경에서 살고 경제발전은 한참 더디게 진행됐을 것이다.

며칠 전 자신의 생일이라며 함께 저녁식사를 하자고 라오스인으로부터 초대를 받았다. 생일을 축하하기 위해 간 그의 집에는 어른 아이 할 것 없이 많은 사람들이 모인 자리였다. 식탁에는 각종채소와 고기를 다진 '랍'과 염소고기 구이, 생선구이(삥빠), 쏨팍, 야채볶음 등 푸짐한 생일상이 차려졌다.

이날 차려진 생선구이는 빠콤이라는 돔처럼 생긴 민물고기로 비린내도 없고 맛 또한 훌륭했다. 흔히 생각할 때 민물고기는 특유의 흙냄새와 위생 등의 이유로 탕으로 끓여먹는 경우가 많지만, 라오인들은 구이도 즐겨 섭취하는 요리다.

그날 먹은 민물고기는 잡내가 없고 육질 또한 뛰어났다. 맛 없는 민물생선이라는 선입견은 순식간에 사라졌다.

이들은 강가에서 자라는 '후와 씬 카이'라는 풀을 말려 입에 넣고 숯불에 구우면 냄새는 물론이고 육질까지 좋아진다고 말했다.

그렇게 생선을 절반정도 먹었을즈음, 고기를 뒤집어서 먹는게 편할거라고 생각했지만, 라오스인들은 가운데 뼈를 걷어내고는 그대로 먹는게 아닌가. 그냥 뒤집어 먹으면 그 수고를 덜텐데 왜 그럴까하는 궁금증이 생겼다.

그러나 그 이유를 안 순간 감탄사와 라오인의 고운 심성에 또 한번 놀라고 말았다. 접시에 올려진 생선을 뒤집지 않고 그대로 먹는 이유는, 물고기를 잡은 어부의 배가 뒤집어진다고 믿기 때문이란다.

식탁에 오르는 음식에 감사하며 그들의 마음까지 존중하는 라오스사람들...이곳을 방문한 여행객이나 비즈니스의 이유로 식당이나 집에서 현지인과 생선구이를 먹을 때는 물고기를 잡은 어부를 생각해 그대로 먹는 편이 좋을 듯 하다. (아세안투데이, 2011.8.17)

라오스 빠꼼

아시안 에세이

♣라오스 총리 인터뷰

부아손 라오스 총리

"10년 뒤 개발도상국 벗어나는 게 목표"
"최대 과제는 경제발전 …
정치·외교·문화 분야도 한국의 많은 지원 필요"

부아손 총리는 라오스의 경제개발에 대한 강한 의지도 보였다. 바다가 없는 라오스의 지리적 특성을 십분 활용해 인도차이나 반도의 내륙 물류 허브로 만들겠다는 구상도 밝혔다. 다음은 일문일답.

라오스는 최근 경제개발에 강한 드라이브를 걸고 있는데.

"2020년까지 개발도상국에서 벗어나는 것을 목표로 삼고 있다. 이 목표를 달성하기 위해서는 정치적 안정과 경제 발전이 필요하다. 경제 개발을 통해 고도 성장을 하게 된다면 앞으로 라오스는 지금과 사뭇 다른 모습이 될 것이다."

총리는 지난주 일본에서 열린 "아시아의 미래" 포럼에 참석해 선진국과 개도국의 협력을 강조했는데.

나는 그 자리에서 아시아의 발전과 번영을 위해서는 아시아에서 경제 발전을 이룬 나라와 개발도상국 간의 협력을 강화해야 한다고 강조했다. 현재 글로벌 금융위기로 세계 경제는 어려운 상황을 맞고 있다. 선진국·개도국 구별 없이 경제적으로 큰 타격을 받았다. 이를 극복하기 위해서는 선진국과 개도국이 각각 갖고 있는 장점을 공유해 시너지 효과를 내야 한다. 이런 협력이 이뤄진다면 양측에 모두 도움이 되는 것은 물론 경제위기 극복의 시점도 앞당길 수 있을 것이다."

한국에서 이례적으로 아세안 정상회의가 열리게 됐는데.

"나는 아세안과 대화관계(Dialogue Relation)를 맺고 있는 한국의 적극적인 활동을 높이 평가하고 있다. 특히 한국은 아세안 회원국은 아니지만 한·아세안 특별정상회의를 개최하는 등 동남아 국가들에 인상적인 모습을 보여주고 있다.

라오스는 현재 매우 빠르게 변모하고 있다. 변화의 핵심은 무엇인가.

"라오스 정부의 당면 과제 중 가장 중요한 것은 경제발전이다. 이를 통해 개도국에서 벗어나겠다는 것이 라오스의 목표다. 이를 위해서는 고도 성장이 필요하다. 하지만 라오스는 경제발전 과정에서 우리의 문화와 전통을 유지하기 위해 노력할 것이다. 변화의 핵심 키워드 중 하나는 개혁과 개방을 통한 경제발전이다. 이를 위해서는 국정이 우선 안정돼야 한다. 라오스 국민과 정부는 국민에 의한, 국민을 위한, 국민의 정부를 원한다. 이를 위해서는 국제사회와의 협력도 필요하다."

경제발전을 위해서는 외국인 투자가 상당히 중요한데.

"물론이다. 라오스에 진출한 외국 기업들이 라오스의 경제발전과 국민의 생활 수준 향상에 큰 도움을 주고 있다. 이외에도 해당 기업 출신 국가와의 협력에도 상당한 기여를 한다고 생각한다. 라오스 정부는 외국인 투자를 적극적으로 유치하기 위해 7월 제정을 목표로 새로운 외국인 투자관련 법을 준비하고 있다."

새 외국인 투자관련 법을 구체적으로 소개한다면.

"이 법은 기존의 내국인 투자법과 외국인 투자법을 통합한 것이다. 핵심은 외국인 투자자들에 대한 차별을 없애고 평등하게 대우하겠다는 것이다. 새 법은 라오스 정부의 해외자본 유치에 대한 강한 의지의 표명이다. 이 법이 발효되면 많은 외국인 투자를 유치할 것으로 기대하고 있다. 라오스 정부와 외국인 투자자들 간의 협의체도 출범시킬 계획이다."

외국 투자 확대를 위해선 외국인의 토지 소유를 허용해야 한다는 지적이 있는데.

"라오스에서 토지는 모두 국가 소유다. 그러나 외국인 투자자들이 토지의 장기 임대나 소유를 원한다는 것을 잘 알고 있다. 외국인 투자 유치를 위해 현재 라오스 정부는 토지 소유 문제를 심도 있게 연구하고 있다. 7월 의회에서 이 문제가 논의될 것이다."

한국 자본 유치 방안은.

"한국에 거는 기대가 크다. 라오스의 잠재력에 투자해 주기를 적극 요청한다. 예를 들면 유통·지하자원·관광·수력발전 등과 같은 분야다. 현재 한국 기업들은 광산 개발과 수력발전에 투자하고 있다. 천혜의 무공해 자연을 갖고 있는 관광 분야에도 양국이 적극 협력할 수 있기를 바란다."

라오스에도 한류가 유행하고 있다는데.

"라오스 국민은 요즘 한국 TV 드라마와 음악에 상당히 빠져 있다. 라오스는 양국 간 문화 교류 확대를 원하고 있다. 방한 기간 중 한국 정부와 이 문제도 논의할 것이다. 이와 함께 더 많은 한국인 관광객들이 라오스를 방문하길 원한다. 라오스를 찾아오는 한국인이 많아질수록 우리 국민의 한국에 대한 이해가 넓어질 것이다. 이를 위해 우리 정부는 지난해 한국민에 대해 입국 비자를 면제했다."

라오스 개요

베트남·태국·캄보디아·중국·미얀마 등 5개국과 국경을 접하고 있는 인도차이나 반도의 내륙 국가다. 전 국토의 약 80%가 산악지대며, 총연장 4200㎞의 메콩강 물줄기 중 1898㎞가 라오스 땅 위를 흐른다. 75년 왕정이 무너지고, 인민민주주의 공화국이 수립됐다. 86년 시장경제 원리를 도입했다. 1인당 국내총생산(GDP)이 689달러(2007년 기준, 약 87만원)로 세계 최빈국에 속한다. 농업이 GDP의 50%, 취업 인구의 80%를 차지한다. 내륙국이라는 지정학적 약점을 극복하고 베트남 호찌민시티(동쪽), 태국 방콕(서쪽), 캄보디아 앙코르와트(남쪽), 중국 쿤밍(북쪽)을 연결하는 교통 물류의 중심이 되기 위해 노력하고 있다. 동남아시아 전통 건축과 프랑스 식민지 시대 건축이 조화를 이룬 루앙프라방은 지난해 뉴욕 타임스(NYT)가 선정한 "꼭 가봐야 할 여행지" 1위로 꼽혔다.(동아일보, 2007.7.13)

2. 한국과 라오스의 무역

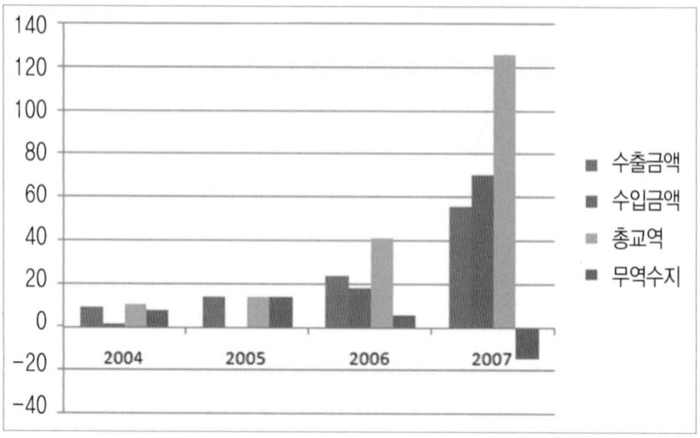

그림 한·라오스 수출입 동향

2010년 한국의 라오스 주 수출 품목은 자동차, 기계, 컴퓨터등이며, 라오스로부터 주요 수입품목은 광석, 목재, 의류 등이다.(KOTRA, 2011)

라오스 동자승들과

한국에서 지원하여 제작한 라오스교과서

아시안 에세이

"라오스의 길일"

천년에 한 번 오는 라오스 '길일(吉日)'은?

2011년 11월 11일, 우리나라는 '농업인의 날' 이다. 그러나 언제부터인가 11월 11일은 빼빼로데이라는 인식이 국민들에게 자리잡았다.

최근 유통업계와 제과업계는 '빼빼로데이' 마케팅이 한창이다. 특히, 올해 11월11일은 '11'이라는 숫자가 세 번 겹쳤다고 '밀레니엄 빼빼로 데이'라며 호들갑을 떨고 있다. 이는 1000년에 한번 돌아오는 기념일이라는 것.

빼빼로데이는 흔치 않은 자생적 기념일이다. 업계에 따르면 1990년대 중반 경상도 지역 여중생들이 숫자 1이 네 번 겹치는 11월11일을 기념해 '1'과 모양이 비슷한 '빼빼로'를 선물했다는 것이 기원의 정설이다.

동남아시아의 라오스 국민들도 11월 11일은 우리와 의미는 다르지만 중요한 날이다. 다시 말해 우리가 흔히 말하는 '길일(吉日)'중에 최고의 날이다.

연속되는 숫자를 매우 좋아하는 라오스 사람들은 1111, 3333, 등의 자동차 번호판과 5555-5555와 같은 전화번호는 웃돈을 주고 거래될 정도다.

이렇듯 각종 행사와 기념일도 연속된 숫자가 많은 날짜에 치르고, 국가의 대형 건설공사 역시 길일을 선택해 개장하거나 마무리한다.

라오스증권거래소(LSX)도 지난해 10월 10일 오전 10시에 공식 출범했고, 올해 1월 11일 11시 11분에 본격 증권거래를 시작했다.

이는 올해도 마찬가지다. 오는 11일 11시에 라오스 제2의 이동통신사 ETL이 LSX에 상장, 주식거래를 시작한다.

또 3년 6개월간 공사를 끝내는 '뉴 딸랏싸오 몰'도 11일 정식 오픈하고, 라오스와 태국을 잇는 3번째 우정의 다리도 이날 개통식을 거행한다. 특히, 완공이 1년이나 늦어진 우리나라 KOICA가 지원하는 최신식 라오스 아동병원도 11일 개원식을 치른다.

연속된 날짜에 의미를 부여하고 행사를 치르는 라오스와 유통업계의 상술에 놀아나 물건 팔기에 혈안인 우리나라와는 큰 차이가 있는 것 같다.

(아세안 투데이, 2011.11.7)

05

한·아세안 FTA속으로

제1장 _ 한국은 왜 아세안과 FTA를 추진했나

한·아세안 FTA = 한국이 거대 경제권과 체결한 최초의 FTA

1. 한국의 입장에서 본 아세안시장의 치명적인 매력

약 6억의 인구와 1.5조억 달러의 GDP 규모를 가진 아세안 시장은 한국과 가장 인접한 거대 경제권중의 하나이다. 아세안은 지리면적에서 한국의 44.8배이고 인구는 한국의 11.4배이다. 무역규모에서도 아세안의 연간 수출입 총액은 한국의 3배이다. 또한 아세안은 한국의 경제활동에 절대적으로 필요한 고무, 목재, 석유, 천연가스 등의 천연자원이 풍부하다. 그리고 아세안은 아세안 역내경제의 고도성장으로 인해 역내 SOC 확충 및 자본재 수요가 지속적으로 증가하고 있는 성장시장이다.

외환 위기를 극복한 아세안 국가들의 경제성장이 지속되면서 국내 구매력 증가로 아세안은 이제 단순히 제3국 수출을 위한 생산기지로서 뿐만 아니라 소비시장으로도 각광받고 있다.

2. 아세안의 높은 무역장벽을 FTA로 해소

아세안은 대부분이 개도국들로 국제통상무대에서 아직 경쟁력이 미약한 자국산업 보호를 위해 일반적으로 고관세정책을 행하고 있으며 비관세장벽이 높다. 아세안 국가들의 2010년 경제자유도지수(Index of Freedom)의 투자부문점수는 75점을 기록한 싱가포르를 제외하면 70점을 기록한 한국보다 대부분 낮은 점수를 기록하였으며, 아세안 역내 평균 투자부문점수는 36.1점으로 세계평균을 크게 밑돌았다(ktra, 2011). 이처럼 높은 아세안의 무역장벽으로 한국의 수출업계는 어려움을 겪었고, 그 탈출구로 한아세안 FTA가 필요했다.

아세안의 국가별 고관세 품목

- 말레이시아 : 자동차(60~130%), 자동차부품(25~30%), 철강(50%), 타이어(40%), 폴리에틸렌(30%), 플라스틱(30%), 섬유 · 의류(15~20%)
- 인도네시아 : 자동차(25~80%), 조제식료품(170%), 철강(15%), 플라스틱(20%), 타이어(15%), 섬유 · 의류(10~15%)
- 필리핀 : 자동차(30%), 폴리에틸렌 및 플라스틱(15~30%), 철강(15%), 섬유 · 의류(10%)
- 베트남 : 자동차(30~100%), 중고차(150%), 섬유 · 의류(40~50%), 철강(20~40%), 플라스틱(10~15%)

자료: KOTRA

3. AFTA의 출현으로 인한 한국상품 경쟁력 추락

아세안이 아세안 국간의 FTA인 AFTA의 추진으로 인해 아세안 시장 내 한국상품의 경쟁력이 약화되었다. AFTA의 추진 이후 전자제품, 수송기계, 철강, 직물 등의 상품에 대한 아세안 역내외 관세격차가 커지면서 한국상품의 가격경쟁력이 위축되었다.

1990년 이래 한국은 아세안으로부터 지속적으로 무역수지 흑자를 시현하였다. 그런데 AFTA 출범이후 아세안은 역내국간에 CEPT를 적용하여 관세를 철폐하고 있는 반면 역외국인 한국에 대해서는 일반관세를 적용하고 있어 관세격차가 심화되었다

국가별 수출품목중 상대적으로 많은 품목에 고관세를 부과하고 있는 국가는 말레이시아, 태국, 베트남 등이다. 한·아세안 FTA를 통해 이들 국가들의 관세가 철폐될 경우 대상품목의 수출이 크게 증가할 것으로 전망된다. (이요한, 2005: 166-168)

〈표〉 한국의 주요국과의 교역 (단위:백만 달러)

한국의 주요 교역대상 지역	2007			2008		
구분	수출	수입	총교역	수출	수입	총교역
중국	81,915	63,028	145,013	91,389	76,930	168,319
EU(27개국)	55,982	36,824	92,806	58,375	39,981	98,356
아세안(10개국)	38,749	33,110	71,859	49,283	40,917	90,200
일본	26,370	56,250	86,620	28,252	60,956	89,208
미국	45,766	37,219	82,985	46,377	38,365	84,742
중남미(48개국)	25,781	11,324	37,105	33,267	13,756	47,023
중동(21개국)	19,721	67,540	87,261	26,647	101,645	128,292
총계	371,489	356,846	728,335	422,007	435,275	857,282

자료: 한국무엽협회

4. 한국의 경쟁국들과 아세안 선점 경쟁

아세안이 중국, 일본 등 한국의 경쟁국들과 FTA를 체결할 경우 한국상품의 경쟁력이 급격히 악화될 가능성이 크다. 실제로 2001년 11월 중국이 중·아세안FTA를 제안하고, 중·아세안FTA가 3년만에 타결하였다. 일본도 중국을 견제하기 위하여 아세안과 FTA를 추진하였다. 한국도 중국과 일본의 아세안과의 경제협력에 대응하기 위해 한·아세안FTA를 추진하였다.

제2장 _ 한·아세안 FTA 추진과정

1. 한·아세안 FTA의 논의

아세안측에서는 1997년 이후 지속적으로 한국과 FTA 체결을 타진해 왔다. 이러한 가운데 한·아세안 FTA에 대한 본격적인 논의는 2003년 10월 한·아세안 정상회의에서 FTA를 포함한 포괄적 경제협력강화 방안에 대한 전문가 그룹을 구성하여 공동연구를 하자는데 합의하면서 시작되었다.(KIEP, 2007)

2. 한·아세안 FTA 단계별 과정

한국과 아세안은 2005년 2월 FTA 협상을 개시했고 2006년 8월 상품무역협정에 서명했고 2007년 6월 발효했다. 2005년 12월 말레이시아 쿠알라룸푸르에서 개최된 한·아세안 정상회의에서 한·아세안 자유무역지대(AKFTA)설립을 통한 경제협력 확대에 관한 한·아세안 포괄적 경제협력 기본협정이 체결되었고 이에 근거하여 2006년 8월 한·아세안 경제장관회의시 상품협정에 서명하였다. 이어 2007년 6월 한·아세안FTA 기본협정, 분쟁해결제도협정, 상품협정이 발효되었다.

2007년 11월에는 한국과 아세안이 서비스협정에 서명했고, 2009년 5월 발효되었다. 2007년 11월 싱가포르에서 개최된 한·세안 정상회의에서 한국과 아세안 9개국 통상장관은 한·아세안 FTA 서비스무역협정을 체결하여 2009년 5월 발효되었다.

2009년 6월에는 한국과 아세안이 투자협정에 서명했고 2009년 9월 발효되었다. 한·아세안 FTA 상품무역협정 발효 2주년이 된 2009년 6월 한·아세안 특별정상회의가 제주도에서 개최되었다. 회의기간 중 한·아세안 FTA 투자협정에 서명하였다. 2007년 6월 한·아세안 FTA 상품협정이 발효되었으나, 2010년 1월 1일 태국이 협정을 발효함으로써 협정대상국 모두가 한·아세안 FTA 발효를 완료하였다.

〈표〉 한·아세안 FTA 일정

시 기	내 용
2004.11.30	한·아세안 정상회담시 FTA 협상개시 선언
2005.12.13	포괄적 경제협력에 관한 기본협정에 서명
2006. 8.24	상품협정재서명 및 개성공단제품 특별관세부여 이행 관련서한 서명 및 교환
2007. 6. 1	상품협정 발효 (한국, 싱가폴, 인도네시아, 말레이시아, 베트남, 미얀마)
2008. 1. 1	필리핀, 상품협정발효
2008. 7. 1	브루나이, 상품협정발효
2008.10. 1	라오스, 상품협정발효
2008.11. 1	캄보디아, 상품협정발효(태국제외 전국가 상품협정발효)
2009. 5. 1	서비스협정발효
2009. 9. 1	투자협정발효
2010. 1. 1	태국, 한-아세안FTA 상품협정 및 서비스협정발효

자료 : MOFAT

한·ASEAN FTA 기본협정 서명식

• 한·아세안 FTA 주요회의

• 협상경위

- 2003년 8월 30일 대외경제장관회의에서 공동연구 제안 결정
- 2003년 10월 8일 한 · ASEAN 정상회의에서 FTA를 포함한 포괄적 경제협력강화 방안에 관해 전문가그룹을 구성하여 공동연구를 실시하는데 합의.

• 한 · ASEAN FTA 공동연구 및 준비

- 2004년 3월 : 제1차 공동연구 개최 (인도네시아)
- 2004년 4월 : 제2차 공동연구 개최 (서울)
- 2004년 6월 : 제3차 공동연구 개최 (싱가포르)
- 2004년 7월 : 제4차 공동연구 개최 (서울)

- 2004년 8월 4일 : 한 · ASEAN FTA 추진 관련 공청회 개최
- 2004년 8월 26일 : FTA 민간자문회의 개최
- 2004년 8월 : 제5차 공동연구 개최 (인도네시아)

• **2004년 11월 30일 한 · ASEAN 정상회의에서 공동보고서 채택 및 2년 내 타결 목표로 FTA 협상개시 선언.**

• **한 · ASEAN FTA 협상의 진행**
- 2005년 2월 : 제1차 협상 개최 (인도네시아)
- 2005년 4월 : 제2차 협상 개최 (서울)
- 2005년 6월 : 제3차 협상 개최 (싱가포르)
- 2005년 7월 : 제4차 협상 개최 (태국)
- 2005년 9월 : 제5차 협상 개최 (서울)
- 2005년 9월 : 제6차 협상 개최 (라오스)
- 2005년 9월 28일 : 한·ASEAN 경제장관회의 개최 (라오스)
- 2005년 10월 : 제7차 협상 개최 (베트남)
- 2005년 11월 16일 : 한·ASEAN 통상장관회의 개최 (부산)
- 2005년 11월 : 제8차 협상 개최 (말레이시아)
- 2006년 2월 : 제9차 협상 개최 (인도네시아)
- 2006년 3월 : 제10차 협상 개최 (인도네시아)
- 2006년 4월 : 제11차 협상 개최 (캄보디아)
- 2006년 5월 : 제12차 협상 개최 (서울)
- 2006년 7월 : 제13차 협상 개최 (말레이시아)

• **2006년 8월 24일 말레이시아 쿠알라룸프에서 열린 한 · ASEAN 경제장관회의에서 상품협정에 대한 공식 서명을 완료(태국 제외).**

• **협정발효**
- 2007년 6월 1일 : 한·ASEAN 상품협정 발효
- 2009년 5월 : 한·ASEAN 서비스무역협정 발효
- 2009년 9월 1일 : 한·ASEAN 투자협정 발효(MOFAT)

제3장 _ 한·아세안 FTA의 경제적 효과와 한계

1. 한국의 관점에서 본 한·아세안 FTA의 의의

첫째, 한·아세안 FTA는 한국의 네번째 FTA인 동시에 한국이 최초로 체결한 거대경제권과 첫번째 FTA이라는 점에서 큰 의미가 있다.

둘째, 중국, 일본, 인도, 호주, 뉴질랜드 등의 한국의 경쟁국들이 한국보다 먼저 아세안과 FTA를 추진하였으나 중국에 이어 두 번째로 협상을 타결하여 경쟁국들보다 먼저 아세안 시장을 선점하였다

셋째, 한국이 취약한 농수산물을 시장개방대상에서 제외하거나[19] 장기에 걸쳐 현행관세의 20% 수준만 감축하는 선에서 합의를 도출하여 한국의 농산물시장 개방의 피해를 최소화하였다.

넷째, 개성공단에서 생산된 제품도 특혜관세를 받을 수 있는 합의를 도출하였다.

Check Point 한·싱가포르 FTA의 의미는

한국과 싱가포르의 FTA는 동북아의 비즈니스 허브 한국과 동남아의 비즈니스 허브 싱가포르를 전략적으로 연결하는 계기가 되고 있다. 특히 한국은 한·싱가포르 FTA를 통하여 동남아 진출의 교두보를 마련하였다. 또한

19) 한국은 마늘, 고추, 양파, 파인애플, 녹차, 쌀, 쇠고기, 닭고기, 돼지고기 일부 등의 농산물, 갈치, 삼치, 조기, 꽁치, 냉동민어, 돔, 넙치 등의 신선, 냉장,냉동 수산물을 시장개방에서 제외하였다.

개성공단 제품이 한국을 거쳐 싱가포르로 수입될 경우 한국산 원산지 물품으로 인정되어 한·싱가포르 특혜관세를 적용받는 점도 큰 의미가 있다.(FTA HUB, 2011)

〈표〉 한·싱가포르 FTA협상 일지

1999.9. 8	오클랜드APEC 정상회담 계기 양국 정상회담시 고촉동 총리, 한국·싱가포르·칠레간 FTA체결 제의 이래 수시로 제안
2002.10.16	한국이 싱가포르에 FTA 체결 제안
2002.11.14	한·싱가포르 FTA체결을 위한 산관학 공동연구회 발족에 합의
2003.3.4~6	공동연구회 제1차 회의 (서울)
2003.7.29~30	공동연구회 제2차 회의 (싱가포르)
2003.9.4~5	공동연구회 제3차 회의 (서울)
2003.10.7	산관학 공동연구회는 6개월간의 활동 종료 후, 조속한 정부간 협상 개시를 건의하는 보고서 제출
2003.10.23	싱가포르 국빈방문 계기 양국 정상회담시 정부간 협상 개시 선언 (2004년초 협상 개시 1년내 타결목표)
2004.127~29	제1차 협상 개최 (싱가포르)
2004.3.24~26	제2차 협상 개최 (서울)
2004.5.19~21	제3차 협상 개최 (싱가포르)
2004.7.21~23	제4차 협상 개최 (제주도)
2004.9.7~9	실무협의 개최 (방콕)
2004.10.4~8	제5차 협상 개최 (싱가포르)
2004.10.28~29	실무협의 개최 (방콕)
2004.11.29	ASEAN+3 정상회의 계기, 한·싱 정상회의시 FTA 협상 실직적 타격 선언
2005.4.16	협정문안확정, 가서명 (싱가포르)
2005.8.4	한·싱가포르 자유무역협정문 정식서명
2005.8.24	국회비준동의안 제출
2005.12.1	한·싱가포르 FTA 국회 비준동의안 통과
2006.3.2	한·싱가포르 자유무역협정 발효
2007.7.9~10	제1차 임시관세위원회 개최(싱가포르)
2009.1.8	제1차 TBT 공동위원회 개최(싱가포르)
2009.1.15~16	제1차 한·싱가포르 FTA 이행검토회의 개최 (싱가포르)
2009.1.15	제1차 임시전문서비스위원회 개최 (싱가포르) 제2차 임시관세위원회 개최(싱가포르)
2009.7.14~16	한·싱가포르 FTA 제1차 이행검토회의 개최 (싱가포르)

자료출처 : MOFAT

Check Point 한국기업이 싱가포르에 수출할 때 한·아세안 FTA와 한·싱가포르 FTA중 어떤 것을 선택해야 하나

한·아세안 FTA 협정 제18조에는 한·아세안 협정과 다른 협정과의 관계를 다음과 같이 명시하고 있다. "본 협정 또는 본 협정으로 인하여 취해진 조치는 기존 협정에서의 당사국의 권리와 의무에 영향을 미치지 않는다".

이처럼 제18조는 한·아세안 FTA 체결에 앞서 체결된 한·싱가포르 FTA에서의 양국간 합의가 무효화되지 않는다는 근거조항이 되고 있다. 따라서 한국과 싱가포르의 수출입업자들은 자신에게 유리한 협정을 선택할 수 있다.

2. 한·아세안 FTA의 효과

1) 한·아세안 FTA의 거시경제 효과

KIEP에 의하면 한·ASEAN FTA체결로 대ASEAN수출은 약 100억불 증가하고, 대ASEAN 무역흑자는 약 60억불이 증대할 것으로 전망된다. 또한 한·아세안 FTA로 인해 한국의 실질 GDP와 1인당 후생수준은 각각 0.63%와 0.65% 증가할 것으로 전망된다. 그리고 2016년까지 품목수 및 교역액 기준으로 97%에 해당하는 한국의 수출품목에 대한 아세안 국가들의 무역자유화가 이루어져 국내 산업적인 측면에서도 자동차, 자동차 부품, 화학제품, 철강 등의 국내 생산이 증가할 것으로 전망된다.

2) FTA 특혜관세 활용

아세안 국가들의 수입업자들이 한국 수출업자가 송부한 원산지 증명서를 자국의 세관당국에 제출하여 한·아세안 FTA 협정세율을 적용받은 한·아세안 FTA 활용률은 협정 발효 2년차(2008.6~2009.5)에 10.5% 정도였으나 한국 수입업자들의 한·아세안 FTA 협정관세 활용률은 49.1%로 상대

적으로 높다.

한국의 대아세안 수입에서 한·아세안 FTA 특혜관세 활용률은 발효 1년차에 한·ASEAN FTA가 발효된 인도네시아, 미얀마, 말레이시아, 필리핀, 베트남으로부터의 수입에서 수입 특혜관세 활용률은 38%였다. 아세안 10개국 중 8개국과 협정 발효 2년차(2008.6~2009.5)의 특혜관세 활용률은 1년차 활용률에서 10%나 상승한 49.1%였다.

한국의 ASEAN 수출품에 대한 한·ASEAN FTA 특혜관세 활용률은 발효 1년차와 2년차에 각각 4.7%와 10.5%로 매우 낮은 수준으로 나타났다.

〈표〉 한국 기업의 아세안 수출의 협정관세 활용률 (단위 : 백만 불)

협정관세대상수출(A)		협정관세활용실적(B)		FTA활용률(%, B/A)	
1년차 ('07.6'-08.5)	2년차 ('08.6'-09.5)	1년차	2년차	1년차	2년차
4,775	5,857	226.3	612.8	4.7	10.5

자료: KIEP

3) 한·아세안 FTA 체결 후 한국의 대아세안 무역

2008년 기준으로 한국의 대아세안 수출금액이 2000백만 달러 이상인 품목은 반도체, 석유제품, 선박해양구조물 및 부품 등이다. 또한 한국의 대아세안 수출금액이 1000백만 달러와 2000백만달러 사이인 품목은 철강판, 자동차, 평판 디스플레이 및 센서 등이다. 그리고 한국의 대아세안 주요 수입 품목은 천연가스, 원유, 석탄, 컴퓨터, 목재류 등이다 .

한국의 2005년 274억 달러이던 대(對)아세안 수출은 2008년에는 493억 달러를 기록하면서 한국 총 수출의 11.7%를 차지하는 한국의 3대 수출시장으로 부상했다.

또한 2005년에서 2008년까지 대아세안 수입은 260억 달러에서 409억

달러로 약 57% 증가하면서 아세안은 중국, EU, 일본에 이은 한국의 네 번째 수입시장이 되었다.

한·아세안 FTA 체결 이후 한국의 아세안 주요 5개국의 수출 상위 10대 품목의 수출은 아세안 대상국가 전체 수출증가율을 웃도는 호조세를 보였다.(김성원, 2011) 한·아세안 FTA 상품협정이 발효 이후 4년차에 한국의 대아세안 교역량은 약 60.8%가 증가한 1068억 달러 수준으로 크게 상승하였고, 수출은 68.3%, 수입은 52.2%가 증가했다.(김정태, 2011)

對ASEAN 교역 및 무역수지 동향

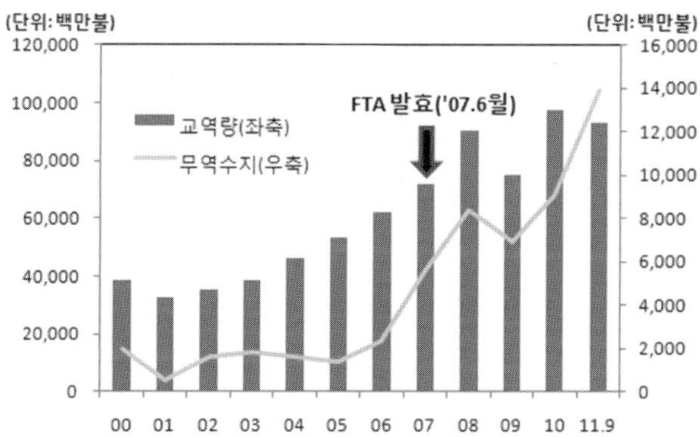

2011년 對ASEAN 교역동향

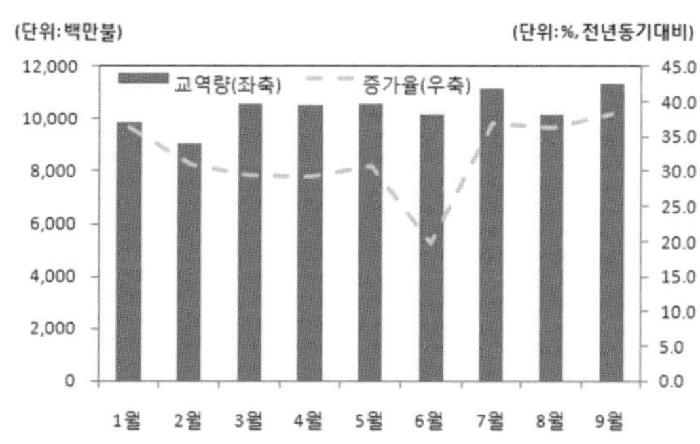

자료: 한국무역협회

(1) 한·아세안 상품협정 발효 후 교역

한·아세안 상품협정 발효 후 1년과 발효 전 1년을 비교해보면 한·아세안의 교역액은 약 729억불로 증가하였고, 무역수지도 33억불에서 53억불로 증가하였다. 글로벌 금융위기로 세계경기가 전반적으로 침체였던 한·아세안 상품협정 발효 후 2년의 시기에는 한국의 아세안 수출, 수입, 무역규모 및 무역수지가 모두 감소하였다. 그러나 한·아세안 상품협정 발효 후 1년과 2년을 합산한 한·아세안 협정 발효 후 2년동안의 한·아세안 총교역액은 발효전 2년과 대비하여 약 34% 증가하여 동기간 대(對)세계 교역액 증가율에 비하여 1.34배를 기록하였다.

한·아세안 상품무역협정 발효 후 1년간 한국의 자동차 및 부품, 철강, 석유화학의 대아세안 수출이 크게 증가하였다. 아세안으로부터 한국으로의 농수산물의 수입은 한·아세안 협정 발효 전과 비교하여 증가는 하였으나 급증하지 않았다.

한·아세안 상품무역협정 발효 후 아세안으로부터 한국으로의 농수산물이 급증하지 않은 이유는 한·아세안 FTA 협상당시 한국이 농수산물을 양허에서 제외시켰기 때문이다.(KIEP, 2011)

〈표〉 한·아세안 교역 동향

단위: 억 불, %

구 분	2007		2008		2009(1~7월)	
	금액	증가율	금액	증가율	금액	증가율
수 출	387.5	20.8	492.8	27.2	271.4	Δ29.2
수 입	331.1	11.3	409.2	23.6	188.5	Δ25.0

구 분	발효전 2년 '05.6~'06.5	발효전 1년 '06.6~'07.5	발효후 1년 '07.6~'08.5	발효후 2년		
				계	'08.6~'08.10	'08.11~'09.4
무역규모	501 (16.9)	583 (16.3)	729 (25.0)	650 (Δ0.9)	352 (33.9)	298 (Δ24.2)
수 출	250 (15.1)	308 (23.2)	391 (26.8)	351 (Δ0.1)	195 (35.8)	155 (Δ25.1)
수 입	251 (18.8)	274 (9.5)	338 (23.0)	298 (Δ1.8)	156 (31.8)	142 (Δ23.3)
무역수지	Δ33	33	53	53	39	13

자료 : 한국무역협회

〈표〉 한·아세안 업종별 교역동향

단위 : 백만 불, %

구 분		발효전 2년 ('05.6-'06.5)	발효전 1년 ('06.6-'07.5)	발효후 1년 ('07.6-'08.5)	발효후 2년 ('08.6-'09.4)
자동차/부품	수 출	1,313(Δ17.2)	1,090(Δ17.0)	1,933(77.3)	1,169(Δ33.1)
	수 입	39(50.7)	44(11.9)	73(66.0	69(6.2)
철 강	수 출	2,102(0.8)	2,965(41.0)	3,924(23.3)	4,421(13.7)
	수 입	230(Δ35.8)	437(89.7)	505(15.7)	466(7.1)
전기전자	수 출	11,268(10.6)	13,110(16.4)	13,035(Δ0.6)	10,056(Δ15.7)
	수 입	9,971(15.1)	10,517(5.5)	12,496(18.8)	10,742(Δ6.5)
석유화학	수 출	1,772(6.5)	2,209(24.7)	2,670(20.8)	2,426(0.0)
	수 입	752(17.5)	907(20.5)	895(Δ1.3)	615(Δ23.2)
섬 유	수 출	2,180(8.5)	2,404(10.3)	2,722(13.2)	2,631(7.0)
	수 입	615(8.8)	712(15.7)	833(17.1)	882(14.8)
농림수산물	수 출	255(32.1)	290(13.7)	411(41.7)	404(8.9)
	수 입	2,435(12.8)	2,963(21.7)	3,542(19.5)	3,348(5.9)

자료: 한국무역협회

3. 한·아세안 FTA의 한계

첫째, 한·아세안 FTA의 체결로 인한 관세혜택이 일부 품목에만 국한되어 있어 관세인하 및 철폐의 효과가 반감되고 있다.

둘째, 한국뿐만 아니라 중국 등의 경쟁국들이 아세안과 FTA를 체결함으로써 한·아세안 FTA만의 비교우위가 감소할 수 있다.

셋째, 한국 상품의 아세안 수출상품중에서 일부는 한·아세안 협정에 의한 관세인하의 혜택에도 불구하고 동남아 시장에서 확산되고 있는 중국 저가제품으로 인해 수출이 감소한 경우도 있다.

넷째, 한·아세안 FTA의 활용률이 한국이 체결한 다른 FTA와 비교해 낮은 상황이다.

06

한·아세안 FTA협정의 이해

제1장 _ 한·아세안 FTA협정의 기초

1. 한·아세안 FTA 협정의 성격

한·아세안 FTA 협정은 한국과 아세안 10개국에 공통적으로 적용되는 협정으로 쌍무협정인 동시에 복수국가 간 협정의 성격을 갖고 있다.

2. 한·아세안 FTA 협정의 구성

한·아세안 FTA 협정은 기본협정, 분쟁해결제도 협정, 상무역협정, 서비스무역협정, 투자협정의 5개의 협정으로 구성되어 있다.

3. 한·아세안 FTA 협정의 협상방식

한·아세안 FTA는 한국이 경제발전 단계가 천차만별인 아세안 10개국들과의 협상을 원활하고 효율적으로 신속하게 추진하기 위해 기본협정을 먼저 체결하고 기본협정문을 토대로 상품무역협정과 서비스협정, 투자협정을 순차적으로 합의하여 체결하는 협상 방식을 채택하였다.

2005년 12월 한국과 아세안 정상들은 기본협정, 분쟁해결제도협정, 경제협력 부속서에 서명하였고, 이를 토대로 상품무역협정, 서비스무역협정, 투자협정의 협상이 순차적으로 진행되었다.

한·아세안 FTA협정의 구조

(단위: 천만 달러)

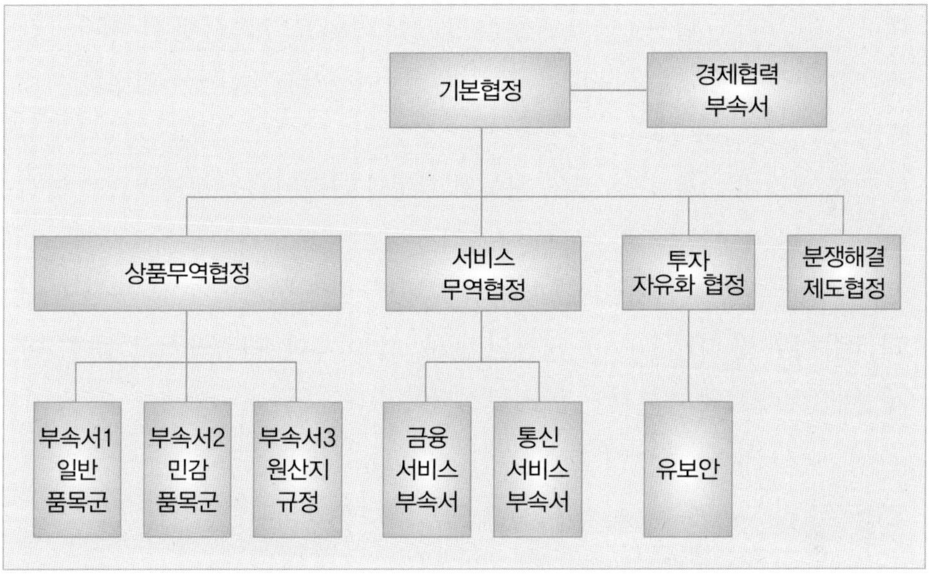

자료 : KITA

제2장 _ 한·아세안 FTA 기본협정

1 기본협정(Framework Agreement)의 이해

기본협정은 한·아세안 FTA의 기본골격으로 각분야별 협상 대상, 협상 목표, 협상시한, 협정이행기구 등을 명시하고 있고 부속서에 한·아세안간 경제협력에 관한 내용을 포함하고 있다. 한·아세안 FTA 기본 협정문은 총 5장으로 구성되어 있다.

기본 협정에는 서비스、투자 협상의 일정과 타결시점을 구체적으로 명시하여 한、ASEAN FTA 완료에 구속력을 부여하고 있다[20].

기본협정은 한·아세안 FTA협정의 모법으로 한·아세안 FTA 협정의 법적 적용범위 및 다른 FTA 협정과의 관계, 한·아세안 FTA의 목표 등 한·아세안 FTA 협정의 기본적인 틀로 구성되어 있다.(KIEP. 2007)

Check Point 기본협정에 명시된 한·아세안 FTA의 목적은 무엇인가

한·아세안 FTA의 목적에 대하여 기본협정은 다음과 같이 5가지 목적을 명시하고 있다.

첫번째, 경제·무역 및 투자 협력의 강화 및 증진.

두번째, 상품 및 서비스무역 자유화 및 자유로운 투자제도의 창설.

세번째, 더욱 긴밀한 경제협력 및 통합을 위한 적절한 조치의 개발.

네번째, 아세안의 후발 참여국인 CLMV국가들의 효과적인 경제통합의 촉진과 당사국들간 개발 격차의 해소.

다섯째, 당사국들간의 경제관계를 더욱 강화하기 위한 협력 틀의 설치.

Check Point 한·아세안 FTA기본협정과 다른 협정의 관계는

한·아세안 FTA는 기본협정체결 후 단계적으로 상품, 서비스, 투자협정을 교섭하고 체결하는 형태로 이루어 졌다. 기본협정은 한·아세안 FTA의 모법(母法)으로 한·아세안 FTA의 기본협정이 한·아세안 FTA의 모(母)조약의 성격을 가지며, 나머지 상품, 서비스, 투자협정들은 기본 협정에 근거하여 체결되었다. 특히 기본협정은 서비스, 투자 협상의 일정과 타결시점을 상세히 규정하여 한·아세안 FTA 완료에 구속력을 부여하고 있다.

Check Point 한·아세안 FTA 기본협정의 이행방식에 관한 최종권한은

한·아세안 FTA 기본협정의 이행에 관한 최종권한은 한·아세안 경제장관회의가 갖고 있다[21]. 한·아세안 FTA 협정발효 후 한세안 경제장관회의의 위임하에 한·아세안 FTA이행위원회가 소집되어 한·아세안 FTA 이행의 업무를 총괄한다[22].

Check Point WTO협정과 한·아세안 FTA협정의 관계

한·아세안 FTA협정에서는 협정의 운영과 관련한 투명성에 대하여 1994 GATT 제10조가 한·아세안 FTA협정의 일부로 적용된다고 명시

---

20) 제2.2조 제3항에 당사국들은 서비스무역 자유화 협상을 2006년 12월 31일 이전에 종료하는 것을 목적으로 한다고 명시하여 협상에 대한 강제성을 부여하였다.

21) 한·아세안 FTA협정 제5.3조 제1항

22) 한·아세안 FTA협정 제5.3조

하고 있다[23]. 또한 한·아세안 FTA협정에서는 원칙적으로 상품무역, 서비스, 투자의 3분야를 WTO협정에 부합하는 자유화를 목표로 규정하고 있다. 한·아세안 FTA 당사국들은 보조금, 상계관세, 반덤핑제도, 비관세제도, 기술장벽, 지적재산권, 검역제도 등을 WTO 협정의 부속서 1A와 1C의 원칙에 준수함을 명시하고 있다[24].

Check Point 한·아세안 FTA협정의 최혜국대우 조항과 WTO 회원국의 관계

한·아세안 FTA협정의 최혜국대우 조항은 한국이 이 기본협정 발효 즉시 WTO회원국이 아닌 모든 아세안 회원국들에게 WTO 규칙 및 규율에 합치되게 최혜국대우를 부여해야 한다고 명시하고 있다[25].

따라서 한국은 한·아세안 FTA협정 서명 당시 WTO 회원국이 아니었던 라오스와 베트남에게도 최혜국대우를 부여했다. 그 이후 2006년 12월 베트남은 WTO에 가입하였다. 현재 아세안 회원국중에서 WTO 비회원국은 라오스뿐이다.

Check Point 한·아세안 FTA협정은 중앙정부의 정책에만 적용되는가

한·아세안 FTA는 한국과 아세안 10개국의 중앙정부간에 체결된 협정으로 해당 국가들의 지방정부의 한·아세안 협정의 준수여부를 둘러싼 문제가 발생할 수 있다. 이에 대하여 한·아세안 FTA 협정은 이 협정에 따른 의무 및 약속을 수행하는 경우 각 당사국들은 지역·지방 정부에 의한 의무 및 약속의 준수를 보장하고 있고 중앙정부, 지방정부 의하여 위임된 권한을 행

23) 한·아세안 FTA협정 제4조
24) 한·아세안 FTA협정 제7조
25) 한·아세안 FTA 기본협정 제2.4조

사하는 자국 영역내의 비정부기구에 의한 의무도 준수하도록 명시하고 있다[26].

2. 기본협정에 명시된 무역자유화

한·아세안 FTA 기본협정의 2장에는 상품무역, 서비스, 투자 부분의 자유화에 대해 다음과 같이 규정하고 있다. 첫째, 한국과 아세안 10개국은 실질적으로 모든 상품무역의 관세 및 제한적인 상거래규정을 점진적으로 축소·철폐한다[27]

둘째, 한국과 아세안 10개국은 서비스무역을 GATs 제5조와 합치하는 상당한 분야별 대상범위에서 서비스무역을 점진적으로 자유화한다는 원칙에 합의하였다.

셋째, 한국과 아세안 10개국은 자유롭고, 원활하고, 투명하고 경쟁적인 투자제도를 창설하여 투자제도의 점진적 자유화, 투자협력 강화, 투자촉진 및 투명성 증진, 그리고 투자제도하에 보호자치를 마련하는데 합의하였다.

Check Point 한 · 아세안 FTA에서 내국민 대우 원칙의 범위는

한·아세안 FTA 각당사국인 아세안 10개국은 1994년도 GATT 제3조에 일치되게 한·아세안 FTA의 모든 당사국의 상품에 대해 내국민대우를 부여하고 있다[28]. 따라서 한국과 아세안 10개국은 한·아세안 FTA 각당사국간의 무역거래에서 외국산 상품이라도 수입이 완료된 후에는 국내산 상품과 조세 및 규범적용에 있어 동등한 대우를 해야 한다.

26) 한·아세안 FTA 협정 제13조
27) 한·아세안 FTA 기본협정 제2.1조, 제1항
28) 한·아세안 FTA협정 제2조

Check Point 한·아세안 FTA협정의 무역자유화 원칙은

한·아세안 FTA의 각 당사국들은 WTO규정에 따르거나 한·아세안 FTA 협정문의 다른 규정에 의한 경우이외에는 한·아세안 FTA 해당국가들과 교역에 있어 상품의 수출입 금지나 수량제한을 할 수 없다고 명시하고 있다[29].

또한 한·아세안 FTA 협정에서는 관세철폐에 따른 비관세장벽의 철폐의 확산을 방지하기 위하여 한·아세안 FTA 협정문에 기술장벽에 관한 규제, 표준의 준비, 그리고 위생 및 식물위생 조치의 발동에 대한 통고 절차를 위하여 한·아세안 FTA 해당국가가 연락처를 지정하여 운영한다고 명시하고 있다[30].

3. 한·아세안의 상호보완적인 경제협력 규정

한·아세안 FTA협정의 제3장에는 협정체결 국가들의 능력을 향상시키는 프로그램과 기술원조와 경제협력범위를 명시하고 있다. 특히 한국의 아세안 후발국인 CLMV 국가들에 대한 능력제고 프로그램과 기술지원 등을 명시하고 있다[31].

또한 경제협력과 관련하여 한·아세안 FTA협정의 제4장에서는 한국과 아세안 회원국이들이 합의에 따라 상호 이해관계를 가지는 새로운 분야를 모색하여 경제동반자 관계를 확대하는데 합의하였다.

29) 한·아세안 FTA협정 제3조

30) 한·아세안 FTA협정 제8조

31) 한·아세안 FTA협정 제3.2조 제4항에 협력 이니셔티브 제공을 위한 개발 사업들을 명시하고 있다.

Check Point 한·아세안 FTA협정에 명시된 경제협력분야는

한·아세안 FTA협정의 제3장에는 다음과 같이 19분야를 경제협력분야로 지정하고 있다. 무역 및 투자 진흥, 통관절차, 중소기업, 인적자원 관리 및 개발, 관광, 과학 및 기술, 금융서비스, 정보통신기술, 농업·수산업·축산업·작물 및 임업, 지적 재산, 환경산업, 방송, 건설 기술, 표준 및 적합성 판정과 위생 및 식물위생 조치, 광업, 에너지, 천연자원, 조선 및 해상 운송 그리고 영화 등 이다[32).

Check Point 한·아세안 FTA 당사국들은 어떠한 경우에도 수입제한 조치를 취할 수 없나

한·아세안 FTA 상품협정에서는 수입이 급증하여 수입국시장에 위기가 발생한 경우 등 경상수지보호를 위한 조치가 필요한 경우 긴급수입제한 조치를 취할 수 있다. 한·아세안 FTA 당사국에 심각한 경상수지 적자나 외환위기를 겪거나 겪을 가능성이 있는 경우 해당국은 수입제한조치를 취할 수 있다. 그러나 이러한 수입제한 조치를 취하려면 한·아세안 FTA 당사국은 다른 당사국과 반드시 협의를 해야 한다[33).

한·아세안 FTA 상품협정에서 허용되는 긴급수입제한조치는 한·아세안 FTA 해당 국가로부터의 관련 상품의 수입이 총수입 비율의 3% 이하일 때에는 수입제한조치를 적용할 수 없다. 또한 긴급수입제한 조치는 1년 연장이 가능하다[34).

---

32) 한·아세안 FTA협정 제3.1조
33) 한·아세안 FTA협정 제10조
34) 한·아세안 FTA협정 제9조

Check Point 양허방식에서 한·아세안 FTA와 한국이 기존에 체결한 FTA의 차이점은

한국이 한·아세안 FTA 이전에 다른 나라들과 체결한 FTA에서는 품목별로 양허일정을 정하는 방식을 선택하였다. 그러나 한·아세안 FTA는 먼저 전체품목에 대한 양허방식을 결정하고 이것을 토대로 각국들이 자국산업의 민감도에 따라 품목을 배정하는 방식을 사용하였다.

한·아세안 FTA 상품양허방식은 Modality[35]에 따라 각국이 자율적으로 자국의 품목을 양허대상 또는 양허대상 제외 등으로 배치하였다.

35) 국제통상에서 Modality방식은 쌍무간에 심도있는 양허협상이 곤란한 다자간의 양허협상에서 자주 사용되는 방식이다.

제3장 _ 한국과 아세안 상품무역

1. 한국과 아세안의 상품교역 현황

1) 한국과 아세안의 최근 상품교역

한국의 대 아세안 수출은 2010년 532억 달러로 한국 총수출의 11.4%를 차지하고 있고 아세안으로부터의 수입은 441억 달러로 한국 총수입의 10.4%이다. 한국의 아세안과의 무역수지는 2010년 91억 달러 흑자이다. 한국과 아세안의 2010년 총 교역규모는 973억 달러로 아세안은 한국의 교역 파트너중에서 1위인 중국에 이어 2위이다. 한국과 아세안간의 무역 규모는 한국과 미국 및 EU의 무역규모보다 더 크다.

한·ASEAN의 총 교역액

(단위: 천만 달러)

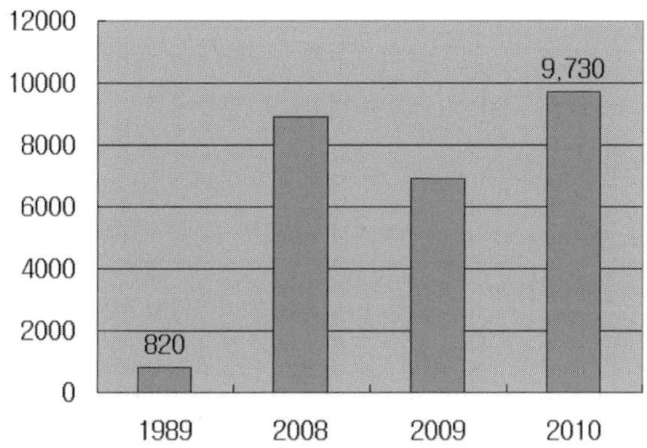

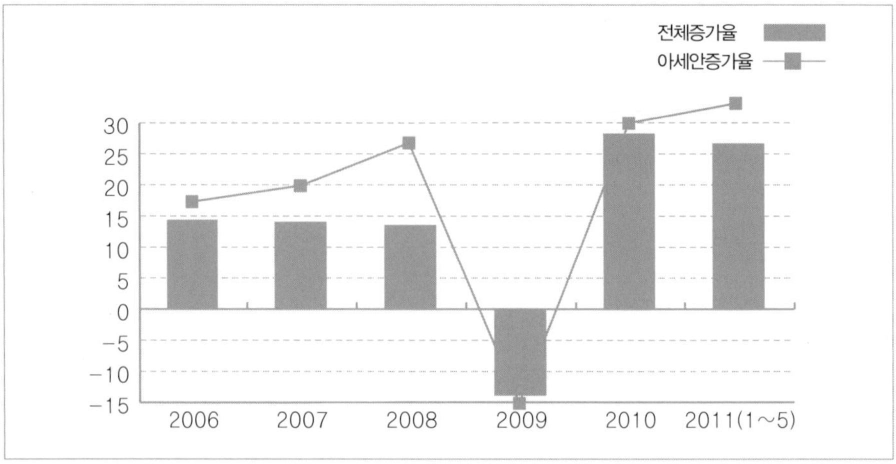

그림 한국의 교역증가율 자료: KITA

2) 한국과 아세안의 상품교역 추이

한국의 아세안 수출은 1980년대 후반부터 급증하였다. 한국의 아세안 수출은 1989년부터 1992년간 연평균 29.5%씩 증가하였다. 한국의 총수출에서 아세안의 수출비중은 1988년의 5.0%에서 1995년에는 14.2%로 급상승했다. 이러한 한국의 아세안 수출 증가의 원인은 아세안 국가들의 공업화 진전과 한국기업의 아세안 진출 확대로 인해 아세안 현지에서 소요되는 관련 생산설비, 중간재 등이 증가했기 때문이다(KMI, 2005).

한국의 아세안 교역은 1992년 이후 한국 대외 총교역의 10% 이상을 차지하고 있다. 한·아세안간 총교역액은 2008년 902억불로 전년대비 25.5% 증가하여, 한국의 전체 교역액 증가율인 17.7% 보다 7.8%나 높은 증가율을 보였다. 한국은 아세안과의 교역에서 2006년 24억달러, 2007년 56억달러, 2008년 84억 달러 무역수지 흑자를 유지하고 있다.

한국과 아세안의 교역은 1997년 외환위기와 2001년을 전후로 한 전 세계 IT 제품 수요 감소기와 2008년 글로벌 금융위기로 무역수지 흑자폭이 감소 한 적도 있지만 한국은 매년 아세안으로부터 무역수지 흑자가 확대되

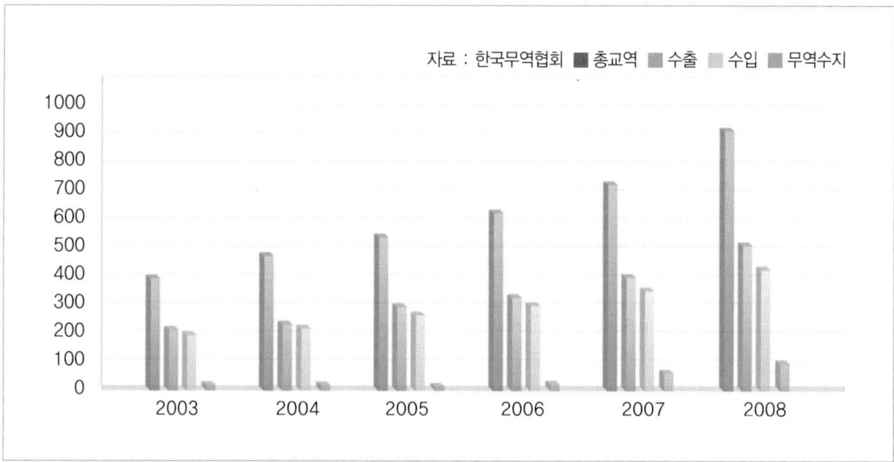

그림 한국의 대아세안 무역추이

고 있다.

한국의 아세안 무역수지는 2001년 5억 4,000만 달러의 흑자를 기록하며 최저점을 보인 후 계속 증가하고 있다. 2002년 이후 아세안 국가들의 경제성장에 따르는 수입수요의 확대와 외국인 투자 확대 등으로 아세안 국가들의 수출산업의 고도화 등으로 인해 한국과의 상품 교역이 급증하고 있다.

한국과 아세안의 교역규모는 외환위기가 발생하기 직전인 1997년까지 계속 확대되었으나 1997년 외환위기 이후 1998년에 전년대비 약 26% 감소한 245억 달러로 급감하였다. 그러나 한국과 아세안의 교역은 2003년 이후 연평균 약 17%의 교역 증가율을 시현하면서 아세안은 중국, EU에 이어 한국의 3대 교역파트너가 되었다. 한국의 아세안과의 수출과 수입 비중은 모두 10% 전후 대를 유지하고 있다.(KEB, 2011)

한국과 아세안의 교역은 1997년 말 외환위기 영향으로 1998년 급감하였으나 1999년 이후 회복세를 시현하였다. 한국과 아세안의 교역규모는 2008년 902억 달러로 지난 5년간 두 배로 급증하였다

〈표〉 한국의 아세안 수출입 추이

(단위 : 백만 달러, %)

구분	2001	2002	2003	2004	2005	2006	2007	2008
수출	16,459	18,400	20,253	24,024	27,432	32,066	38,749	49,283
	(−18.2)	(11.8)	(10.1)	(18.6)	(14.2)	(16.9)	(20.8)	(27.2)
수입	15,916	16,757	18,458	22,383	26,064	29,743	33,110	40,917
	(−12.4)	(5.3)	(10.2)	(21.3)	(16.4)	(14.1)	(11.3)	(23.6)
수지	543	1,644	1,795	1,641	1,368	2,323	5,639	8,366
교역	32,375	35,157	38,711	46,407	53,496	61,809	71,859	90,200

〈표〉 한국의 대 아세안 수출입

(단위 : 백만 달러)

	수출	수입	수지
1971	30	168	−138
1980	1,139	1484	−345
1990	5,217	5122	95
1995	17,979	10,137	7,842
2000	20,134	18,173	1,961

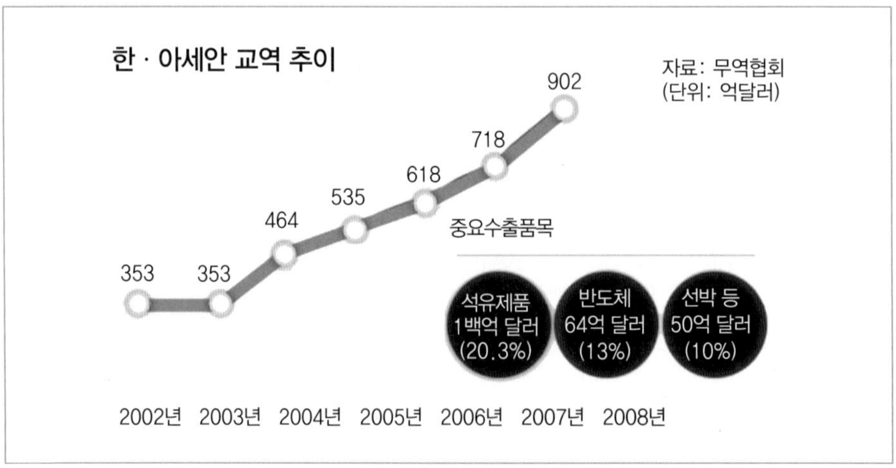

〈표〉 한국의 아세안 수출입 비중 추이 (단위 : %)

구 분	2003	2004	2005	2006	2007	2008
한국의 對 ASEAN 교역비중	10.4	9.7	9.8	9.7	9.9	10.5
한국의 對 ASEAN 수출 비중	10.5	9.5	9.6	9.9	10.4	11.7
한국의 對 ASEAN 수입비중	10.3	10.0	10.0	9.6	9.3	9.4

자료: KITA

3) 한국의 아세안 국별 상품교역[36)]

한국은 아세안 10개국 중에서도 싱가포르, 인도네시아, 말레이시아, 필리핀, 태국, 베트남 등 아세안 6개국과의 총교역이 대 아세안 교역의 98%를 차지한다. 2008년 기준으로 한국이 싱가포르, 인도네시아, 말레이시아의 개별국가들과의 교역비중은 각각 한국의 아세안 교역중에서 27.3%, 21.3%, 17.4% 정도였다. 아세안 CLMV 국가들의 교역규모는 베트남을 제외하고 한국의 아세안 전체 교역 규모의 1%도 안되는 수준이다.

한국의 아세안 수출은 2008년 수출액을 기준으로 보면 싱가포르 163억 달러, 인도네시아 79억 달러, 베트남 78억 달러로 3개국이 한국의 아세안 총수출의 약 65%를 점유하고 있다.

한국의 아세안으로부터 수입은 2008년 수입액 기준으로 싱가포르 84억 달러, 인도네시아 113억 달러, 말레이시아 99억달러로 한국의 아세안 수출과 유사하게 주요3개국이 한국의 아세안으로부터의 총수입의 약 77%로 점유하고 있다. 한국이 2008년에 싱가포르로부터 주로 수입한 품목은 반도체로 수입액의 63%를 차지하였다. 또한 한국은 인도네시아와 말레이시아로부터 원유, 천연가스, 석탄 등의 천연자원을 주로 수입하고 있다.

---

36) 기획재정부.「한-ASEAN FTA 상품무역협정 발효후 2년간 교역동향 분석」, 2009. pp.2-11.

한국은 아세안 10개국 중에서 인도네시아, 말레이시아, 브루나이와의 무역에서 적자를 보이고 있는데 그 이유는 이들 국가로들부터 원유, 천연가스 등 자원수입을 많이 하고 있기 때문이다. 또한 최근들어 아세안 국가들로부터 1차가공된 자원, 열대농산물, 다국적기업들이 아세안 현지에서 조립한 공산품의 수입이 증가하고 있다.

아세안 10개국 중 한국의 최대 교역파트너는 싱가포르이다. 한국과 싱가포르의 2008년 총 무역액은 247억 달러였다. 한국의 주요 수출품은 반도체, 석유제품, 선박 및 구조물로써 3대 품목의 수출비중은 76.3%였다. 싱가포르로부터의 주요수입품은 반도체로써 총수입의 63%를 차지하였다.

한국은 인도네시아로부터 천연가스, 석탄, 원유를 주로 수입하고 있는데 3대품목의 수입 비중은 55.2%였다. 또한 한국은 말레이시아로부터도 천연가스, 반도체, 원유를 수입하고 있는데 이들 3대 품목의 수입비중은 한국이 말레이시아로부터 전체 수입품의 58.1%를 기록하고 있다. 한국은 태국, 베트남, 필리핀과의 교역에서 무역수지 흑자를 시현하고 있는데 주요 수출품목은 부품, 중간재, 소재 등이다.(KITA, 2011)

〈표〉 한국의 아세안 국가별 수출입 추이

(단위 : 백만달러, %)

구분	2005		2006		2007		2008	
	수출	수입	수출	수입	수출	수입	수출	수입
브루나이	61	787	22	1,206	27	935	70	1,724
캄보디아	144	6	205	5	281	9	294	14
인도네시아	5,046	8,184	4,874	8,849	5,771	9,114	7,934	11,320
라오스	14	2	23	18	56	70	53	53
말레이시아	4,608	6,012	5,227	7,242	5,704	8,442	5,794	9,909
미얀마	120	56	121	96	292	81	244	116
필리핀	3,220	2,316	3,934	2,187	4,420	2,438	5,016	3,099
싱가포르	7,07	5,318	9,489	5,887	11,949	6,860	16,293	8,362
태국	3,381	2,689	4,246	3,328	4,488	3,769	5,779	4,282
베트남	3,432	694	3,927	925	5,760	1,392	7,805	2,037
계	27,32	26,064	32,066	29,743	38,749	33,110	49,283	40,917

자료: ktra(2011).

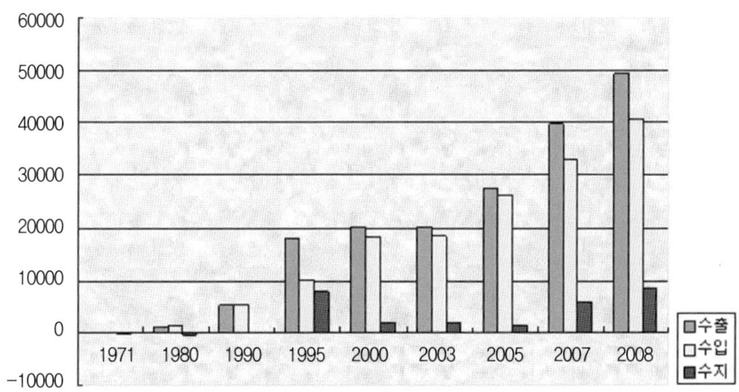

그림 한국의 아세안 무역추이

2. 한·아세안 상품무역협정 개요

한국과 아세안 정상들은 2005년 12월 체결된 한·아세안 기본협정을 근거로 하여 한·아세안 상품무역협정에 2006년 8월 서명하였다. 2010년 1월 1일에는 한국이 태국과 상품협정을 발효하면서 한·아세안 상품협정의 발효가 완료했다. 한·아세안 상품무역협정이 발효·시행됨에 따라 아세안 10개국으로부터 수입되는 물품에 대해서는 한·아세안 FTA 협정세율이 적용된다.

3. 한·아세안 상품무역협정의 원칙

한국과 아세안 10개국은 원칙적으로 2010년까지 각각 수입의 90%에 해당하는 품목에 대한 관세를 철폐하기로 합의하였다. 또한 2016년까지는 각각 수입의 7%에 대한 관세를 0～5% 수준으로 인하하기로 하였다. 그리고 나머지 각각 수입의 3%에 해당되는 품목은 각국이 자율적으로 민감성을 고려해 양허제외, 장기간 관세인하, 최소 수입물량 설정 등의 방법을 선택할 수 있다.(mofat, 2007)

4. 한·아세안 상품무역협정의 구성

한·아세안 상품무역협정은 21개 조항으로 구성된 본문과 3개의 부속서로 구성되어 있다. 한·아세안 상품무역협정의 실질적 내용은 3개 부속서 및 그 부록에 명시되어 있다.(KITA, 2011)

1) 한·아세안 상품무역협정의 본문

한·아세안 상품무역협정의 본문에는 상품무역 자유화와 관련된 일반규정이 명시되어 있다. 상품무역 자유화와 관련된 일반규정은 내국민대우, 관세 인하 및 철폐, 비관세장벽 및 식물위생조치, 긴급수입제한 조치, 예외적 조치, 개정 등이다

2) 한·아세안 상품무역협정의 부속서

한·아세안 상품무역협정의 부속서는 3개로 구분되어 있다. 한·아세안 상품무역협정의 부속서 1,2는 상품자유화방식(Modality)와 관련된 규정이다. 한·아세안 상품무역협정의 부속서 3은 원산지와 관련된 규정이다.

(1) 한·아세안 상품무역협정의 부속서 1

한·아세안 상품무역협정의 부속서 1은 관세철폐 대상인 일반품목군의 자유화 방식 및 목록이 명시되어 있다.

(2) 한·아세안 상품무역협정의 부속서 2

한·아세안 상품무역협정의 부속서 2는 관세인하 및 양허제외 대상인 민감품목군의 자유화 방식 및 목록이 명시되어 있다.

(3) 한·아세안 상품무역협정의 부속서 3

한·아세안 상품무역협정의 부속서 3은 원산지 관련 일반규정, 품목별 원산지 기준 및 통관 절차 규정 등이 명시되어 있다.(kiep, 2007)

5. 한·아세안 상품무역협정의 협상방식

한·아세안 상품무역협정의 협상방식은 한국과 아세안 10개국이 자율적으로 자국 품목을 일반품목군, 민감품목군에 배치하고 자국의 관심품목을 상대국이 양허안에 반영되도록 협상하였다. 한·아세안 상품무역협정은 각국의 경제발전단계에 따라 관세철폐, 관세인하의 완료시기를 상이하게 하였다

6. 한·아세안 상품무역협정의 상품분류

한·아세안 상품무역협정의 상품 관세인하 스케줄상의 전체품목은 관세인하와 철폐를 위해 일반품목군(Normal Track)과 민감품목군(Sensitive Track)으로 분류했다. 또한 민감품목은 다시 민감품목리스트(Sensitive List)와 초민감품목리스트(Highly Sensitive List)로 분류하였다.

〈표〉 한·아세안 관세인하 스케줄

전체품목		
NORMAL TRACK(NT)	SENSITIVE TRACK(ST)	
2010년까지 관세철폐	Sensitive List	Highly Sensitive List
단, ASEAN 6국가는 5%범위내에서 2012년까지 관세철폐	2012년까지20%로, 2016년까지 0~5%로 관세인하	A. 50% 관세율 상한 설정 B. 20% 만큼 관세 감축 C. 50% 만큼 관세 감축 D. TRQ 설정 E. 양허 제외 (40개)
품목수 : 90%이상 수입액 : 90%이상	품목수 : 6~7% 수입액 : 7%	품목 수 : HS 6단위 200개 (또는 HS 10단위 3% 이하) 수입액 : 3% 이하

자료 : 한·아세안 FTA 협정

1) 일반품목군

일반품목군(Normal Track: NT)은 일반적인 품목을 말하는 것으로 일반품목군은 관세철폐 대상이 되는 품목을 열거하고 있다. 각 국가의 발전정도를 고려하여 국가별로 유연한 관세철폐 스케줄을 가지고 있다.

한·아세안 상품무역협정의 일반품목군의 구체적인 품목 리스트는 명시하지 않았으며, 해당 국가들이 관세양허 모델리티에 따라 자율적으로 양허관세 품목을 정하였다.

Check Point Normal Track의 관세철폐 원칙은 무엇인가

한·아세안 상품무역협정의 모든 품목은 일반품목군과 민감품목군으로 분류되어 있고 품목군의 분류는 원칙적으로 각 당사국이 자발적으로 선택한다. 그러나 한국과 선발 아세안6개국(브루나이, 인도네시아, 말레이시아,

필리핀, 태국, 싱가포르)은 일반품목군에 열거된 품목이 전체품목의 90% 이상이 되어야 하며 상대국으로부터의 2004년도 총수입액의 90% 이상이 되어야 한다고 명시하고 있다. 즉, 한·아세안 상품무역협정에서 한국과 아세안 6개국의 일반품목군에 포함되는 품목은 전체 관세 품목의 90% 이상인 동시에 총 수입액의 90%이상이 되도록 명시하고 있다.

Check Point 한국의 Normal Track 관세철폐 일정은

한국은 일반품목군의 관세철폐를 2010년까지 완료한다고 명시하였다. 한국은 한·아세안 상품무역협정 발효와 동시에 일반품목군에 속한 70% 정도의 상품 관세를 즉시 철폐하고, 2008년 1월1일 까지 95%를 그리고 2010년 1월 1일까지 모든 일반품목군의 관세를 철폐한다.

한국은 일반품목군중에서 립스틱, 타이어, 커피,자동차,휘발유 등 7,312개 품목은 한·아세안 협정 발효 즉시 관세를 철폐하고, 석유, 인형, 참치, 미역 등 2,616개 품목은 2008년에 스웨터·유아용 의류, 과일쥬스 등 475개 품목은 2010년에 관세를 철폐한다.

Check Point 아세안 6개국의 Normal Track 관세철폐 일정은

선발 아세안6국개국(브루나이, 인도네시아, 말레이시아, 필리핀, 싱가포르, 태국)은 2010년까지 일반품목군에 대한 관세 철폐를 완료한다고 명시하였다. 아세안 6개국은 한·아세안 상품무역협정 협정 발효와 동시에 일반품목군에 속한 50%의 상품에 대해서 최혜국대우 실행관세율을 0~5% 인하한다. 2009년 1월 1일까지 90%를 그리고 2010년까지 모든 일반품목군 상품에 대한 관세를 철폐하기로 하였다. 단, 아세안 6국개국은 전체 관세 품목의 5%를 초과하지 않는 관세품목은 2012년 1월 1일까지 관세를 철폐할 계획이다.(KIEP)

〈표〉 한국과 아세안 6개국의 상품자유화방식

구분	일반품목군	민감품목군	
		민감품목	초민감품목
품목수기준	90%이상	6~7%	HS 6단위 200개 또는 각국 관세 최종단위 3%이하
수입액기준	90%이상	7%	3%이하
자유화목표	2010년 완전 철폐 단. ASEAN 6개국에게는 5%내의 관세품목에 대해 2년의 추가 기간인정 (2012년 완전철폐)	2012년까지 20%로, 2016년까지 0~5%로 관세감축	다양한 방식으로 융통성있는 보호인정 (A)관세율 상한 50% 설정 (B)20%만큼 관세감축 (C)50%만큼 관세감축 (D)TRQ 설정 (E)양허제외(40개)

자료 : 한·아세안 FTA 협정

〈표〉 한국과 ASEAN 6의 관세 철폐 스케쥴 : 일반품목군

X=최혜국대우 실행 관세율	한·ASEAN 자유무역협정 특혜관세 (해당연도 1월1일까지)				
	2006년	2007년	2008년	2009년	2012년
X ≥ 20%	20	13	10	5	0
15%≤X〈20%	20	10	8	5	0
10%≤X〈15%	15	8	5	3	0
5%≤X〈10%	10	5	3	0	0
X≤5%	관세 인상 금지			0	0

자료: 한·아세안 FTA 협정

〈표〉 일반품목군에 대한 관세철폐 이행 약속 : 한국과 ASEAN6

국가	발효	2007년	2008년	2009년	2010년	2011년	2012년
한국	일반품목군70%이상에 대한 관세철폐		일반품목군 95%품목의관세 철폐		일반품목군에 대한 관세 철폐완료		
ASEAN 6		일반품목군 최소 50%품목에 대한 관세를 0~5%로 인하		일반품목군의 최소 90%품목의 관세 철폐	모든관세품목 의 5%를 초과하지 않는 관세품목이나 합의된 계획에 기재된 관세품목에 대해서 2012년1월 1일까지관세를철폐, 나머지 일반품목군의 관세품목에 대한 관세 철폐완료		일반품목군에 대한 관세철폐 완료

자료: 한·아세안 FTA 협정

Check Point CLMV의 Normal Track 관세인하와 철폐 일정은

CLMV의 관세 인하와 철폐 시한은 일반품목군의 경우 베트남은 2016년, CLM은 2018년까지 모든 관세를 완전 철폐하고, 일반민감품목의 경우 베트남은 2021년, CLM은 2024년까지 0~5%로 관세를 인하할 계획이다.

CLMV(베트남, 캄보디아, 라오스, 미얀마)국가들은 선발 아세안 6개국에 비해서 관세철폐 일정이 더 연장되어 있다. 또한 CLMV중에서도 베트남과 다른 국가들은 관세철폐 일정이 상이하다. 베트남은 2016년까지, 캄보디아, 라오스, 미얀마는 2018년까지 일반품목군에 대한 관세철폐를 완료할 계획이다.(mofat, 2011)

CLMV 국가인 베트남은 일반품목군에 대한 관세철폐에서 선발 아세안 6개국보다는 느슨한 적용을 받지만 다른 CLMV국가들 보다는 타이트한 적용을 받는다. 베트남은 2016년 1월 1일까지 모든 일반품목군에 대한 관세를 철폐하고, 선발 아세안 6과 같이 5%를 초과하지 않는 관세품목에 한하여 2018년 1월 1일까지 관세를 철폐할 계획이다.

〈표〉 CLMV의 상품자유화 방식

구분	일반품목군	민감품목군	
		일반민감품목	초민감품목
품목수기준	90%이상	6~7%	HS 6단위 200개 또는 각국 최종단위 3% 이하
수입액기준	베트남 : 75% 이상 CLM : 미설정	미설정	미설정
주요 내용	한국 및 ASEAN 6개국 적용내용과 동일		
자유화 목표	베트남 : 2016년 원칙 CLM : 2018년 원칙	베트남 : 2021년 CLM : 2024년	

자료 : 한·아세안 FTA 협정

〈표〉 베트남의 관세 철폐 스케줄 : 일반품목군

X=최혜국대우 실행 관세율	한·ASEAN 자유무역협정 특혜관세 (해당연도 1월1일까지)							
	2006년	2007년	2008년	2009년	2011년	2013년	2015년	2016년
X≥60%	6050	40	30	20	15	10	0	
40%≤X〈60%	45	40	35	25	20	15	10	0
35%≤X〈40%	35	30	30	20	15	10	0–5	0
30%≤X〈35%	30	30	25	20	15	10	0–5	0
25%≤X〈30%	25	25	20	20	10	7	0–5	0
20%≤X〈25%	20	20	15	15	10	7	0–5	0
15%≤X〈20%	15	15	15	10	7	5	0–5	0
10%≤X〈15%	10	10	10	8	5	0–5	0–5	0
7%≤X〈10%	7	7	7	7	5	0–5	0–5	0
5%≤X〈7%	5	5	5	5	5	0–5	0–5	0
X〈5%	관세 인상 금지						0	

자료 : 한·아세안 FTA 협정

2) 민감품목군

민감품목군(Sensitive Track: ST)은 각 국가가 관세철폐나 인하를 민감하게 받아들이는 품목이다. 민감품목군은 일반민감품목과 초민감품목으로 분류된다.

(1) 일반민감품목

일반민감품목(Sensitive List)은 일반품목군에 비해 관세인하 스케줄을 최대한 지연하는 품목군이다. 한국과 아세안 6개국은 민감품목이 전체 관세품목의 10%를 초과할 수 없고 상대국으로부터 총수입의 10%를 초과할 수 없다.

(2) 초민감품목

초민감품목(Highly Sensitive List)은 관세인하의 상한선을 정해 놓은 품목과 관세인하와 관세철폐 대상에서 제외되는 완전자유화 품목이다. 초민감 품목은 다시 관세인하의 폭, 최소수입량, 제외품목 등에 따라 5개의 그룹으로 분류된다.(최낙균외, 2008)

초민감품목의 5개의 그룹은 다음과 같다. 50%의 관세율 상한을 가진 그룹 A, 최혜국대우 실행관세율의 최저 20%를 삭감하는 그룹 B, 최혜국대우 실행관세율의 최저 50%를 삭감하는 그룹 C, 관세할당을 부과하는 그룹 D, 관세 인하나 철폐에서 제외되는 그룹 E이다. 그룹 E에 포함된 품목은 각 국가의 HS 6단위로 최대 40개 관세품목을 그룹 E로 분류할 수 있다.(INFOMAX, 2011)

초민감품목은 HS 6단위 기준 200개 품목 또는 HS 10 단위 기준 3% 품목, HS는 신국제통일 상품분류로 규정하였다. FTA상의 관세감축 계획에서 완전히 제외되는 40개 품목(HS 6 단위 기준)의 양허 제외를 인정하고 있다.

초민감품목 5개 그룹으로 분류되는 초민감 품목의 수는 모든 관세품목 수의 3%이내와 상대국으로부터의 총수입액의 3%를 초과할 수 없고, 당사국이 선택한 HS 6단위로 200개로 제한하였다(KIEP, 2007). 단 경제여건이 상대적으로 좋지 않은 CLMV국가는 상대국으로부터의 수입액 규제 없이 관세품목의 수를 3%이내에서 초민감품목을 정할 수 있게 하였다.(박번순, 2009)

초민감품목 그룹 A, B, C에 속한 품목은 한국, 아세안6 국가들은 2016년 1월 1일까지, 베트남은 2021년 1월 1일까지, 라오스, 캄보디아, 미얀마는 2024년 1월 1일까지 각 그룹의 기준에 충족한 관세를 인하할 계획이다.(mofat, 2011)

〈표〉 민감품목군 분류 상한선

국가	민감품목군 상한선	초민감품목 상한선
한국 및 ASEAN 6	모든 관세품목의 10% 그리고 총수입액 10%	HS6단위 200개 혹은 당사국이 선택한 HS단위의 모든 관세품목 수의 3%, 그리고 총수입액 3%
베트남	모든 관세품목의 10% 그리고 총수입액 25%	HS6단위 200개 혹은 당사국이 선택한 HS단위의 모든 관세품목 수의 3%
캄보디아, 라오스, 미얀마	모든관세품목의 10%	HS6단위 200개 혹은 당사국이 선택한 HS단위의 모든 관세품목 수의 3%

자료 : 한·아세안 FTA 협정

〈표〉 일반민감품목군의 관세인하 일정

국가	20%로 인하	0~5%로 인하
한국 및 ASEAN 6	2012년 1월 1일	2016년 1월 1일
베트남	2017년 1월 1일	2021년 1월 1일
캄보디아, 라오스, 미얀마	2020년 1월 1일	2024년 1월 1일

자료 : 한·아세안 FTA 협정

Check Point 한·아세안 FTA의 관세양허의 기본원칙은 무엇인가

첫째, 전체 품목을 품목군별로 분류하고, 품목군별로 설정된 일정에 따라 관세 철폐 또는 인하를 추친하는 상품자유화 방식으로 관세를 양허한다.

둘째, 일반품목은 전체 품목의 90% 이상(품목수, 수입액 기준)으로 하고 2010년까지 관세를 철폐한다.

셋째, 민감 품목은 전체 품목의 7% (품목수 ,수입액 기준)로 하고 2016년까지 관세를 0% 내지 5% 까지 인하한다.

넷째, 초민감 품목은 전체 품목의 3% 이하(수입액 기준,품목수 상한은 200개)로 하고 양허제외, 관세율 장기 소폭 인하, TRO 설정 등의 방식으로 자국 시장을 보호할 수 있다.

한 · 아세안 FTA 상품 자유화 방식

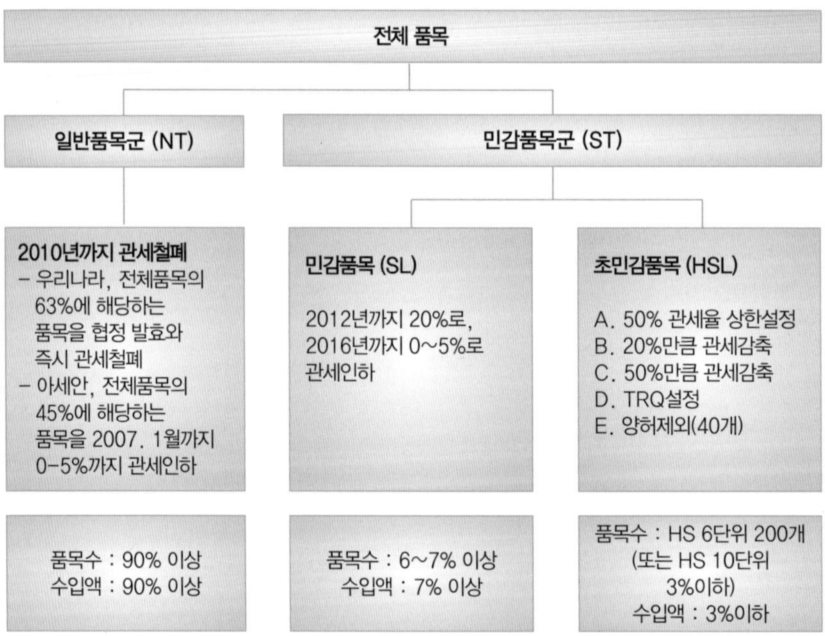

주 : 상기표상의 상품 자유화 방식은 우리나라, 브루나이, 인도네시아, 말레이시아, 싱가포르, 필리핀에 해당하며 후발 아세안 가입국인 캄보디아, 미얀마, 라오스, 베트남의 경우에는 자유화 완료 시점 및 수입액 기준에 있어 보다 완화된 기준이 적용됨.

7. 한국과 아세안 6개국의 상품자유화방식

한국과 아세안 6개국은 모든 관세 품목의 10% 및 총수입액의 10%를 최대 상한으로 자국의 관세품목을 민감품목군에 배치할 수 있고, 나머지 관세품목들은 모두 일반품목군으로 분류해야 한다. 민감품목군에 배치한 관세품목들 중에서 HS 6단위 품목 200개 또는 각국 관세 최종단위 3%이하 및 총수입액 3%를 최대 상한으로 초민감품목에 배치할 수 있고, 그 외의 관세품목은 일반민감품목에 배치할 수 있다.

한국과 아세안 6개국의 상품자유화 목표는 일반품목군은 2010년까지 모든 관세를 철폐하고, 일반민감품목은 2016년까지 0~5%로 관세를 인하하고, 초민감품목은 5개 방식으로 자국산업을 제한적으로 보호할 수 있다.(KITA, 2007)

8. CLMV의 상품자유화방식

아세안의 신규회원국인 캄보디아, 라오스, 미얀마, 베트남(CLMV)의 상품자유화는 한국과 아세안 6개국 보다 좀더 완화된 규정을 적용하고 있다. 민감품목군에 배치할 수 있는 품목수의 상한선은 베트남의 경우 품목수 기준 10%는 동일하나 총수입액 기준 10%는 한국으로부터의 총수입액의 25%로 보다 완화하였다.

캄보디아, 라오스, 미얀마(CLM)는 품목수 기준 10%만을 적용하기로 하였다. 초민감품목에 배치할 수 있는 품목수의 상한선은 CLMV 모두 총수입액 기준을 적용하지 않고 품목수 기준만으로 HS 6단위 품목 200개 또는 각국 관세 최종단위 3% 이하를 적용하기로 하였다.(Asean)

9. 한국의 상품양허안 분석

1) 한국의 관세양허 모델리티는

한국은 관세양허 세부원칙(모델리티)에 따라 HS10단위 기준 총 11,261개 품목 중 10,403개 품목(93.2%)을 일반품목군으로, 481개 품목(4.3%)은 일반민감품목으로, 279개 품목(2.5%)은 초민감품목으로 분류하였고, 나머지 98개 품목(0.9%)은 양허에서 제외하였다.

2) 한국의 한·아세안 상품무역협정 시기별 양허안

한국의 상품 양허안을 시기별로 살펴보면 총 11,261개 관세품목중에서 즉시철폐군에 속한 품목은 7,312개 품목으로 전체 품목수의 64.93%이다. 단기철폐군에 속한 품목은 2,616개 로 전체 품목수의 23.23%이다. 중기철폐군에 속한 품목은 475개로서 전체품목 수의 4.22%이다. 장기품목군에 속한 품목은 481개로 전체 품목수의 4.27%이다. 예외품목군에 속한 품목은 377개로 전체품목 수의 3.35%이다.(최낙균외, 2008)

10. 한국의 상품무역협정의 산업별 양허내용[37)]

한국은 한국 공산품의 글로벌 경쟁력을 고려하여 원칙적으로 대부분의 공산품을 아세안에 개방 하였다. 다만, 한국이 다소 취약한 분야인 일부 자동차 부품, 전기기계, 석유제품, 석유화학제품 등은 민감품목으로 설정하였다.

한국은 경쟁력이 취약한 농산물을 초민감품목으로 배치하여 시장개방의 피해를 최소화하였다. 또한 과일류, 곡물류, 육류, 화훼류, 채소류 등의 신선농산물은 아세안 역내에서 재배한 경우에만 원산지로 인정하였다.

---

37) 최낙균 외, 「한·중·일 3국의 FTA 비교 분석과 동북아 역내구간 FTA 추진방안」, 대외경제정책연구원, 2008, pp. 11-20.

한국은 초민감 농산물[41]과 수산물[42] 45개 품목을 개방대상에서 제외하였고, 이외에도 개방의 민감 정도가 높은 농·수산물도 장기간에 걸쳐 현행관세의 20% 수준만 인하하였다.(mofat, 2007)

(1) 농축산물 양허안

한·아세안 FTA 양허안을 산업별로 살펴보면, 즉시철폐군에 속한 농축수산물품목은 362개 품목으로서 전체 품목수의 3.21%이다. 농축수산물 품목중에서 단기철폐군, 중기철폐군, 장기철폐군에 속한 품목은 각각 142개(1.26%), 45개(0.40%), 74개(0.066%)이다. 또한 예외품목군에 속한 농축수산물의 품목 수는 116개(1.03%)이며 전체 예외품목수에서 농축산물 품목이 차지하는 비중은 30.77%이다

(2) 광업과 제조업 양허안

즉시철폐군에 속한 광업의 품목수는 203개 품목 중에서 188개이며, 15개 품목은 5년 이내에 관세가 철폐되는 단기철폐군이다. 제조업의 경우 즉시철폐군에 속한 품목은 6,762개 품목으로서 전체 품목수의 60.05%이고, 단기철폐군, 중기철폐군, 장기철폐군에 속한 제조업의 품목은 각각 2,459개(21.84%), 430개(3.82%), 407개(3.61%)이다. 제조업의 예외 품목 군에 속한 품목 수는 261개(2.32%)이며 전체 예외품목수에서 차지하는 비중은 69.23%로 나타난다.(KITA, 2008)

---

38) 쌀, 쇠고기, 닭고기, 돼지고기 일부, 마늘, 고추, 양파, 파인애플, 녹차 등

39) 냉동 민어, 돔, 넙치, 갈치, 삼치, 조기, 꽁치 등의 신선·냉장·냉동 수산물 및 어류 통조림 등

〈표〉 한국의 관세양허 주요품목

구분	철폐단계	품목수	주요 품목
일반 품목군	즉시	7,312	토끼, 꿀벌, 송어, 연어, 당근, 커피, 아스파라거스, 마요네즈, 자동차휘발유, 이산화질소, 립스틱, 타이어, 인조모피, 펄프, 세탁기, 레이져프린터, TV, 덤프차, 손목시계
	2008	2,616	오리고기, 참치, 미역, 마가린, 비스킷, 석유, 제초제, 타이어, 라이오, 화물자동차, 광학렌즈, 의료기기, 인형
	2010	475	소, 도재, 낙지, 어육, 당근, 감자, 과일쥬스, 포도주, 위스키, 스웨터, 남성바지, 유아용의류
일반 민감품목	2012 20% 감축	481	가자미, 대구, 휘발유, 염화에틸렌, 부탄올, 칼라사진현상제, 제재목, 여자코트, 남자양모슈트, 실크스카프
초민감 품목	2016 50% 감축	6	새우, 신선한 치즈, 오렌지, 사과, 배
	2016 20% 감축	224	오징어, 밀크, 녹각, 맹고, 두리언, 마른김, 조제분유, 마늘, 양파, 보조사료, 섬유판, 합판
	2016 50% 감축	36	맥주맥, 팝콘, 보리가루, 생강, 들기름, 맥주, 전분
	TRQ제공	13	새우, 냉동갑오징어, 강낭콩, 매니옥
	양허제외	98	쇠고기, 돼지고기, 달고기, 복어, 숭어, 민어, 조기, 고추류, 바나나, 파인애플, 쌀, 쌀가루, 밀크의 조제식료품

자료 : KITA(2011)

Check Point 초민감품목군의 품목기준 3%와 수입액 기준 3%의 차이는 무엇인가

한·아세안 상품무역협정은 초민감품목군의 기준으로 품목기준 3%와 수입액기준 3%의 상한선을 두고 있다. 품목기준 3% 상한선의 의미는 민감품목에 포함되는 품목이 각 국가가 운용하고 있는 HS code상의 총 품목의 3%를 초과할 수 없다는 의미이다.

초민감품목군의 기준으로 품목기준 3% 상한선만을 적용할 경우 각 국가는 자국이 많이 수입을 하는 품목을 중심으로 민감품목을 구성을 해도 아무런 제한을 받지 않는다. 즉, 초민감품목군을 총 수입액에서 차지하는 비중이 높은 품목만으로 배치하더라도 품목수 기준으로 전체 품목수의 3%이내이면 된다.

이러한 이유로 인하여 한·아세안 상품무역협정의 초민감품목군 배치기준은 품목기준으로 3%를 초과할 수 없고, 동시에 수입액기준으로 총 수입액의 3%를 초과할 수 없다고 규정하였다.

11. 아세안의 상품양허안 분석

아세안의 상품자유화 방식은 선발 아세안 6개국과 후발 CLMV로 구분하여 각각 경제상황을 반영하여 양허안을 제출하였다. 말레이시아는 462개(113개), 인도네시아는 464개(156개), 필리핀은 350개(93개), 브루나이는 40개(13개)의 품목을 각각 민감품목군(초민감품목)에 배치하였으며, 한국의 관심품목인 철강, 자동차[40] 및 자동차 부품 등은 민감품목군(초민감품목)에 배치하였다.(mofat, 2008)

40) 현지조립 승용차에 대해 인도네시아, 필리핀, 말레이시아 등이 2010년 관세 철폐

〈표〉 아세안 각국가별 민감품목군 배치현황

구분	민감품목군	초민감품목	양허제외
말레이시아	품목수: 8.84%(462개) 수입액: 9.69% 주요품목: 화공·플라스틱제품, 타이어, 인조섬유, 신발, 철강, 항공기 부품, 가전, 화물차, 승용차(2000-3000cc)	품목수: 113개 수입액: 2.99% 주요품목: 철강판 일부, 승용차(1500-2000cc) 엔진	품목수: 39개 주요품목: 타이어
인도네시아	품목수: 8.88%(464개) 수입액: 9.57% 주요품목: 석유제품, 플라스틱제품, 섬유·의류, 철강, 엔진, 승용차 일부	품목수: 156개 수입액: 2.93% 주요품목: 철강판 일부, 엔진, 모터사이클, 승용차 일부	품목수: 40개 주요품목: 철강판 일부
필리핀	품목수: 6.70%(350개) 수입액: 9.97% 주요품목: 플라스틱제품, 유리제품, 철강제품, 승용·화물차동차	품목수: 93개 수입액: 3.00% 주요품목: 의류,부속품	품목수: 40개 주요품목: 자동차부품
싱가포르	품목수: 0%(0개) 수입액: 0%	품목수: 0개 수입액: 0%	품목수: 0개
브루나이	품목수: 0.76%(40개) 수입액: 9.99% 주요품목: 타이어, 액체펌프, 냉장고, 세탁기, 자동차부품	품목수:13개 수입액: 2.99% 주요품목: 냉장고, 타이어, 자동차부품	품목수: 13개 주요품목: 타이어, 에어콘, 냉장고, 자동차부품
베트남	품목수: 9.90%(517개) 수입액: 23.12% 주요품목: 의약품, 플라스틱제품, 철강제품, 변압기·안정기, 라디오, 자동차 부품	품목수:200개 주요품목: 자동차 부품, 휘발유, 타이어	품목수: 40개 주요품목: 철강, 엔진, 자동차
캄보디아	품목수:8.90%(465개) 주요품목: 시멘트, 기계·엔진, 형광등, 세탁기, 자동차 부품	품목수: 200개 주요품목: 타이어, 승용차	품목수: 40개 주요품목: 모터사이클, 엔진, 섬유, 컴퓨터
라오스	품목수: 10.07%(526개) 주요품목: 고무제품, 의류, 기계류, 라디오, TV, VCR	품목수: 200개 주요품목: 자동차 부품	품목수: 0개
미얀마	품목수: 7.52%(393개) 주요품목: 덤프차, 자동차 부품, 광학기기, 철강	품목수: 200개 주요품목: 전동용 벨트	품목수: 40개 주요품목: 자동차 부품

자료:KITA(2011)

Check Point 한·아세안FTA와 중·아세안FTA의 차이점은 무엇인가

중·아세안 FTA에서는 민감품목을 품목기준 10%의 상한선으로 제한하고 있다. 한·아세안 FTA에서는 민감품목에 대한 제한을 품목기준 10%와 2004년 수입액기준 10%의 상한선을 동시에 충족시키게 하고 있다.

Check Point 한국이 체결한 기존의 FTA와 한·아세안FTA가 다른 점은 무엇인가

한국이 한·아세안 FTA 이전에 체결한 FTA는 대부분 각 품목별 협상을 통해 상품양허안을 작성하였으나, 한·ASEAN FTA는 관세인하 및 철폐에 관한 상품자유화방식(Mdality)을 먼저 합의 한후 개별국가들이 자율적으로 자국의 품목을 일반품목군, 민감품목군에 배치하고, 자국의 관심품목을 상대국이 양허안에 포함할 수 있도록 협상하는 방식이다.

Check Point 한·아세안 FTA 협정의 상품자유화 방식은 모든 당사국에 똑같이 적용되나

한·아세안 FTA의 상품자유화 방식은 크게 2가지 상품자유화 방식으로 분류되어 있다. 한·아세안 FTA의 상품자유화 방식은 상대적으로 경제발전 단계가 높은 한국과 아세안 선발 6개국에 적용되는 방식과 경제력이 상대적으로 취약한 후발 아세안 4개국에 적용되는 상품자유화 방식이 다소 상이하다.

Check Point 한·아세안 FTA에서는 한번 양허안 부분을 철회할 수 없나

한·아세안 FTA에서는 원칙적으로 양허의 수정은 양허의 이행을 가속화하거나 신상품을 통합하기 위하여 상호간 합의하에 약정하는 경우, 그리고 당사국간의 협상 및 합의를 통해 이 협정에 따른 양허를 수정하거나 철회하는 경우를 제외하고는 양허를 무효화시키거나 손상시킬 수 없다고 명시하고 있다.

또한 당사국과 양허를 해준 국가가 합의를 하는 경우에도 그러한 합의의 결과가 무역관계를 불리하게 하지 않는 호혜적이고 상호 이익이 되는 일반적 수준의 양허를 유지해야 한다고 명시하고 있다[41].

12. 한·아세안 상품무역협정의 원산지 규정

1) 원산지 결정원칙

한·아세안 FTA에서 특혜관세를 받을 수 있는 원산지에 대한 결정은 4단위(CTH)변경 또는 부가가치 40%로 규정하고 있다.[42] 한·아세안 FTA의 원산지 규정은 역내부가가치(RVC : regional value content) 40% 기준 또는 HS 4단위 세번변경기준을 충족할 것을 일반기준으로 명시하고, 그 예외로서 447개 품목에 대해서는 품목별원산지(PSR : product specific rule)에 규정하고 있다.[43] 원산지규정 및 원산지 증명 운영절차에 대한 내용은 부속서 3 및 그 부록에서 명시되어 있다.

Check Point Issued Retroactively란 무엇인가

Issued Retroactiveoly는 원산지 증명서가 선적 후에 발급한 것을 표시한 것이다. 수출물품을 선적한 후 한·아세안 FTA 원산지 증명서를 발급

41) 한·아세안 FTA 협정 제6조
42) 한·아세안 FTA 협정 제5조
43) 대외경제정책연구원.「한·ASEAN FTA 효율적 이행을 위한 연구 : 상품 무역을 중심으로」.2009.p.15.

받는 경우 반드시 Issued Retroactiveoly 문구를 표시해야 한다. Issued Retroactiveoly 문구가 표시되지 않은 경우 아세안 국가들의 수입통관시 문제가 발생할 수 있다.(관세무역정보, 2008)

2) 개성공단의 역외가공 원산지

(1) 개성공단 제품의 한국산 원산지 인정의 의미

한·아세안 FTA협상에서 개성공단 제품도 100개 제품은 한국산으로 인정하여 특혜관세를 부여받을 수 있음을 명시하여[44] 개성공단 생산제품의 경쟁력을 향상시켰다.(mofat, 2006). 한·아세안 FTA협상에서 개성공단 제품의 원산지인정 이슈는 난항을 겪었다. 아세안 회원국들은 싱가포르를 제외하고는 대부분 한국보다 경제적으로 취약하여 개성공단 제품의 원산지 인정여부는 이해관계가 대립되는 사안이었다.

한·싱가포르 FTA와 한·EFTA FTA에서도 개성공단제품에 대한 한국산 원산지 인정은 합의되었다. 싱가포르나 EFTA의 주력 제품은 개성공단 생산제품과 경합되는 부분이 적지만 아세안 국가들의 주력 품목은 개성공단 제품과 경합관계가 높아 합의가 쉽지 않았다.

(2) 개성공단 제품의 한국산 원산지 인정 요건

개성공단 생산제품중에서 원산지가 한국산으로 인정되는 요건은 최종재화 FOB가격에서 역외산 재료비가 총가치의 40% 이하이고, 최종재화 생산에 이용된 한국산 재료비가 총재료비의 60% 이상인 경우이다.

아세안 회원국들은 회원 국가별로 개성공단에서 생산된 제품중 100개를

---

44) 한·아세안 상품협정 부속서 3의 제6항은 특정품목의 취급에서 실질적으로 역외가공을 통해 생산된 제품에 대한 원산지 인정을 허용하고 있다. 또한 특정품목은 한·아세안 FTA 당사국의 합의에 의해 정해진다는 것을 명시함으로써 개성공단제품에 대한 한·아세안 FTA 특혜관세혜택이 부여되었다.

선정하여 특혜관세를 부여할 수 있는데 아세안 회원국들이 실제로 선정한 개성공단 품목들은 의류(24.8%), 시계(17.9%) 등이다[45].

〈표〉 아세안이 선택한 개성공단 상품 빈도수 상위 5개 품목

구분	의류	시계	신발	편물의류	전자 기기
아세안이 선택한 품목비율	24.8%	17.9%	12.8%	9.1%	7.2%
개성공단 생산 품목비율(232개)	26.7%	12.1%	12.5%	9.9%	8.6%

자료: 한·아세안 FTA 협정

〈표〉 상품무역협정에 따른 對 아세안 관세양허 구조

구분	양허내용		품목수	비율
일반품목	관세철폐	2007년 즉시 철폐	7,312	64.9
		2008년 철폐	2,616	23.3
		2010년 철폐	4758	4.2
	소계		10,403	92.4
민감품목	2012년 20% 상한		481	4.3
초민감품목	Group A	2016년 50% 상한	6	0.1
	Group B	2016년 20% 감축	224	2.0
	Group C	2016년 50% 감축	36	0.2
	Group D	TRQ 제공	13	0.1
	Group E	양허제외	98	0.9
	소계		377	3.3
합계			11,261	100

자료: 한·아세안 FTA 협정

45) 최낙균 외, 「한·중·일 3국의 FTA 비교 분석과 동북아 역내구간 FTA 추진방안」, 대외경제정책연구원, 2008, pp.10~23.

아시안 에세이

"아세안 녹색성장
한-아세안 지구 녹색 전진기지 될 것"

이명박 대통령은 30일 "한국과 아세안은 혁신적사고로 녹색 꿈을 현실로 만드는 지구의 녹색 전진기지가 될 것이라고 확신한다"고 말했다.

이 대통령은 다음달 1일부터 이틀간 제주에서 열리는 한·아세안(ASEAN.동남아국가연합) 특별정상회의에 앞서 아세안 10개국 유력 일간지에 게재된 특별 기고문에서 "한국의 녹색 기술과 무한한 녹색 성장의 보고인 아세안은 새로운 분야를 개척하는 세계의 리더가 될 수 있을 것"이라며 이같이 밝혔다.

이 대통령은 "기후변화는 지구에 대한 심각한 도전이며 국제사회의 단합된 대처 노력을 요구한다"면서 "한·아세안이 대체에너지 개발, 지구 온난화 대응을 위한 조림사업 등의 협력을 통해 저탄소 도시개발과 같은 공동 목표에도 한 걸음 더 가까이 갈 수 있을 것"이라고 강조했다.

또한, "제주 특별정상회의를 계기로 한·아세안 FTA가 성공적으로 추진됨에 따라 양자가 무역.투자 뿐 아니라 정치, 외교, 문화, 교육, 스포츠 분야를 포함하는 포괄적 협력관계로 발전하기를 기대한다"고 말했다.

'미래를 향한 녹색협력의 동반자(A Green Partnership for the Future)'라는 제목의 이번 특별 기고문은 지난 25일부터 미얀마 타임즈(미얀마), 스트레이츠 타임즈(싱가포르), 방콕 포스트(태국)' 등 아세안 10개국의 13개 유력 일간지에 차례로 실렸다.

한국 대통령의 언론기고문이 해외 언론에 연속 게재된 것은 이번이 처음이다. 이명박 대통령은 이번 제주 한·아세안 특별정상회의에서 지난 G20 정상회의에 이어 경제위기 극복과 위기 이후 미래를 대비하는 녹색성장 협력을 거듭 강조할 예정이다.(cbs.09.6.30)

제4장 _ 한·아세안 투자

1. 한국의 아세안 투자 역사

아세안은 한국기업의 중요한 투자지역이다. 한국의 아세안에 대한 투자는 해외 다른 어떤 지역보다 빠른 1968년에 시작되었다. 1968년 한국남방개발(주)의 인도네시아의 산림개발을 위한 인도네시아에 대한 투자가 한국의 최초 해외투자였다.

한국의 대아세안 투자는 1980년대 중반부터 한국의 인건비, 지가 등의 급상승으로 기업들의 생산비용이 급상승하면서 투자가 본격적으로 시작되었다. 한국의 노동집약산업인 섬유업, 신발업 등은 임금이 저렴한 인도네시아에 진출했고, 한국의 전자업은 부품산업이 발전한 말레이시아와 태국에 진출하였다.

한국의 아세안 투자는 1990년초 대규모 투자가 증가하였다. 그러나 한국과 중국의 수교에 따라 한국의 중국으로의 투자 집중과 동아시아 외환위기 이후 동남아 경제침체 등으로 한국의 동남아 투자는 상대적으로 비중이 낮아졌다가 2000년대 들어서는 차이나 리스크를 회피할 수 있는 지역으로 베트남 등의 인도차이나 반도 국가들이 부상하면서 한국의 아세안에 대한 투자가 증가하고 있다. 최근들어 중국의 위안화 절상, 중국의 임금상승 등 차이나 리스크를 회피할 수 있는 투자처로 베트남, 인도네시아, 캄보디아 등 아세안 국가가 각광받고 있다.

최근들어 한국의 아세안 투자가 급증하고 있다. 2001년 한국의 아세안에 대한 투자는 신고액 기준으로 5억달러였으나, 2010년에는 70.5억달러로 14배가 증가되었다.

[그림] ASEAN에 대한 해외 투자액

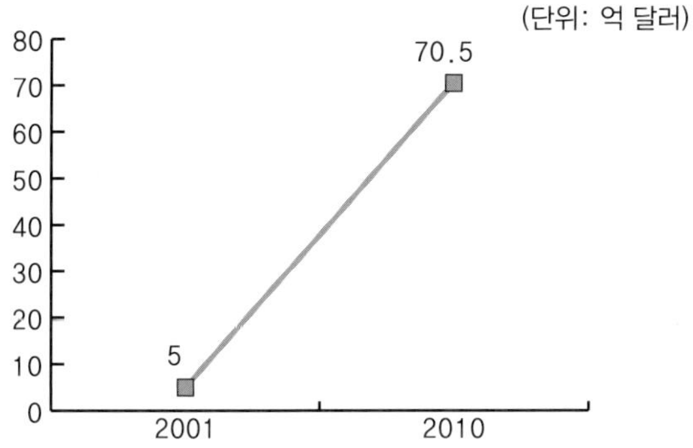

2. 한국의 아세안 투자 종합적 추이

한국의 아세안 직접투자는 1968년부터 2008년까지 누계액 기준으로 157억 달러를 기록하여 중국, 미국에 이어 한국의 제3위 해외직접투자 대상지역이다.

한국의 2008년 총 해외투자액의 16.2% 달하는 59억 달러를 아세안에 투자하여 아세안은 미국에 이어 한국의 2위 해외투자지역이 되었다. 한국의 아세안 해외투자는 2000년 이전까지 완만한 상승 추이를 보였으나 최근 들어 투자가 급증하고 있다.

한국의 대 아세안 해외직접투자 추세(2000~2008)

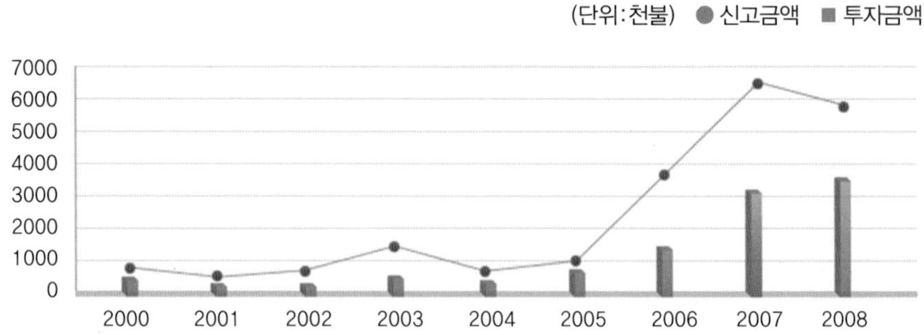

자료 : 한국수출입은행

3. 한국의 아세안 투자 업종별 분석

1968년부터 2008년까지의 해외투자 누계액 기준으로 한국의 아세안 업종별 투자를 보면 제조업이 46.2%로 한국의 아세안 투자의 절반정도를 차지하고 있고, 광업이 11.6%, 부동산업 및 임대업이 9.9%, 금융 및 보험업, 건설업, 도매 및 소매업 등이 각각 약6% 정도 차지하고 있다.

한국의 아세안 투자는 1980년대 말까지 노동집약적인 제조업과 자원가공을 위한 제조업 투자가 많았다. 그러나 아세안의 경제성장으로 아세안의 내수시장이 성장하자 1990년대 중반부터 한국의 대기업들의 아세안 투자가 증가하기 시작하였다.

특히 아세안 시장의 확대로 한국의 아세안 투자는 초창기 경공업 중심의 우회수출을 위한 생산기지 차원에서의 투자에서 아세안 내수시장 지향형의 투자가 증가하였다. 이러한 가운데 한국의 가전업체들은 아세안 주요국에 생산시설을 투자하였다.

최근 한국의 아세안 투자는 전자통신장비나 석유화학 등 기술 및 자본집약적 산업에 대한 투자가 증가하고 있다. 최근 한국의 아세안에 투자가 집중되고 있는 제조업 분야는 전자통신장비가 1위이다. 그 다음으로 섬유의

복, 석유화학 등이다. 한국의 해외 제조업투자 중 아세안 비중은 12.3%이나, 부문별로 살펴보면 한국 전체 신발가죽 투자의 33.6%, 목재가구의 32.8%, 섬유의복의 26%, 음식료품의 24.7%, 종이인쇄의 19.9%가 아세안에 투자되고 있다.(KIEP, 2011)

〈표〉 한국의 아세안 투자(2008년 잔고기준)　　단위 : 백만달러, %

구 분	제조업		제조업 비중	
	건수	금액	건수	금액
아세안	3,2539 (14.4)	7350 (14.0)	55.4	46.9

주 : 투자 건수는 신규진출 건수를 의미함
자료 : 한국수출입은행

4. 한국의 아세안 투자 국가별 분석

1968년부터 2008년까지의 해외투자 누계액 기준으로 보면 아세안 국가 중에서 베트남이 한국의 투자대상국 1위이며, 인도네시아가 2위, 싱가포르가 3위이다

특히 1980년대 말에 시장개방을 하여 다른 동남아 국가에 비해 일본기업의 진출이 상대적으로 활발하지 않은 베트남은 한국기업의 중요한 투자처가 되고 있다.

특히 최근들어 한국의 베트남에 대한 투자 증가는 베트남이 미국과 항구적 무역관계정상화(PNTR) 지위 획득을 하여 우회수출기지로 부상하였고 베트남이 2007년에 WTO에 가입하여 투자환경이 개선되고 비즈니스의 안정성이 높아졌기 때문이다.

〈표〉 한국 對 아세안 국별 해외투자실적 (단위 : 건, 백만 달러)

구분	1968~2005		2006		2007		2008		합계	
	건수	금액	건수	금액	건수	금액	건수	금액	건수	금액
브루나이	5	2	2	–	–	–	–	–	7	2
캄보디아	99	92	54	126	149	629	173	473	475	1,320
인도네시아	745	2,405	122	148	127	253	138	535	1,132	3,341
라오스	17	38	12	3	11	25	7	44	47	110
말레이시아	335	706	37	51	62	158	40	326	474	1,241
미얀마	49	60	1	–	3	1	–	36	53	97
필리핀	721	761	111	61	135	108	104	182	1,071	1,112
싱가포르	203	1,197	35	304	58	515	62	521	358	2,537
태국	360	753	62	74	62	142	50	88	534	1,057
베트남	751	1,643	277	587	408	1,307	292	1,331	1,728	4,868
합계	3,285	7,657	713	1,354	1,015	3,318	866	3,536	5,879	15,685

자료: 한국수출입은행

5. 한·아세안 투자협정 분석

1) 한·아세안 투자협정 개요

한·아세안 투자협정은 투자협정 본문과 1개의 부속서로 구성되어 있다. 협정문 본문에는 투자자 보호와 투자 자유화 관련 조항이 명시되어 있다. 부속서에는 해외투자 승인 등 투자절차가 명시되어 있다. 한·아세안 투자협정에 의해 해당국가들은 승인된 투자를 국내법에 의해 보호하고, 투자자에게는 내국민대우와 최혜국대우를 해야 한다.

2) 한·아세안 투자의 자유화와 투명성

한·아세안 투자협정은 투자의 원활, 투명, 경쟁적인 투자제도를 설립한다[46]는 목표하에 아세안 회원국간 투자협정인 ACIA(ASEAN Comprehensive Investment Agreement)와 아세안호·뉴질랜드 FTA 투자협정보다 개선된 투자의 자유화를 목표로 하고 있다. 특히 한·아세안 투자협정에서는 고위경영진 및 이사회에 대한 국적제한과 거주요건 부과를 제한하여 투자와 관련한 투자유치국의 조치에 대한 투명성을 향상시켰다.

3) 투자자의 투자협정 선택과 투자자보호

한국과 아세안 10개국의 투자자는 투자자가 한·아세안 투자협정과 기존에 체결된 한국과 아세안 개별 국가 간에 체결된 쌍무투자협정 중 투자자 자신에게 유리한 협정을 자율적으로 선택할 수 있다. 또한 한·아세안 투자협정에서는 투자와 투자자에 대한 손해가 발생했을 때 투자자국가간 분쟁해결절차를 이용할 수 있도록 하였다.(mofat, 2008)

46) 한·아세안 FTA 기본협정 제2장

제5장 _ 한·아세안 서비스무역

1. 한·아세안 서비스교역

아세안 10개국의 국내총생산 대비 서비스부분 비중은 40~50% 정도이나 한국의 국내총생산 대비 서비스부분 비중은 약 60% 정도이다. 한국과 아세안간의 서비스무역은 2005년 172.6억달러에서 2006년 192억달러로 전년대비 11.2% 증가하였고 2007년에는 242.2억달러로 전년대비 26.1% 증가하였다.

한국의 대아세안 서비스수지는 2005년에 15.1억달러 적자였고, 2006년에는 28억달러 적자로 서비스수지 적자가 전년대비 85.4% 증가하였다. 2007년에는 44억달러 적자로 전년대비 57.1% 증가하였다.

한국의 대아세안 서비스수지는 매년 적자를 보이고 있다. 한국의 대아세안 서비스수지가 지속적으로 적자를 보이는 이유는 관광과 한국기업의 동남아 진출을 지원하는 서비스 부문의 적자 때문이다.

아세안 국가의 한국에 대한 서비스사업 진출도 가시화되고 있다. 싱가포르는 서비스업종인 도·소매 유통업, 운수 창고업, 비즈니스 서비스업, 문화오락 분야 등에서 한국에 투자하고 있다.(mofat, 2011)

〈표〉 한국의 아세안 서비스무역현황 단위 (억불, %(전년대비))

구분	2005		2006		2007	
	금액	증가율	금액	증가율	금액	증가율
교역규모	172.6	7.4	192	11.2	242.2	26.1
수지	-15.1	221.3	-28	85.4	-44	57.1

구분	운수	여행	통신	보험	특허료 등 지급	사업서비스	정부서비스	기타서비스	합계
수입	59.5 (17.9)	9.6 (27.5)	1.0 (26.5)	0.8 (13.5)	3.2 (3.8)	20.7 (29.2)	0.6 (32.7)	30.1 (25.1)	99.1 (20.9)
지급	52.5 (50.3)	36.8 (12.6)	1.8 (7.4)	3.2 (52.2)	0.9 (43.8)	43.6 (24.0)	0.4 (-11.3)	53.7 (26.9)	143.1 (30.1)
수지	7.0 (-55.2)	-27.3 (-208.1)	-0.8 (-189.5)	-2.5 (-270.5)	2.3 (-6.1)	-22.9 (-219.6)	0.2 (555.9)	-23.6 (-229.3)	-44.0 (-257.0)

자료: 한국은행(2011).

2. 한·아세안 서비스무역 협정의 구성

한·아세안 서비스무역협정 = 본문 +금융서비스 부속서 + 통신부속서 + 양해각서

한·아세안 서비스무역협정은 본문, 서비스 양허안, 2개의 부속서로 구성이 되어있다. 한·아세안 서비스무역협정문의 본문에는 서비스 무역 자유화 관련 일반 규정이 명시되어 있다. 금융서비스 부속서에는 금융서비스 분야의 무역 자유화 관련 추가적인 규정이 명시되어 있다. 통신분야의 무역 자유화 관련 추가적인 규정은 통신부속서에 명시되어 있다. 또한 서비스 협정문의 일부 조항의 해석 및 적용에 대한 당사국의 이해를 내용으로 담고 있는 양해각서를 별도로 체결하여 협정문의 일부로 구성되어 있다.(김병수, 2011)

Check Point 한·아세안 서비스무역협정과 GATs의 차이점은

한·아세안 서비스무역협정은 WTO의 GATs(서비스무역 일반협정, General Agreement on Trade in Service)수준에서 타결하였다. 한·아세안 서비스무역협정은 WTO 회원국은 서비스 무역의 자유화를 위해 WTO 회원국이 체결하는 FTA 및 관세동맹에 대해 WTO와 부합될 수 있는 수준의 자유화를 체결한다[47]는 GATs의 규정과 합치하는 서비스 무역의 자유화에 합의하였다[48].

WTO의 GATs는 보조금이 서비스무역에 부정적 영향을 끼칠수 있으므로 추후에 논의한다고 명시하였다. 그러나 한·아세안 서비스무역협정은 한국과 아세안 10개국 각국의 재량권 하의 보조금 운용을 인정하고 문제가 될 경우 협의할 수 있도록 명시하고 있다.

3. 한·아세안 서비스무역 협정의 효과

한·아세안 서비스무역협정의 타결로 통신, 운송, 금융 등 상품생산을 위한 중간재로 사용되는 서비스무역의 자유화가 확대되어 아세안으로 진출한 한국기업의 영업활동의 지원이 강화될 것으로 전망된다. 또한 제조업에 비해 글로벌 경쟁력이 부족한 한국의 서비스산업이 개방된 아세안 서비스시장에 진출하여 경험을 쌓은 후 선진국 서비스 시장을 노크할 수 있는 토대가 마련되었다.

또한 한·아세안 서비스무역협정에서는 한국과 아세안간에 방송 공동제작을 위한 양자 협정을 체결할 수 있게 명시하여 한국의 방송프로그램이 아세안국가의 방송쿼터를 우회하여 아세안 국가에 진출할 수 있도록 하였다.

---

47) GATS 제5조

48) 한·아세안 FTA 기본협정 제2조.

〈표〉 한·아세안 FTA 발효후 서비스 분야 생산 증가율

구분	정태적 효과		자본축적 효과	
	한국	ASEAN	한국	ASEAN
물류/유통	2.68%	0.48%	3.10%	1.06%
운송/통신	0.33%	1.88%	0.86%	2.56%
금융/사업	2.01%	0.04%	2.60%	0.95%
기타 서비스	2.82%	0.79%	3.32%	1.31%

출처 : KIEP, 「한-아세안 FTA 타당성 및 추진 전략 연구」, 2008.

〈표〉 한·아세안 서비스협정 체결에 따른 아세안 국가별 기대효과

국가	기대이익
말레이시아	○ 싱가포르의 대체 물류기지로서 우리 기업의 진출 가능성 확대(해운 서비스 개방 및 외국인 지분 제한 완화) ○ 이동전화, 부가통신 등 한국 기업의 진출 가능성 증가
인도네시아	○ 대규모 인프라 확충 계획 등에 한국업체가 참여할 수 있는 기반 마련(통신, 건설 및 엔지니어링 서비스 분야) ○ 한국 기업에 대한 금융 지원이 원활(금융서비스 분야 합작회사 설립제한 완화)
태국	○ 일정한 전문 직종에 한국 직원들이 태국에 관련 서비스 공급을 위한 입국 시 법적 안정성 보장 받게 됨 ○ 한국기업의 대규모 건설 공사 수주 등과 관련 제반 여건이 개선
필리핀	○ 광산개발 서비스 개방을 통한 한국 기업의 진출 기반 마련 ○ 지리적 여건상 무선통신분야의 성장 잠재력이 크고, 이동전화 외 위성서비스 진출 여건의 개선
싱가포르	○ 사회복지 서비스 등에서 일부 분야 추가개방
브루나이	○ GATs 또는 DDA를 상회하는 추가개방이 이루어져 건설, 통신, 항공 분야에서 한국 기업들의 진출 가능성이 확대
미얀마	○ 개방 분야 중 미래 성장가능성 있는 분야를 연구하여 진출 시 장기이익 실현 가능
라오스	○ WTO 미가입국으로 개방수준은 높지 않으나 건설, 금융, 엔지니어링 등 한국 기업의 주요관심 분야를 개방
베트남 캄보디아	○ WTO 가입당시 양허 수준이 높아 한국 기업이 진출하는데 어려움이 없음

자료: 기획재정부

아시안 에세이

"한국의 실적 위주 아세안 원조 "

한국의 각종 봉사단체와 지자체가 앞 다투어 만들어준 캄보디아의 일부 생명의 우물이 죽음에 이르는 물로 전락할 위기에 처했다.

우리나라 사람들이 캄보디아에 만들어준 우물은 수를 헤아릴 수 없을 정도다.

이는 그동안 캄보디아 지하수에서 여과 없이 뽑아 올린 물은 식수로는 부적합하다는 학회 보고서를 무시하고 실적위주의 우물을 만들어 준 결과물이다.

미국 지질학회 연구보고서에 따르면 "캄보디아를 비롯한 방글라데시와 중국 일부지역, 인도, 미얀마, 네팔, 파키스탄, 베트남에 거주하는 약 1억 명의 원주민들이 비소가 함유된 식수를 매일 섭취하고 있다"며 "여과 없이 지하수를 마신 사람 중 수천명이 매년 암으로 사망하고 있다"고 밝혔다.

보고서는 또 "캄보디아와 같은 지질대인 태국도 수돗물은 석회수가 많아 식수로 사용이 불가능하다"고 지적하고 "철분과 비소를 제거한 생수를 마셔야 태국 사람들도 안전할 것"이라고 경고했다.

이를 해결하기 위해서는 비소함유량을 줄일 수 있는 지하 70m이상 암반을 뚫고 들어가야 하지만, 우리나라의 각종 사회단체와 지자체가 만든 우물은 최대 50m를 넘지 않기 때문에 식수로는 부적합하다는 판단이다.

특히 캄보디아 메콩강과 바삭강을 따라 거주하는 최대 15만명의 원주민들이 피부 가려움증이나 속앓이를 호소하는 것도, 비소가 함유된 우물을 사용하고 있기 때문인 것으로 조사됐다.

이와 관련해 캄보디아 수자원공급처장 마어 사라이는 "약 100만에서 150만명에 이르는 국민이 일 년 중 적어도 3개월 동안은 비소가 함유된 식수를 섭취하고 있다"며 "특히 한국이 우물을 만들어 준 간달주와 프레이웽

주, 깜뽕짬주에 거주하는 사람들이 위험에 노출되어 있다"고 설명했다.

이들이 마시는 비소의 중독은 아비산에 의한 만성중독이 대부분이다. 아비산은 비소화합물 중에 가장 독성이 강한 물질로 0.1~3g을 마시면 치사량에 이를 정도로, 맹독성인 청산가리와 비슷해 오래전부터 독약으로 이용되고 있다.

또 비소 중독은 급성보다 만성이 많으며, 만성인 경우에는 체중감소와 발암, 지각장해, 빈혈, 구토, 부종, 피부 청색화 등을 일으키고, 급성 중독은 구토, 설사 등으로 바로 사망에 이르게 된다.

7년째 캄보디아에 거주하는 L 씨(60)는 "요란하게 행사를 치르며 한국의 여러 단체에서 캄보디아인에게 우물을 설치했지만 홍보용 실적위주가 만들어낸 비극"이라며 "이들이 자랑 거리라고 선전하던 사업이 캄보디아 원주민들에게 원망스런 죽음의 우물로 변할 개연성이 존재한다"고 한탄했다.

이에 따라 캄보디아를 비롯한 동남아시아에 우물을 단순히 파주는 것에 그칠 것이 아니라 끌어올린 물을 정수할 수 있는 장치도 함께 제공해야 원주민들의 생명을 보존할 수 있을 것 같다.

이와 관련해 캄보디아를 지원한 여러 NGO단체와 시공업자가 결탁한 비리에 대해 아세안투데이가 제보를 받고 있으며, 현재 심층취재 중이다.

(아세안투데이, 2011.8.23)

제6장 _ 한·아세안 FTA 분쟁해결제도

1. 한·아세안 분쟁해결제도의 개요

한·아세안 분쟁해결제도는 한·아세안 FTA 협정 체결국간에 발생하는 분쟁의 해결을 위한 절차를 명시하고 있다. 한·아세안 분쟁해결제도협정은 기본협정, 상품협정하에 체결된 한·아세안 FTA 협정에 적용된다.

한·아세안 분쟁해결제도협정은 당사국들 간에 발생한 모든 분쟁의 회피, 해결에 적용된다. 한·아세안 분쟁해결제도는 21개조로 구성되어 있고, 본문과 부속서로 구성되어 있다.

한·아세안 분쟁해결제도는 분쟁해결 절차를 명시하고 있으며 중재패널의 설치, 구성, 보상조치, 중재패널의 판정의 이행 등을 명시하고 있다. 부속서에는 중재패널 절차를 위한 규칙과 절차를 규정하고 있다. 한·아세안 FTA를 구성하는 모든 법적문서와 관련된 분쟁이 발생하면 원칙적으로 한·아세안 분쟁해결 제도의 절차가 적용된다.

2. 분쟁해결의 과정

한국과 아세안 국가들간에 분쟁이 발생하면 분쟁해결은 당사국간의 협의가 먼저 진행되고 협의가 실패할 경우 중재패널이 설치된다. 중재패널은 분쟁에 대한 협의요청 접수 후 60일 이내에 분쟁이 해결되지 않으면 타방 당사국의 요청으로 설치되며, 패널위원은 3명이다

3. 분쟁해결제도가 적용되지 않는 분야

한·아세안 분쟁해결제도는 경제협력에 관한 사항, 서비스·투자 협정의 협정 사항 등에는 적용되지 않는다. 서비스무역 및 투자협정의 협상타결시점, 경제협력, 향후 새로운 분야에서의 경제동반자 관계수립, 경제협력부속서로부터 발생하는 분쟁은 분쟁해결협정의 적용을 받지 않는다[49].

4. 중재판정을 패소국이 따르지 않을 경우에는

한·아세안 분쟁해결제도에는 중재패널의 권고가 분쟁당사국에 전달되었음에도 불구하고 중재패널의 권고를 이행하지 않는 국가에 대해 제소국은 한·아세안 FTA의 혜택을 정지할 수 있도록 명시하고 있다.(KIEP, 2007)

Check Point 분쟁해결협정과 기본협정, 상품협정의 관계는

한·아세안 FTA에서 분쟁해결은 독립적으로 분리된 분쟁해결제도에 대한 협정을 가지고 있으며, 상품협정에서는 이러한 분쟁해결제도협정에 따른다는 근거조항을 두고 있다[50].

한·아세안 FTA는 기본협정의 해석·이행 또는 적용과 관련된 분쟁은 분쟁해결협정에 의거하여 해결한다고 명시하고 있다[51].

49) 한·아세안 FTA 협정 제5.1조
50) 한·아세안 FTA 협정 제19조
51) 한·아세안 FTA 협정 제5.1조

참고문헌

- 강영문, 「강영문 교수의 동남아 지역연구」, 두남, 2010.
- 강영문, 「국제통상론」, 전남대학교출판부, 2009.
- 강인수 외, 「국제통상론」, 2006.
- 관세청, 「ASEAN 시장, 한·ASEAN FTA활용 통해 공략해야」. 2008.
- 고우성 외, 「동남아의 정치경제」 - 산업화와 발전 전략-, 21세기한국연구재단, 1995.
- 국제무역연구원, 「2011, 주요국 FTA 추진동향과 시사점」, 2011.
- 국제통화기금, 「무역통계연감」, 2011.7.
- 국제통화기금, 「세계경제전망 데이터베이스」, 2011.9.
- 기획재정부, 「한-ASEAN FTA 상품무역협정 발효후 2년간 교역동향 분석」, 2009.
- 김병수, 「FTA시대의 농식품 무역」, 한국출판협동조합, 2011.
- 김성원, "韓—아세안 FTA 효과 반감", 파이낸셜뉴스, 2011.07.13.
- 김성환, 「브루나이 개황」, 외교통상부 남아시아·태평양국 동남아과, 2011.
- 김세영 외, 「FTA 확산과 한국의 대응, 도서출판 두남, 2003.
- 김인숙, 「한국-ASEAN FTA 투자협정의 주요 쟁점과 국내적 시사점」, 대외경제정책연구원, 2010.
- 김정태, "한·아세안 FTA상품협정 발효 4년차 교역량 60.8% 증가", NSP 통신, 2011.05.31.
- 김종찬, 「메이드인 아세안 : 아세안의 부상과 한국호의 표류」, 새로운 사람들, 2008.
- 김태윤·이재호, 「인도네시아 비관세장벽 현황과 철강제품 비관세조치의 관세 상당치 추정연구」, 대외경제정책연구원, 2010.
- 김홍종 외, 「유럽통합으로 본 ASEAN경제통합의 현주소」, 대외경제정책연구원, 2010.02.17.
- 대외경제정책연구원, 「한·ASEAN FTA 효율적 이행을 위한 연구 : 상품 무역을 중심으로」, 2009.

• 대외경제정책연구원, 「한국의 캄보디아·라오스·베트남에 대한 인적자본 개발원조의 영향력 평가와 협동방안 연구」, 2010.
• 대외경제정책연구원, 「아세안 FTA 상품협정의 주요내용과 시사점」, 2007.
• 마창환, 「FTA 이해와 활용」, 중앙일보시사미디어, 2010.
• 매일경제, 「Korea-ASEAN FTA Concluded」, 2006.5.16.
• 박번순 외, 「CEO Information: FTA시대의 개막-체결 임박한 한·칠레 협정의 과제」, 삼성경제연구소, 2002.
• 박번순, 「한국의 동남아 경제연구」, 「아시아리뷰」 제1권, 2011.06.22.
• 박번순, 「한국·아세안 경제협력 현황과 확대방안」, 삼성경제연구소, 2009. 06.01.
• 박번순, 「한·아세안 경제협력과 교역투자협력 증진 방안」, 세종연구소, 2009.03.04.
• 박번순, 「한국의 FTA전략」, 삼성경제연구소, 2009.
• 박종귀, 「FTA와 한국경제의 미래」, 다산출판사, 2008.
• 세계은행, 「세계개발지표」, 2011.
• 아세안 사무국, 「주요기초지표」, 2011.
• 윤기관외, 「국제통상의 이해」, 법지사, 2007.
• 윤영호, 「FTA 원산지 증명과 비즈니스모델」.두남, 2009.
• 외교통상부·대외경제정책연구원, 「한·ASEAN FTA 주요 내용」, 2007.
• 원용걸, "ASEAN 주요국의 수출, 직접투자유입 및 경제성장간 상호관계연구", 「동남아시아연구」, 18권 2호, 한국동남아학회, 2008.
• 이재현, 「동아시아 지역협력과 한국의 과제」: 한·아세안 전략적 협력을 중심으로, JPI정책포럼, 2009.06.
• 전예원, 「아세안(ASEAN)」 - 경제발전과 경제협력-, 1997.
• 정인교, 『FTA 통상론』율곡출판사, 2008.
• 정호성, 「한국의 기체결 FTA 성과와 향후 선결과제」, 삼성경제연구소, 2009.10.16.
• 조갑제, "ASEAN+3의 발전과정과 동아시아 경제 공동체로의 전망", 「사회과학논총」 제29집 2호, 2010.
• 조환익, 「2011 주요국가 해외투자편람」, KOTRA. 2011.01.

• 채 욱, 「동남아의 분리주의 운동과 갈등관리 : 아세안(ASEAN)의 지역협력방안을 중심으로」, 대외경제정책연구원, 2010.
• 채 욱, 「ASEAN 주요국의 비관세장벽 현황과 대응방안」, 대외경제정책연구원, 2010.
• 천상덕, 「ASEAN 화학산업과 한·ASEAN 협력방향」, 산업출판사, 1995.
• 한국교통연구원, 「ASEAN 국가 교통인프라 수준진단을 통한 효과적 ODA 사업추진방향 연구」, 대외경제정책연구원, 2010.
• 한국무역협회 국제무역연구원, 「한·ASEAN FTA 발효 이후 수출입 동향분석」, 2008.
• 한국무역협회, 「주요국 FTA 동향」, 2011
• 한국수출입은행, 「ASEAN 현황 및 투자환경」, 2011
• 한국수출입은행, 「한·ASEAN FTA 투자협정 체결 및 의의」, 2009.
• 한국무역보험공사, 「싱가포르 정치·경제 동향」, 2011.
• 한국무역보험공사, 「인도네시아 정치·경제 동향」, 2011.
• 한국무역보험공사, 「캄보디아 정치·경제 동향」, 2011.
• 한국무역보험공사, 「필리핀 정치·경제 동향」, 2011.
• 한국해양수산개발원, 「한-아세안 FTA 체결에 따른 수산부문 영향과 대응방안」, 해양수산부, 2005.
• 홍석우, 「한·아세안 FTA 체결이후 수출유망품목의 수출동향」, KTORA, 2011.6.30.
• 홍석우, 「글로벌 비즈니스 리포트」, KOTRA, 2011.
• IIT(Institute for International Trade: 국제무역연구원), 「2011년, 주요국 FTA 추진 동향과 시사점」, 2011.
• KOTRA, 「한·ASEAN FTA 체결이후 수출유망품목의 수출동향」, 2011.
• KOTRA,「FTA Business Week 2011시장진출설명회」, 2011.
• 대외경제정책연구원 http://www.kiep.go.kr/
• 대한무역투자진흥공사 http://www.kotra.or.kr/
• 대한상공회의소 www.korcham.net
• 말레이시아 통상산업부 http://www.miti.gov.my/cms/index.jsp
• 삼성경제연구소 http://www.seri.org/

- 싱가포르 FTA 네트워크 http://www.fta.gov.sg/
- 외교통상부 http://www.mofat.go.kr/
- 외교통상부 자유무역협정 http://www.fta.go.kr/
- 전국경제인연합회 Current Issue http://fta.fki.or.kr/curiss/fta/
- 지식경제부 http://www.mke.go.kr
- 지식경제부 FTA 종합지원포털 http://www.ftahub.go.kr/
- 지식경제부 FTA동향 http://www.mocie.go.kr
- 한국무역협회 http://fta.kita.net/
- 한국무역보험공사 http://www.ksure.or.kr/
- 한국수출입은행 http://www.koreaexim.go.kr/
- 한아세안센터 http://www.aseankorea.org
- LG경제연구원 http://www.lgeri.com/

- APEC Secretariat, Implementing the APEC Vision, Third Report of the Eminent Persons Group, August 1995 (singapore: APEC Secretariat, 1995).
- ASEAN Secretariat, Strengthening the Mechanism of ASEAN, With special Reference to the ASEAN Secretariat, a report prepared for the Asean Standing committee by s panel under the Chairmanship of Tan Sri Ghazali Shafie, 1991.
- ASEAN Secretariat, ASEAN Economic cooperation for the 1990s (Philippines: Philippine Institute for Development Studies and ASEAN Secretariat, 1992), a report prepared for the ASEAN Standing Committee.
- ASEAN Secretariat, ASEAN - An Overview (3rd de) (Jakarta: ASEAN Secretariat, 1991).
- ASEAN Secretariat, Investing in ASEAN (Jakarta: ASEAN Secretariat, 1991).
- Chia Siow Yue (ed), APEC - Challenges and Opportunities (Singapore: ISEAS,1994).
- Chinadaily, "China and Southeast Asia eye world's largest free-trade area", 2 November 2001, http:/www1.chinadaily.com.cn/news/2001-11-02/41900.html.
- Chng Meng kng. "ASEAN's Institutional Structure and Economic Co-Operation" (1990) 6 ASEAN Economic Bulletin.
- Davidson, Paul J, "Regional Economic Zones in the Asia-Pacific: An Economic Law Perspective", in Toh Mun Heng and Linda Low (eds), Regional Cooperation and Growth Triangles in ASEAN (Singapore: Times Academic Press, 1993).
- Davidson, Paul J, "ASEAN Industrial Joint Ventures" (Ottawa: ASEAN Canada Business Council, 1989).
- Dobson, Wendy, and Lee Tsao Yuan, "APEC - Cooperation amidst Diversity" (1994) 10 ASEAN Economic Bulletin.
- Drummond, Stuart, "Fifteen Tears of ASEAN" (1982) Vol XX No 4 Journal of Common Market Studies.
- Elek, Andrew, "Trade Policy Options for the Asia- Pacific region on the 1990's: The Potential of Open regionalism" (1992) 82 American Economic Review.
- Emmerson, Donald K, "ASEAN as an International Regime" (1987) 41 Jour. of

Int'l Affairs.

- Fernandez, Perfecto V, "Law and Culture in the ASEAN: Towards New Structures for Economic-Cultural Development", in Anand, RP and PV-Quisumbing (eds), ASEAN Identity, Development Culture (Manilla: UP Law Centre & EW Center Culture Learning Institute, 1981).
- Garnaut, Ross, "ASEAN and the Regionalization and Globalization of World Trade" (1998) 14 ASEAN Economic Bulletin.
- Gautama, S, "Recognition and Enforcement of Foreign Judgements and Arbitral Awards in the ASEAN Region" (1990) 32 Mal LR.
- Halib, Mohammed and Tim Huxley, An Introduction to Southeast Asian Studies (Singapore: ISEAS, 1996).
- Harworth, Jennifer L, and Mark D Nguyen, "Law and Agreement in APEC", Document II.C.10 in, Davidson, Paul J (ed), trading Arrangements in the Pacific Rim (Oceana Publications Inc.: New York, 1995).
- Hass, Basic Documents of Asian Regional Organisation (Ocean Publications Inc.: New York ,1974), Vol IV.
- Imada, Pearl, and Seiji Naya (eds), AFTA the Way Ahead (Singapore: ISEAS, 1992).
- Ingles, Jose D, "Problems and Progress in Regional Interaction: The Case of ASEAN", in Anand, RP and PV-Quisumbing (eds), ASEAN Identity, Development & Culture (Manilla: UP Law Centre & EW Center Culture Learning Institute, 1981).
- Jackson, John H, The World Trading System - Law and Policy of International Economic Relations (2nd), (Cambridge/London: The MIT Press, 1997).
- Jap Kim Siong, "ASEAN: Recent Development in Trade Preferences and Comprehensive Double Taxation Agreements" (1978) 32 Int'l bureau of Fiscal Documentation.
- Kohona, Palitha TB, "Resolution Under the World Trade Organization: An Overview", in Journal of World Trade (1994) vol 28, no 2.
- Lacanlale, Agerico O, "Community formation in ASEAN's External relations",

in Anand, RP and PV-Quisumblin (eds), ASEAN Identity, Development & Culture (Manilla: UP Law Centre & EW Center Culture Leaning Institute, 1981).

- Lan Luh Luh, "Lehal Aspects of the Proposed East Asian Economic Grouping", in Problems and Problems and Prospects in International Business: Perspectives Form Asia and the Pacific, Conference Proceedings of the Academy of International Business, June 1992.
- Lopez, Carolina Albero, and Jacint Soler Matutes, "Open Regionalism versus Discriminatory Trading Agreements: Institutional and Empirical Analysis" (1998) 14 ASEAN Economic Bulletin.
- Malanczuk, Peter, Akehurst's Modern Introduction to International Law (8th ed) (New York: Routledge, 2001).
- Melchor, Jr, Alejandro, "A Perspective of the Emerging Asia- Pacific Region" (1981) 15 Int'l Lawyer.
- Morrison, Charles E, "Progress and prospects in Foreign Policy and Cooperation Among the ASEAN Countries", in Anand, RP and PV- Quisumbing (eds), ASEAN Identity, Development & Culture (Manilla: UP Law Centre & EW Center Culture Learning Institute, 1981).
- Muntarbhorn, vitit, The Challenge of Law - Legal Cooperation Among ASEAN Countries (Bangkok: Institute of Security and Internationl Studies, Chulalongkorn niv., 1987).
- Oei, Anna, "A Comparative Analysis of Tax Incentives in ASEAN Countries" (1985) 27 Mal LR.
- Page, Timothy I, "The North American Free Trade Agreement and its Implications for Canada's Relationship with the Countries of the Asia- Pacific", paper presented at the Fifth Trade Policy forum, PECC, Kuala Lumpur, August 1991.
- Pelkmans, Jacques, "Institutional requirements of ASEAN with special reference to AFTA", in Pearl Imada and Seiji Naya (eds), AFTA the Way Ahead (Singapore: IAEAS, 1992).
- Petri, Peter A, "AFTA and the Global Track" (1997) 14 ASEAN Economic Bulletin.

- Philippine Institute for Development Studies, ASEAN Economic cooperation for 1990s, A Report Prepared for the ASEAN Standing Committee (Philippines: Philippine Institute for Development Studies and the ASEAN Secretariat, 1992).
- Pourian, Heydar, "The role of Legal Risk in Country Risk Analysis", in Lacey, John R (ed), The Law and Policy of International Business (Lanham, Maryland: University Press of America 1991),
- Quisumbing, Purification Valera, "Can ASEAN Forge a Legal Regime for Regional Cooperation?" (1981) 56 Philippine law Journal. Also published as "Problems and Prospects of ASEAN Law: Towards a framework for Regional Dispute Settlement", in RP Anand, and PV_Quisumbing (eds), ASEAN Identity, Development & Culture (Manilla: UP Law Centre & EW Center Culture learning Institute, 1981).
- Quisumbing, Purification Valera, and Elizabeth Aguiling-Pangalangan, Vital ASEAN Documents, 1967-1984, ASEAN regional Law Series Vol 1 (Manilla: Academy of ASEAN Law and Jurisprudence, 1985).
- Sandhu, Ks, et al (eds), The ASEAN Reader (Singapore: ISEAS, 1992).
- Santiago, Joseph Sedfrey S, "The ASEAN Free Trade Area (AFTA): Preliminary Legal Implications for the Philippines", paper presented at the 1992 ASEAN Law Association Conference.
- Santiago, Joseph Sedfrey S, "A Postscript to AFTA's False Start: The loss of Sovereignty Issue" (1995) 12 ASEAN Economic Bulletin.
- Shafie, Tan Sri Ghazali, et al."Strengthening the Structure and Mechanism of ASEAN, with Special Reference to the ASEAN Secretariat", report prepared for the Asean Standing Committee, July 1991.
- Shaun Seow and Phua kok Kim, "Apec to focus on freer trade for region", Straits Times, 12 September 1992.
- Shenoy, George TL, "The Emergence of a Legal Framework for Economic Policy in ASEAN" (1987) 29 Mal LR.
- Solidum, Estrella, "An ASAEAN Perspective on the Decision-Making Process in the European Community", in Purificacion V Quisumbing and Benjamin B Domingo (eds), EEC and ASEAN: Two Regional Community Experiences

(Manila: Foreign Service Institute and UP Law Center, 1983).

- Starke, JG, "The ASEAN Association as an entity of international law" (1983) 57 Aust LJ.
- Toh Mun Heng and Linda Low (eds), Regional Cooperation and Growth Triangles in ASEAN (Singapore: Times Academic Press, 1993).
- United Nations, Economic Cooperation for ASEAN, Report of a United Nations Study Team on ASEAN Economic Cooperation (United Nations, 1973).

CHARTER OF THE ASSOCIATION OF SOUTHEAST ASIAN NATIONS

PREAMBLE

WE, THE PEOPLES of the Member States of the Association of Southeast Asian Nations (ASEAN), as represented by the Heads of State or Government of Brunei Darussalam, the Kingdom of Cambodia, the Republic of Indonesia, the Lao People's Democratic Republic, Malaysia, the Union of Myanmar, the Republic of the Philippines, the Republic of Singapore, the Kingdom of Thailand and the Socialist Republic of Viet Nam:

NOTING with satisfaction the significant achievements and expansion of ASEAN since its establishment in Bangkok through the promulgation of The ASEAN Declaration;

RECALLING the decisions to establish an ASEAN Charter in the Vientiane Action Programme, the Kuala Lumpur Declaration on the Establishment of the ASEAN Charter and the Cebu Declaration on the Blueprint of the ASEAN Charter;

MINDFUL of the existence of mutual interests and interdependence among the peoples and Member States of ASEAN which are bound by geography, common objectives and shared destiny;

INSPIRED by and united under One Vision, One Identity and One Caring and Sharing Community;

UNITED by a common desire and collective will to live in a region of lasting peace, security and stability, sustained economic growth, shared prosperity and social progress, and to promote our vital interests, ideals and aspirations;

RESPECTING the fundamental importance of amity and cooperation, and the principles of sovereignty, equality, territorial integrity, non-interference, consensus and unity in diversity;

ADHERING to the principles of democracy, the rule of law and good governance, respect for and protection of human rights and fundamental freedoms;

RESOLVED to ensure sustainable development for the benefit of present and future generations and to place the well-being, livelihood and welfare of the peoples at the centre of the ASEAN community building process;

CONVINCED of the need to strengthen existing bonds of regional solidarity to realise an ASEAN Community that is politically cohesive, economically integrated and socially responsible in order to effectively respond to current and future challenges and opportunities;

COMMITTED to intensifying community building through enhanced regional cooperation and integration, in particular by establishing an ASEAN Community comprising the ASEAN Security Community, the ASEAN Economic Community and the ASEAN Socio-Cultural Community, as provided for in the Bali Declaration of ASEAN Concord II;

HEREBY DECIDE to establish, through this Charter, the legal and institutional framework for ASEAN,

AND TO THIS END, the Heads of State or Government of the Member States of ASEAN, assembled in Singapore on the historic occasion of the 40th anniversary of the founding of ASEAN, have agreed to this Charter.

CHAPTER I
PURPOSES AND PRINCIPLES

ARTICLE 1
PURPOSES

The Purposes of ASEAN are:

1. To maintain and enhance peace, security and stability and further strengthen peace-oriented values in the region;

2. To enhance regional resilience by promoting greater political, security, economic and socio-cultural cooperation;

3. To preserve Southeast Asia as a Nuclear Weapon-Free Zone and free of all other weapons of mass destruction;

4. To ensure that the peoples and Member States of ASEAN live in peace with the world at large in a just, democratic and harmonious environment;

5. To create a single market and production base which is stable, prosperous, highly competitive and economically integrated with effective facilitation for trade and investment in which there is free flow of goods, services and investment; facilitated movement of business persons, professionals, talents and labour; and freer flow of capital;

6. To alleviate poverty and narrow the development gap within ASEAN through mutual assistance and cooperation;

7. To strengthen democracy, enhance good governance and the rule of law, and to promote and protect human rights and fundamental freedoms, with due regard to the rights and responsibilities of the Member States of ASEAN;

8. To respond effectively, in accordance with the principle of comprehensive security, to all forms of threats, transnational crimes and transboundary challenges;

9. To promote sustainable development so as to ensure the protection of the region's environment, the sustainability of its natural resources, the preservation of its cultural heritage and the high quality of life of its peoples;

10. To develop human resources through closer cooperation in education and life-long learning, and in science and technology, for the empowerment of the peoples of ASEAN and for the strengthening of the ASEAN Community;

11. To enhance the well-being and livelihood of the peoples of ASEAN by providing them with equitable access to opportunities for human development, social welfare and justice;

12. To strengthen cooperation in building a safe, secure and drug-free environment for the peoples of ASEAN;

13. To promote a people-oriented ASEAN in which all sectors of society are encouraged to participate in, and benefit from, the process of ASEAN integration and community building;

14. To promote an ASEAN identity through the fostering of greater awareness of the diverse culture and heritage of the region; and

15. To maintain the centrality and proactive role of ASEAN as the primary driving force in its relations and cooperation with its external partners in a regional architecture that is open, transparent and inclusive.

ARTICLE 2
PRINCIPLES

1. In pursuit of the Purposes stated in Article 1, ASEAN and its Member States reaffirm and adhere to the fundamental principles contained in the declarations, agreements, conventions, concords, treaties and other instruments of ASEAN.

2. ASEAN and its Member States shall act in accordance with the following Principles:

(a) respect for the independence, sovereignty, equality, territorial integrity and national identity of all ASEAN Member States;

(b) shared commitment and collective responsibility in enhancing regional peace, security and prosperity;

(c) renunciation of aggression and of the threat or use of force or other actions in any manner inconsistent with international law;

(d) reliance on peaceful settlement of disputes;

(e) non-interference in the internal affairs of ASEAN Member States;

(f) respect for the right of every Member State to lead its national existence free from external interference, subversion and coercion;

(g) enhanced consultations on matters seriously affecting the common interest of ASEAN;

(h) adherence to the rule of law, good governance, the principles of democracy and constitutional government;

(i) respect for fundamental freedoms, the promotion and protection of human rights, and the promotion of social justice;

(j) upholding the United Nations Charter and international law, including international humanitarian law, subscribed to by ASEAN Member States;

(k) abstention from participation in any policy or activity, including the use of its territory, pursued by any ASEAN Member State or non-ASEAN State or any non-State actor, which threatens the sovereignty, territorial integrity or political and economic stability of ASEAN Member States;

(l) respect for the different cultures, languages and religions of the peoples of ASEAN, while emphasising their common values in the spirit of unity in diversity;

(m) the centrality of ASEAN in external political, economic, social and cultural relations while remaining actively engaged, outward-looking, inclusive and non-discriminatory; and

(n) adherence to multilateral trade rules and ASEAN's rules-based regimes for effective implementation of economic commitments and progressive reduction towards elimination of all barriers to regional economic integration, in a market-driven economy.

CHAPTER II
LEGAL PERSONALITY

ARTICLE 3
LEGAL PERSONALITY OF ASEAN

ASEAN, as an inter-governmental organisation, is hereby conferred legal personality.

CHAPTER III
MEMBERSHIP

ARTICLE 4
MEMBER STATES

The Member States of ASEAN are Brunei Darussalam, the Kingdom of Cambodia, the Republic of Indonesia, the Lao People's Democratic Republic, Malaysia, the Union of Myanmar, the Republic of the Philippines, the Republic of Singapore, the Kingdom of Thailand and the Socialist Republic of Viet Nam.

ARTICLE 5
RIGHTS AND OBLIGATIONS

1. Member States shall have equal rights and obligations under this Charter.

2. Member States shall take all necessary measures, including the enactment of appropriate domestic legislation, to effectively implement the provisions of this Charter and to comply with all obligations of membership.

3. In the case of a serious breach of the Charter or non-compliance, the matter shall be referred to Article 20.

ARTICLE 6
ADMISSION OF NEW MEMBERS

1. The procedure for application and admission to ASEAN shall be prescribed by the ASEAN Coordinating Council.

2. Admission shall be based on the following criteria:

(a) location in the recognised geographical region of Southeast Asia;

(b) recognition by all ASEAN Member States;

(c) agreement to be bound and to abide by the Charter; and

(d) ability and willingness to carry out the obligations of Membership.

3. Admission shall be decided by consensus by the ASEAN Summit, upon the recommendation of the ASEAN Coordinating Council.

4. An applicant State shall be admitted to ASEAN upon signing an Instrument of Accession to the Charter.

CHAPTER IV
ORGANS

ARTICLE 7
ASEAN SUMMIT

1. The ASEAN Summit shall comprise the Heads of State or Government of the Member States.

2. The ASEAN Summit shall:

(a) be the supreme policy-making body of ASEAN;

(b) deliberate, provide policy guidance and take decisions on key issues pertaining to the realisation of the objectives of ASEAN, important matters of interest to Member States and all issues referred to it by the ASEAN Coordinating Council, the ASEAN Community Councils and ASEAN Sectoral Ministerial Bodies;

(c) instruct the relevant Ministers in each of the Councils concerned to hold ad hoc inter-Ministerial meetings, and address important issues concerning ASEAN that cut across the Community Councils. Rules of procedure for such meetings shall be adopted by the ASEAN Coordinating Council;

(d) address emergency situations affecting ASEAN by taking appropriate actions;

(e) decide on matters referred to it under Chapters VII and VIII;

(f) authorise the establishment and the dissolution of Sectoral Ministerial Bodies and other ASEAN institutions; and

(g) appoint the Secretary-General of ASEAN, with the rank and status of Minister, who will serve with the confidence and at the pleasure of the Heads of State or Government upon the recommendation of the ASEAN Foreign Ministers Meeting.

3. ASEAN Summit Meetings shall be:

(a) held twice annually, and be hosted by the Member State holding the ASEAN Chairmanship; and

(b) convened, whenever necessary, as special or ad hoc meetings to be chaired by the Member State holding the ASEAN Chairmanship, at venues to be agreed upon by ASEAN Member States.

ARTICLE 8
ASEAN COORDINATING COUNCIL

1. The ASEAN Coordinating Council shall comprise the ASEAN Foreign Ministers and meet at least twice a year.

2. The ASEAN Coordinating Council shall:

(a) prepare the meetings of the ASEAN Summit;

(b) coordinate the implementation of agreements and decisions of the ASEAN Summit;

(c) coordinate with the ASEAN Community Councils to enhance policy coherence, efficiency and cooperation among them;

(d) coordinate the reports of the ASEAN Community Councils to the ASEAN Summit;

(e) consider the annual report of the Secretary-General on the work of ASEAN;

(f) consider the report of the Secretary-General on the functions and operations of the ASEAN Secretariat and other relevant bodies;

(g) approve the appointment and termination of the Deputy Secretaries-General upon the recommendation of the Secretary-General; and

(h) undertake other tasks provided for in this Charter or such other functions as may be assigned by the ASEAN Summit.

3. The ASEAN Coordinating Council shall be supported by the relevant senior officials.

ARTICLE 9
ASEAN COMMUNITY COUNCILS

1. The ASEAN Community Councils shall comprise the ASEAN Political-Security Community Council, ASEAN Economic Community Council, and ASEAN Socio-Cultural Community Council.

2. Each ASEAN Community Council shall have under its purview the relevant ASEAN Sectoral Ministerial Bodies.

3. Each Member State shall designate its national representation for each ASEAN Community Council meeting.

4. In order to realise the objectives of each of the three pillars of the ASEAN Community, each ASEAN Community Council shall:

(a) ensure the implementation of the relevant decisions of the ASEAN Summit;

(b) coordinate the work of the different sectors under its purview, and on issues which cut across the other Community Councils; and

(c) submit reports and recommendations to the ASEAN Summit on matters under its purview.

5. Each ASEAN Community Council shall meet at least twice a year and shall be chaired by the appropriate Minister from the Member State holding the ASEAN Chairmanship.

6. Each ASEAN Community Council shall be supported by the relevant senior officials.

ARTICLE 10
ASEAN SECTORAL MINISTERIAL BODIES

1. ASEAN Sectoral Ministerial Bodies shall:

(a) function in accordance with their respective established mandates;

(b) implement the agreements and decisions of the ASEAN Summit under their respective purview;

(c) strengthen cooperation in their respective fields in support of ASEAN integration and community building; and

(d) submit reports and recommendations to their respective Community Councils.

2. Each ASEAN Sectoral Ministerial Body may have under its purview the relevant senior officials and subsidiary bodies to undertake its functions as contained in Annex 1. The Annex may be updated by the Secretary-General of ASEAN upon the recommendation of the Committee of Permanent Representatives without recourse to the provision on Amendments under this Charter.

ARTICLE 11
SECRETARY-GENERAL OF ASEAN AND ASEAN SECRETARIAT

1. The Secretary-General of ASEAN shall be appointed by the ASEAN Summit for a non-renewable term of office of five years, selected from among nationals of the ASEAN Member States based on alphabetical rotation, with due consideration to integrity, capability and professional experience, and gender equality.

2. The Secretary-General shall:

(a) carry out the duties and responsibilities of this high office in accordance with the provisions of this Charter and relevant ASEAN instruments, protocols and established practices;

(b) facilitate and monitor progress in the implementation of ASEAN agreements and decisions, and submit an annual report on the work of ASEAN to the ASEAN Summit;

(c) participate in meetings of the ASEAN Summit, the ASEAN Community Councils, the ASEAN

Coordinating Council, and ASEAN Sectoral Ministerial Bodies and other relevant ASEAN meetings;

(d) present the views of ASEAN and participate in meetings with external parties in accordance with approved policy guidelines and mandate given to the Secretary-General; and

(e) recommend the appointment and termination of the Deputy Secretaries-General to the ASEAN Coordinating Council for approval.

3. The Secretary-General shall also be the Chief Administrative Officer of ASEAN.

4. The Secretary-General shall be assisted by four Deputy Secretaries-General with the rank and status of Deputy Ministers. The Deputy Secretaries-General shall be accountable to the Secretary-General in carrying out their functions.

5. The four Deputy Secretaries-General shall be of different nationalities from the Secretary-General and shall come from four different ASEAN Member States.

6. The four Deputy Secretaries-General shall comprise:

(a) two Deputy Secretaries-General who will serve a non-renewable term of three years, selected from among nationals of the ASEAN Member States based on alphabetical rotation, with due consideration to integrity, qualifications, competence, experience and gender equality; and

(b) two Deputy Secretaries-General who will serve a term of three years, which may be renewed for another three years. These two Deputy Secretaries-General shall be openly recruited based on merit.

7. The ASEAN Secretariat shall comprise the Secretary-General and such staff as may be required.

8. The Secretary-General and the staff shall:

(a) uphold the highest standards of integrity, efficiency, and competence in the performance of their duties;

(b) not seek or receive instructions from any government or external party outside of ASEAN; and

(c) refrain from any action which might reflect on their position as ASEAN Secretariat officials responsible only to ASEAN.

9. Each ASEAN Member State undertakes to respect the exclusively ASEAN character of the responsibilities of the Secretary-General and the staff, and not to seek to influence them in the discharge of their responsibilities.

ARTICLE 12
COMMITTEE OF PERMANENT REPRESENTATIVES TO ASEAN

1. Each ASEAN Member State shall appoint a Permanent Representative to ASEAN with the rank of Ambassador based in Jakarta.

2. The Permanent Representatives collectively constitute a Committee of Permanent Representatives, which shall:

(a) support the work of the ASEAN Community Councils and ASEAN Sectoral Ministerial Bodies;

(b) coordinate with ASEAN National Secretariats and other ASEAN Sectoral Ministerial Bodies;

(c) liaise with the Secretary-General of ASEAN and the ASEAN Secretariat on all subjects relevant to its work;

(d) facilitate ASEAN cooperation with external partners; and

(e) perform such other functions as may be determined by the ASEAN Coordinating Council.

ARTICLE 13
ASEAN NATIONAL SECRETARIATS

Each ASEAN Member State shall establish an ASEAN National Secretariat which shall:

(a) serve as the national focal point;

(b) be the repository of information on all ASEAN matters at the national level;

(c) coordinate the implementation of ASEAN decisions at the national level;

(d) coordinate and support the national preparations of ASEAN meetings;

(e) promote ASEAN identity and awareness at the national level; and

(f) contribute to ASEAN community building.

ARTICLE 14
ASEAN HUMAN RIGHTS BODY

1. In conformity with the purposes and principles of the ASEAN Charter relating to the promotion and protection of human rights and fundamental freedoms, ASEAN shall establish an ASEAN human rights body.

2. This ASEAN human rights body shall operate in accordance with the terms of reference to be determined by the ASEAN Foreign Ministers Meeting.

ARTICLE 15
ASEAN FOUNDATION

1. The ASEAN Foundation shall support the Secretary-General of ASEAN and collaborate with the relevant ASEAN bodies to support ASEAN community building by promoting greater awareness of the ASEAN identity, people-to-people interaction, and close collaboration among the business sector, civil society, academia and other stakeholders in ASEAN.

2. The ASEAN Foundation shall be accountable to the Secretary-General of ASEAN, who shall submit its report to the ASEAN Summit through the ASEAN Coordinating Council.

CHAPTER V
ENTITIES ASSOCIATED WITH ASEAN

ARTICLE 16
ENTITIES ASSOCIATED WITH ASEAN

1. ASEAN may engage with entities which support the ASEAN Charter, in particular its purposes and principles. These associated entities are listed in Annex 2.

2. Rules of procedure and criteria for engagement shall be prescribed by the Committee of Permanent Representatives upon the recommendation of the Secretary-General of ASEAN.

3. Annex 2 may be updated by the Secretary-General of ASEAN upon the recommendation of the Committee of Permanent Representatives without recourse to the provision on Amendments under this Charter.

CHAPTER VI
IMMUNITIES AND PRIVILEGES

ARTICLE 17
IMMUNITIES AND PRIVILEGES OF ASEAN

1. ASEAN shall enjoy in the territories of the Member States such immunities and privileges as are necessary for the fulfilment of its purposes.

2. The immunities and privileges shall be laid down in separate agreements between ASEAN and the host Member State.

ARTICLE 18
IMMUNITIES AND PRIVILEGES OF THE SECRETARY-GENERAL OF ASEAN AND STAFF OF THE ASEAN SECRETARIAT

1. The Secretary-General of ASEAN and staff of the ASEAN Secretariat participating in official ASEAN activities or representing ASEAN in the Member States shall enjoy such immunities and privileges as are necessary for the independent exercise of their functions.

2. The immunities and privileges under this Article shall be laid down in a separate ASEAN agreement.

ARTICLE 19
IMMUNITIES AND PRIVILEGES OF THE PERMANENT REPRESENTATIVES AND OFFICIALS ON ASEAN DUTIES

1. The Permanent Representatives of the Member States to ASEAN and officials of the Member States participating in official ASEAN activities or representing ASEAN in the Member

States shall enjoy such immunities and privileges as are necessary for the exercise of their functions.

2. The immunities and privileges of the Permanent Representatives and officials on ASEAN duties shall be governed by the 1961 Vienna Convention on Diplomatic Relations or in accordance with the national law of the ASEAN Member State concerned.

CHAPTER VII
DECISION-MAKING

ARTICLE 20
CONSULTATION AND CONSENSUS

1. As a basic principle, decision-making in ASEAN shall be based on consultation and consensus.

2. Where consensus cannot be achieved, the ASEAN Summit may decide how a specific decision can be made.

3. Nothing in paragraphs 1 and 2 of this Article shall affect the modes of decision-making as contained in the relevant ASEAN legal instruments.

4. In the case of a serious breach of the Charter or non-compliance, the matter shall be referred to the ASEAN Summit for decision.

ARTICLE 21
IMPLEMENTATION AND PROCEDURE

1. Each ASEAN Community Council shall prescribe its own rules of procedure.

2. In the implementation of economic commitments, a formula for flexible participation, including the ASEAN Minus X formula, may be applied where there is a consensus to do so.

CHAPTER VIII
SETTLEMENT OF DISPUTES

ARTICLE 22
GENERAL PRINCIPLES

1. Member States shall endeavour to resolve peacefully all disputes in a timely manner through dialogue, consultation and negotiation.

2. ASEAN shall maintain and establish dispute settlement mechanisms in all fields of ASEAN cooperation.

ARTICLE 23
GOOD OFFICES, CONCILIATION AND MEDIATION

1. Member States which are parties to a dispute may at any time agree to resort to good offices, conciliation or mediation in order to resolve the dispute within an agreed time limit.

2. Parties to the dispute may request the Chairman of ASEAN or the Secretary-General of ASEAN, acting in an ex-officio capacity, to provide good offices, conciliation or mediation.

ARTICLE 24
DISPUTE SETTLEMENT MECHANISMS IN SPECIFIC INSTRUMENTS

1. Disputes relating to specific ASEAN instruments shall be settled through the mechanisms and procedures provided for in such instruments.

2. Disputes which do not concern the interpretation or application of any ASEAN instrument shall be resolved

peacefully in accordance with the Treaty of Amity and Cooperation in Southeast Asia and its rules of procedure.

3. Where not otherwise specifically provided, disputes which concern the interpretation or application of ASEAN economic agreements shall be settled in accordance with the ASEAN Protocol on Enhanced Dispute Settlement Mechanism.

ARTICLE 25
ESTABLISHMENT OF DISPUTE SETTLEMENT MECHANISMS

Where not otherwise specifically provided, appropriate dispute settlement mechanisms, including arbitration, shall be established for disputes which concern the interpretation or application of this Charter and other ASEAN instruments.

ARTICLE 26
UNRESOLVED DISPUTES

When a dispute remains unresolved, after the application of the preceding provisions of this Chapter, this dispute shall be referred to the ASEAN Summit, for its decision.

ARTICLE 27
COMPLIANCE

1. The Secretary-General of ASEAN, assisted by the ASEAN Secretariat or any other designated ASEAN body, shall monitor the compliance with the findings, recommendations or decisions resulting from an ASEAN dispute settlement mechanism, and submit a report to the ASEAN Summit.

2. Any Member State affected by non-compliance with the findings, recommendations or decisions resulting from an

ASEAN dispute settlement mechanism, may refer the matter to the ASEAN Summit for a decision.

ARTICLE 28
UNITED NATIONS CHARTER PROVISIONS AND OTHER RELEVANT INTERNATIONAL PROCEDURES

Unless otherwise provided for in this Charter, Member States have the right of recourse to the modes of peaceful settlement contained in Article 33(1) of the Charter of the United Nations or any other international legal instruments to which the disputing Member States are parties.

CHAPTER IX
BUDGET AND FINANCE

ARTICLE 29
GENERAL PRINCIPLES

1. ASEAN shall establish financial rules and procedures in accordance with international standards.

2. ASEAN shall observe sound financial management policies and practices and budgetary discipline.

3. Financial accounts shall be subject to internal and external audits.

ARTICLE 30
OPERATIONAL BUDGET AND FINANCES OF THE ASEAN SECRETARIAT

1. The ASEAN Secretariat shall be provided with the necessary financial resources to perform its functions effectively.

2. The operational budget of the ASEAN Secretariat shall be met by ASEAN Member States through equal annual contributions which shall be remitted in a timely manner.

3. The Secretary-General shall prepare the annual operational budget of the ASEAN Secretariat for approval by the ASEAN Coordinating Council upon the recommendation of the Committee of Permanent Representatives.

4. The ASEAN Secretariat shall operate in accordance with the financial rules and procedures determined by the ASEAN Coordinating Council upon the recommendation of the Committee of Permanent Representatives.

CHAPTER X
ADMINISTRATION AND PROCEDURE

ARTICLE 31
CHAIRMAN OF ASEAN

1. The Chairmanship of ASEAN shall rotate annually, based on the alphabetical order of the English names of Member States.

2. ASEAN shall have, in a calendar year, a single Chairmanship by which the Member State assuming the Chairmanship shall chair:

(a) the ASEAN Summit and related summits;

(b) the ASEAN Coordinating Council;

(c) the three ASEAN Community Councils;

(d) where appropriate, the relevant ASEAN Sectoral Ministerial Bodies and senior officials; and

(e) the Committee of Permanent Representatives.

ARTICLE 32
ROLE OF THE CHAIRMAN OF ASEAN

The Member State holding the Chairmanship of ASEAN shall:

(a) actively promote and enhance the interests and well-being of ASEAN, including efforts to build an ASEAN Community through policy initiatives, coordination, consensus and cooperation;

(b) ensure the centrality of ASEAN;

(c) ensure an effective and timely response to urgent issues or crisis situations affecting ASEAN, including providing its good offices and such other arrangements to immediately address these concerns;

(d) represent ASEAN in strengthening and promoting closer relations with external partners; and

(e) carry out such other tasks and functions as may be mandated.

ARTICLE 33
DIPLOMATIC PROTOCOL AND PRACTICES

ASEAN and its Member States shall adhere to existing diplomatic protocol and practices in the conduct of all activities relating to ASEAN. Any changes shall be approved by the ASEAN Coordinating Council upon the recommendation of the Committee of Permanent Representatives.

ARTICLE 34
WORKING LANGUAGE OF ASEAN

The working language of ASEAN shall be English.

CHAPTER XI
IDENTITY AND SYMBOLS

ARTICLE 35
ASEAN IDENTITY

ASEAN shall promote its common ASEAN identity and a sense of belonging among its peoples in order to achieve its shared destiny, goals and values.

ARTICLE 36
ASEAN MOTTO

The ASEAN motto shall be: "*One Vision, One Identity, One Community*"

ARTICLE 37
ASEAN FLAG

The ASEAN flag shall be as shown in Annex 3.

ARTICLE 38
ASEAN EMBLEM

The ASEAN emblem shall be as shown in Annex 4.

ARTICLE 39
ASEAN DAY

The eighth of August shall be observed as ASEAN Day.

ARTICLE 40
ASEAN ANTHEM

ASEAN shall have an anthem.

CHAPTER XII

EXTERNAL RELATIONS

ARTICLE 41

CONDUCT OF EXTERNAL RELATIONS

1. ASEAN shall develop friendly relations and mutually beneficial dialogue, cooperation and partnerships with countries and sub-regional, regional and international organisations and institutions.

2. The external relations of ASEAN shall adhere to the purposes and principles set forth in this Charter.

3. ASEAN shall be the primary driving force in regional arrangements that it initiates and maintain its centrality in regional cooperation and community building.

4. In the conduct of external relations of ASEAN, Member States shall, on the basis of unity and solidarity, coordinate and endeavour to develop common positions and pursue joint actions.

5. The strategic policy directions of ASEAN's external relations shall be set by the ASEAN Summit upon the recommendation of the ASEAN Foreign Ministers Meeting.

6. The ASEAN Foreign Ministers Meeting shall ensure consistency and coherence in the conduct of ASEAN's external relations.

7. ASEAN may conclude agreements with countries or sub-regional, regional and international organisations and institutions. The procedures for concluding such agreements

shall be prescribed by the ASEAN Coordinating Council in consultation with the ASEAN Community Councils.

ARTICLE 42
DIALOGUE COORDINATOR

1. Member States, acting as Country Coordinators, shall take turns to take overall responsibility in coordinating and promoting the interests of ASEAN in its relations with the relevant Dialogue Partners, regional and international organisations and institutions.

2. In relations with the external partners, the Country Coordinators shall, inter alia:

(a) represent ASEAN and enhance relations on the basis of mutual respect and equality, in conformity with ASEAN's principles;

(b) co-chair relevant meetings between ASEAN and external partners; and

(c) be supported by the relevant ASEAN Committees in Third Countries and International Organisations.

ARTICLE 43
ASEAN COMMITTEES IN THIRD COUNTRIES AND INTERNATIONAL ORGANISATIONS

1. ASEAN Committees in Third Countries may be established in non-ASEAN countries comprising heads of diplomatic missions of ASEAN Member States. Similar Committees may be established relating to international organisations. Such Committees shall promote ASEAN's interests and identity in the host countries and international organisations.

2. The ASEAN Foreign Ministers Meeting shall determine the rules of procedure of such Committees.

ARTICLE 44
STATUS OF EXTERNAL PARTIES

1. In conducting ASEAN's external relations, the ASEAN Foreign Ministers Meeting may confer on an external party the formal status of Dialogue Partner, Sectoral Dialogue Partner, Development Partner, Special Observer, Guest, or other status that may be established henceforth.

2. External parties may be invited to ASEAN meetings or cooperative activities without being conferred any formal status, in accordance with the rules of procedure.

ARTICLE 45
RELATIONS WITH THE UNITED NATIONS SYSTEM AND OTHER INTERNATIONAL ORGANISATIONS AND INSTITUTIONS

1. ASEAN may seek an appropriate status with the United Nations system as well as with other sub-regional, regional, international organisations and institutions.

2. The ASEAN Coordinating Council shall decide on the participation of ASEAN in other sub-regional, regional, international organisations and institutions.

ARTICLE 46
ACCREDITATION OF NON-ASEAN MEMBER STATES TO ASEAN

Non-ASEAN Member States and relevant inter-governmental organisations may appoint and accredit Ambassadors to ASEAN. The ASEAN Foreign Ministers Meeting shall decide on such accreditation.

CHAPTER XIII
GENERAL AND FINAL PROVISIONS

ARTICLE 47
SIGNATURE, RATIFICATION, DEPOSITORY AND ENTRY INTO FORCE

1. This Charter shall be signed by all ASEAN Member States.
2. This Charter shall be subject to ratification by all ASEAN Member States in accordance with their respective internal procedures.

3. Instruments of ratification shall be deposited with the Secretary-General of ASEAN who shall promptly notify all Member States of each deposit.

4. This Charter shall enter into force on the thirtieth day following the date of deposit of the tenth instrument of ratification with the Secretary-General of ASEAN.

ARTICLE 48
AMENDMENTS

1. Any Member State may propose amendments to the Charter.

2. Proposed amendments to the Charter shall be submitted by the ASEAN Coordinating Council by consensus to the ASEAN Summit for its decision.

3. Amendments to the Charter agreed to by consensus by the ASEAN Summit shall be ratified by all Member States in accordance with Article 47.

4. An amendment shall enter into force on the thirtieth day following the date of deposit of the last instrument of ratification with the Secretary-General of ASEAN.

ARTICLE 49
TERMS OF REFERENCE AND RULES OF PROCEDURE

Unless otherwise provided for in this Charter, the ASEAN Coordinating Council shall determine the terms of reference and rules of procedure and shall ensure their consistency.

ARTICLE 50
REVIEW

This Charter may be reviewed five years after its entry into force or as otherwise determined by the ASEAN Summit.

ARTICLE 51
INTERPRETATION OF THE CHARTER

1. Upon the request of any Member State, the interpretation of the Charter shall be undertaken by the ASEAN Secretariat in accordance with the rules of procedure determined by the ASEAN Coordinating Council.

2. Any dispute arising from the interpretation of the Charter shall be settled in accordance with the relevant provisions in Chapter VIII.

3. Headings and titles used throughout the Charter shall only be for the purpose of reference.

ARTICLE 52
LEGAL CONTINUITY

1. All treaties, conventions, agreements, concords, declarations, protocols and other ASEAN instruments which have been in effect before the entry into force of this Charter shall continue to be valid.

2. In case of inconsistency between the rights and obligations of ASEAN Member States under such instruments and this Charter, the Charter shall prevail.

ARTICLE 53
ORIGINAL TEXT

The signed original text of this Charter in English shall be deposited with the Secretary-General of ASEAN, who shall provide a certified copy to each Member State.

ARTICLE 54
REGISTRATION OF THE ASEAN CHARTER

This Charter shall be registered by the Secretary-General of ASEAN with the Secretariat of the United Nations, pursuant to Article 102, paragraph 1 of the Charter of the United Nations.

ARTICLE 55
ASEAN ASSETS

The assets and funds of the Organisation shall be vested in the name of ASEAN.

Done in Singapore on the Twentieth Day of November in the Year Two Thousand and Seven, in a single original in the English language.

For Brunei Darussalam:

HAJI HASSANAL BOLKIAH
Sultan of Brunei Darussalam

For the Kingdom of Cambodia:

SAMDECH HUN SEN
Prime Minister

For the Republic of Indonesia:

DR. SUSILO BAMBANG YUDHOYONO
President

For the Lao People's Democratic Republic:

BOUASONE BOUPHAVANH
Prime Minister

For Malaysia:

DATO' SERI ABDULLAH AHMAD BADAWI
Prime Minister

For the Union of Myanmar:

GENERAL THEIN SEIN
Prime Minister

For the Republic of the Philippines:

GLORIA MACAPAGAL-ARROYO
President

For the Republic of Singapore:

LEE HSIEN LOONG
Prime Minister

For the Kingdom of Thailand:

GENERAL SURAYUD CHULANONT (RET.)
Prime Minister

For the Socialist Republic of Viet Nam:

NGUYEN TAN DUNG
Prime Minister

AGREEMENT ON DISPUTE SETTLEMENT MECHANISM

UNDER THE FRAMEWORK AGREEMENT

ON COMPREHENSIVE ECONOMIC COOPERATION

AMONG THE GOVERNMENTS OF THE REPUBLIC OF KOREA

AND

THE MEMBER COUNTRIES OF THE ASSOCIATION OF SOUTHEAST ASIAN NATIONS

The Governments of the Republic of Korea, Brunei Darussalam, the Kingdom of Cambodia, the Republic of Indonesia, the Lao People's Democratic Republic, Malaysia, the Union of Myanmar, the Republic of the Philippines, the Republic of Singapore, the Kingdom of Thailand and the Socialist Republic of Vietnam, Member Countries of the Association of Southeast Asian Nations,

RECALLING the Framework Agreement on Comprehensive Economic Cooperation among the Governments of the Republic of Korea and the Member Countries of the Association of Southeast Asian Nations signed in Kuala Lumpur, Malaysia on the thirteenth day of December 2005; and

FURTHER RECALLING Article 5.1 of the Framework Agreement, which provides for the dispute settlement procedures and mechanism for the Framework Agreement and any other Agreement to be concluded thereunder,

HAVE AGREED as follows:

Article 1
Definitions

For the purposes of this Agreement, unless the context otherwise requires:

Korea means the Republic of Korea;

ASEAN means the Association of Southeast Asian Nations which comprises of Brunei Darussalam, the Kingdom of Cambodia, the Republic of Indonesia, the Lao People's Democratic Republic, Malaysia, the Union of Myanmar, the Republic of the Philippines, the Republic of Singapore, the Kingdom of Thailand and the Socialist Republic of Vietnam;

ASEAN Member Countries means Brunei Darussalam, the Kingdom of Cambodia, the Republic of Indonesia, the Lao People's Democratic Republic, Malaysia, the Union of Myanmar, the Republic of the Philippines, the Republic of Singapore, the Kingdom of Thailand and the Socialist Republic of Vietnam collectively;

ASEAN Member Country means Brunei Darussalam, the Kingdom of Cambodia, the Republic of Indonesia, the Lao People's Democratic Republic, Malaysia, the Union of Myanmar, the Republic of the Philippines, the Republic of Singapore, the Kingdom of Thailand or the Socialist Republic of Vietnam individually;

chair means the member of an arbitral panel who serves as the chair of the arbitral panel;

complaining party means any Party that requests consultations under paragraph 1 of Article 3;

covered agreements means:

(a) the Framework Agreement;

(b) the Agreement on Trade in Goods under the Framework Agreement;

(c) this Agreement;

(d) any agreement to be concluded among the Parties pursuant to the relevant provisions of the Framework Agreement unless provided otherwise therein;

days means calendar days, including weekends and holidays;

Framework Agreement means the Framework Agreement on Comprehensive Economic Cooperation among the Governments of the Republic of Korea and the ASEAN Member Countries;

Parties means Korea and the ASEAN Member Countries collectively;

parties to a dispute, or **parties to the dispute** means both the complaining party and the party complained against;

Party means Korea or an ASEAN Member Country;

party complained against means any Party to which the request for consultations is made under paragraph 1 of Article 3;

third party means a Party, other than the parties to a dispute, that delivers a written notice in accordance with Article 7; and

WTO means the World Trade Organisation.

Article 2
Coverage and Application

1. This Agreement shall apply with respect to the avoidance or settlement of all disputes arising between the Parties under the covered agreements. Unless otherwise provided in this Agreement or any other covered agreement, this Agreement shall apply to all disputes between the Parties.

2. The rules and procedures of this Agreement shall apply subject to special or additional rules and procedures on dispute settlement, if any, contained in the other covered agreements. To the extent that there is a conflict between the rules and procedures of this Agreement and such special or additional rules and procedures on dispute settlement contained in a covered agreement, the special or additional rules and procedures shall prevail. In disputes involving rules and procedures under more than one covered agreement, if there is a conflict between special and additional rules and procedures of such covered agreements, the chair of the arbitral panel, in consultation with the parties to the dispute, shall determine the rules and procedures to be followed for that dispute within ten (10) days after a request by any party to the dispute.

3. The provisions of this Agreement may be invoked in respect of measures affecting the operation of any covered agreement taken within the territory of a Party by:

(a) central, regional or local governments and authorities; or

(b) non governmental bodies in the exercise of powers delegated by central, regional or local governments or authorities.

4. Subject to paragraph 5, nothing in this Agreement shall prejudice any right of the Parties to have recourse to dispute settlement procedures available under any other treaty to which they are parties.

5. Once dispute settlement proceedings have been initiated under this Agreement or under any other treaty to which the parties to a dispute are parties concerning a particular right or obligation of such Parties arising under the covered agreements or that other treaty, the forum selected by the complaining party shall be used to the exclusion of any other for such dispute.

6. For the purposes of paragraphs 4 and 5, the complaining party shall be deemed to have selected a forum when it has requested the establishment of, or referred a dispute to, a dispute settlement panel in accordance with this Agreement or any other treaty to which the parties to a dispute are parties.

Article 3

Consultations

1. A party complained against shall accord due consideration to and afford adequate opportunity for consultations regarding a request for consultations made by a complaining party with respect to any matter affecting the interpretation, implementation or application of any covered agreement, wherever the complaining party considers that:

(a) a measure of the party complained against is inconsistent with its obligations under the covered agreements; or

(b) the party complained against has otherwise failed to carry out its obligations under the covered agreements,

which results in nullification or impairment of any benefits accruing to the complaining party under the covered agreements or impediment of the attainment of any objective of the covered agreements.[1)]

2. Any request for consultations shall be submitted in writing, and include the specific measures at issue, and the factual and legal basis (including the provisions of any of the covered agreements alleged to have been breached and any other relevant provision) of the complaint. The complaining party shall send the request to the party complained against and the rest of the Parties. Upon receipt, the party complained against shall promptly acknowledge receipt of such request to the complaining party and the rest of the Parties at the same time.

---

1) Non-violation disputes are not permitted under this Agreement.

3. If a request for consultations is made, the party complained against shall reply to the request within seven (7) days after the date of its receipt and shall enter into consultations in good faith within a period of not more than thirty (30) days after the date of receipt of the request, with a view to reaching a mutually satisfactory solution. If the party complained against does not respond within the aforesaid seven (7) days, or does not enter into consultations within the aforesaid thirty (30) days, then the complaining party may proceed directly to request for the establishment of an arbitral panel under Article 5.

4. The parties to a dispute shall make every effort to reach a mutually satisfactory resolution of any matter through consultations under this Article. To this end, the parties to the dispute shall:

(a) provide sufficient information to enable a full examination of how the measure might affect the operation of the covered agreement; and
(b) treat as confidential any information exchanged in the course of consultations which the other party to the dispute has designated as confidential.

5. Consultations shall be confidential and without prejudice to the rights of any Party in any further proceedings under this Agreement or other proceedings before a forum selected by the Parties. The parties to the dispute shall inform the rest of the

Parties the outcome of the consultations.

6. In cases of urgency, including those which concern perishable goods, the parties to the dispute shall enter into consultations within a period of no more than ten (10) days after the date of receipt by the party complained against of the request. If the consultations have failed to settle the dispute within a period of twenty (20) days after the date of receipt by the party complained against of the request, the complaining party may proceed directly to request for the establishment of an arbitral panel under Article 5.

7. In cases of urgency, including those which concern perishable goods, the parties to the dispute and arbitral panels shall make every effort to accelerate the proceedings to the greatest extent possible.

Article 4
Good Offices, Conciliation and Mediation

1. Good offices, conciliation and mediation are procedures that are undertaken voluntarily if the parties to the dispute so agree.

2. Good offices, conciliation or mediation may be requested at any time by any party to a dispute. They may begin at any time and be terminated by any party to a dispute at any time.

3. If the parties to a dispute agree, good offices, conciliation or

mediation proceedings may continue before any person or body as may be agreed by the parties to the dispute while the dispute proceeds for resolution before an arbitral panel established under Article 5.

4. Proceedings involving good offices, conciliation and mediation, and in particular, positions taken by the parties to a dispute during these proceedings, shall be confidential, and without prejudice to the rights of any Party in any further proceedings under this Agreement or other proceedings before a forum selected by the Parties.

Article 5
Establishment of Arbitral Panels

1. If the consultations under Article 3 fail to settle a dispute within sixty (60) days after the date of receipt of the request for consultations or within twenty (20) days after such date in cases of urgency including those which concern perishable goods, the complaining party may make a written request to the party complained against to establish an arbitral panel. A copy of this request shall also be communicated to the rest of the Parties.

2. A request for the establishment of an arbitral panel shall give the reasons for the request, including the identification of:

(a) the specific measure at issue; and

(b) the factual and legal basis (including the provisions of any of the covered agreements alleged to have been breached and any other relevant provisions) for the complaint sufficient to present the problem clearly.

3. Upon delivery of the request, an arbitral panel shall be established.

4. Unless otherwise agreed by the parties to the dispute, an arbitral panel shall be established and perform its functions in accordance with the provisions of this Agreement, and the Annex on the Rules and Procedures for the Arbitral Panel Proceedings.

5. Where more than one complaining party requests the establishment of an arbitral panel related to the same matter, a single arbitral panel may, whenever feasible, be established by the parties to the dispute to examine the matter, taking into account their respective rights.

6. Where a single arbitral panel is established under paragraph 5, the arbitral panel shall organise its examination and present its findings to all the parties to the dispute in such manner that the rights which the parties to the dispute would have enjoyed had separate arbitral panels examined the same matter are in no way impaired. If one of the parties to the dispute so requests, the arbitral panel may submit separate reports on the dispute concerned if the timeframe for writing the report so permits. The written submissions by a party to the dispute shall be made available to

the other parties to the dispute, and each party to the dispute shall have the right to be present when any of the other parties to the dispute presents its views to the arbitral panel.

7. Where more than one arbitral panel is established to examine the same matter, to the greatest extent possible, the same persons shall be appointed by the parties to the disputes to serve on each of the separate arbitral panels and the timetable for the proceedings of each separate arbitral panel shall be harmonised.

Article 6
Composition of Arbitral Panels

1. Unless otherwise provided in this Agreement or agreed by the parties to the dispute, an arbitral panel shall consist of three (3) members.

2. Each party to the dispute shall appoint one member of the arbitral panel within thirty (30) days after the date of receipt of the request under Article 5. If any party to the dispute fails to appoint a member of the arbitral panel within such period, then the member of the arbitral panel appointed by the other party to the dispute shall act as the sole member of the arbitral panel, notwithstanding paragraph 1.

3. The parties to the dispute shall endeavour to agree on the third member who shall serve as the chair of the arbitral panel within

thirty (30) days of the appointment of the second member. If the parties to the dispute are unable to agree on the chair within this period, the chair shall be jointly appointed, by the members of the arbitral panel who have been appointed under paragraph 2, within a further period of thirty (30) days. If the members of the arbitral panel fail to appoint the chair within the aforesaid period, the chair shall be appointed at the request of the members of the arbitral panel by the Director-General of the WTO within thirty (30) days after the date of receipt of the request. In the event that the Director-General is a national of one of the parties to the dispute, the Deputy Director-General or the officer next in seniority who is not a national of any party to the dispute shall be requested to appoint the chair.[2)]

4. The date of establishment of the arbitral panel shall be the date on which the chair is appointed under paragraph 3 or, the 30th day after the date of receipt of the request under Article 5 where only a sole member of the arbitral panel is available.

5. If a member appointed under this Article resigns or becomes unable to act, a successor member shall be appointed in the same manner as prescribed for the appointment of the original member and the successor member shall have all the powers and duties of the original member. The work of the arbitral panel shall be

---

2) In appointing a chair, the Director-General of the WTO or an officer next in seniority in case of his or her unavailability, shall endeavour to appoint an individual who is not a national of, or does not have his/her usual place of residence in the territory of, or is not employed by, any of the Parties.

suspended until the successor member is appointed.

6. Any person appointed as a member of an arbitral panel shall have expertise or experience in law, international trade, other matters covered by the covered agreements or the resolution of disputes arising under international trade agreements. A member shall be chosen strictly on the basis of objectivity, reliability, sound judgment and independence and shall conduct himself or herself on the same basis throughout the course of the arbitral panel proceedings. If a party to the dispute believes that a member is in violation of the basis stated above, the parties to the dispute shall consult and if they agree, the member shall be removed and a new member shall be appointed in accordance with this Article. Additionally, the chair shall not be a national of any party to the dispute and shall not have his or her usual place of residence in the territory of, nor be employed by, any party to the dispute nor have dealt with the referred matter in any capacity.

7. Where the original arbitral panel is required for a matter as provided in this Agreement but cannot hear the matter for any reason, a new arbitral panel shall be established in accordance with this Article. The same timeframe which would have applied, had the original arbitral panel heard the matter, shall apply for the newly established arbitral panel.

Article 7
Third Parties

1. Any Party having a substantial interest in a dispute before an arbitral panel and having notified its interest in writing to the parties to such a dispute and the rest of the Parties, shall have an opportunity to make written submissions to the arbitral panel. These submissions shall also be given to the parties to the dispute and may be reflected in the report of the arbitral panel.

2. Third parties shall receive the submissions of the parties to the dispute at the first meeting of the arbitral panel.

3. If a third party considers that a measure that is already the subject of an arbitral panel proceeding nullifies or impairs benefits accruing to it under the covered agreements, such Party may have recourse to normal dispute settlement procedures under this Agreement.

Article 8
Suspension and Termination of Proceedings

1. Where the parties to the dispute agree, the arbitral panel may suspend its work at any time for a period not exceeding twelve (12) months from the date of such agreement. Upon the request of any party to the dispute, the arbitral panel proceeding shall be resumed after such suspension. If the work of the arbitral panel has been suspended for more than twelve (12) months, the authority of the arbitral panel shall lapse unless the parties to the dispute

agree otherwise.

2. The parties to the dispute may agree to terminate the proceedings of an arbitral panel at any time before the presentation of the final report to them, in the event that a mutually satisfactory solution to the dispute has been found.

3. Before the arbitral panel makes its decision, it may, at any stage of the proceedings, propose to the parties to the dispute that the dispute be settled amicably.

Article 9
Functions of Arbitral Panels

An arbitral panel shall make an objective assessment of the matter before it, including an examination of the facts of the case and the applicability of and conformity with the relevant covered agreements. Where the arbitral panel concludes that a measure is inconsistent with a provision of any of the covered agreements, it shall recommend that the party complained against bring the measure into conformity with that provision. In addition to its recommendations, the arbitral panel may suggest means by which the party complained against could implement the recommendations. The arbitral panel shall consult regularly with the parties to the dispute and provide them adequate opportunities for the development of a mutually satisfactory resolution. The arbitral panel shall interpret the relevant provisions of the covered agreements in accordance with customary rules of interpretation of public international law. In its findings and recommendations, the arbitral panel cannot add to or diminish the rights and obligations provided in the covered agreements.

Article 10
Proceedings of Arbitral Panels

1. The rules and procedures pertaining to the proceedings before an arbitral panel as set out in the Annex on the Rules and Procedures for the Arbitral Panel Proceedings shall apply unless the parties to the dispute agree otherwise. The arbitral panel may, after consulting the parties to the dispute, adopt additional rules and procedures not inconsistent with the Annex on the Rules and Procedures for the Arbitral Panel Proceedings.

2. In any event the proceedings of the arbitral panel shall be in accordance with the following principles:

(a) a right to at least one hearing before the arbitral panel;

(b) an opportunity for each party to the dispute to provide initial and rebuttal submissions;

(c) a reasonable opportunity for each party to the dispute to submit comments on the interim report presented pursuant to Article 11; and

(d) the protection of confidential information.

3. An arbitral panel shall meet in closed session. The parties to

the dispute shall be present at the meetings only when invited by the arbitral panel to appear before it.

Article 11
Interim Report

1. Unless the parties to the dispute otherwise agree, the arbitral panel shall base its report on the relevant provisions of the relevant covered agreement, on the submissions and arguments of the parties to the dispute, and on any information before it, pursuant to Article 13.

2. Unless the parties to the dispute otherwise agree, the arbitral panel shall, within ninety (90) days from the date of its establishment, present to the parties to the dispute an interim report containing:

(a) findings of law and/or fact together with reasons;

(b) its determination as to the interpretation, implementation or application of the relevant covered agreement or whether the measure at issue is inconsistent with obligations of the party complained against under the relevant covered agreement or whether the party complained against has otherwise failed to carry out its obligations under the relevant covered agreement or whether the measure at issue causes nullification or impairment of any benefit accruing to the complaining party under the relevant covered agreement or impediment of the attainment of any objective of the relevant covered agreement, or any other determination requested in the terms of reference; and

(c) where it determines that the measure at issue is inconsistent with the obligations under the relevant covered agreement, its recommendations to bring the measure into conformity with such covered agreement and its suggestion, if any, on means by which the party complained against could implement the recommendations.

3. When the arbitral panel considers that it cannot present its interim report within the period of time referred to in paragraph 2, it shall inform the parties to the dispute in writing of the reasons for the delay together with the estimate of the period within which it will issue its interim report.

4. The parties to the dispute may submit written comments on the interim report within fourteen (14) days of its presentation.

5. In case that such written comments by the parties to the dispute are received as provided for in paragraph 4, the arbitral panel, on its own initiative or at the request of a party to the dispute, may reconsider its report and make any further examination that it considers appropriate.

Article 12
Final Report

1. The arbitral panel shall present a final report to the parties to the dispute, within thirty (30) days of presentation of the interim report.

2. The arbitral panel shall present to the parties to the dispute its final report within 120 days from the date of its establishment. In cases of urgency, including those relating to perishable goods, the arbitral panel shall aim to present its final report to the parties to the dispute within ninety (90) days from the date of its establishment. When the arbitral panel considers that it cannot present its final report within 120 days, or within ninety (90) days in cases of urgency, it shall inform the parties to the dispute in writing of the reasons for the delay together with an estimate of the period within which it will present its report. In no case, however, should the period from the establishment of an arbitral panel to the presentation of the final report to parties to the dispute exceed 180 days or 120 days in the case of urgency, unless the parties to the dispute otherwise agree.

3. The final report of the arbitral panel shall be made publicly available within ten (10) days of its presentation to the parties to the dispute.

Article 13
Information and Technical Advice

1. Upon request of a party to the dispute, or on its own initiative,

the arbitral panel may seek information and technical advice from any person or body that it deems appropriate. Any information and technical advice so obtained shall be made available to the parties to the dispute.

2. With respect to factual issues concerning a scientific or other technical matter raised by a party to the dispute, the arbitral panel may request advisory reports in writing from an expert or experts. The arbitral panel may, at the request of a party to the dispute or on its initiative, select, after a consultation with the parties to the dispute, scientific or technical experts who shall assist the arbitral panel throughout its proceedings, but who shall not have the right to vote in respect of any decision to be made by the arbitral panel.

Article 14
Implementation of the Final Report

1. The final report of an arbitral panel shall be binding on the parties to the dispute and shall not be subject to appeal.

2. If, in its final report, the arbitral panel determines that the party complained against has not conformed to its obligations under the relevant covered agreement, or that the party's measure has caused nullification or impairment, the means to implement the recommendations shall be to eliminate the non conformity, or the nullification or impairment.

3. The parties to the dispute, shall, within twenty (20) days upon presentation of the final report of an arbitral panel, agree on:

(a) the means to implement the recommendations of the arbitral panel; and

(b) the reasonable period of time which is necessary to implement the recommendations of the arbitral panel.

4. If the parties to the dispute fail to agree, a party to the dispute may refer the matter to the original arbitral panel. The party complained against shall, within fifteen (15) days after the date of referral of the matter to the arbitral panel, propose the means to implement the recommendations of the original arbitral panel. The arbitral panel shall determine the consistency of the means proposed by the party complained against with the recommendations and/or the reasonable period of time. The arbitral panel shall present its report to the parties to the dispute within thirty (30) days after the date of the referral of the matter to it. No measure can be taken under Article 15 without any determination by the arbitral panel under this paragraph.

5. Where there is disagreement as to the existence or consistency of measures taken with the recommendation of the arbitral panel within the reasonable period of time, such dispute shall be referred to the original arbitral panel. The arbitral panel shall present its report within thirty (30) days after the date of referral of the matter to it.

Article 15

Compensation and the Suspension of Concessions or Benefits

1. Compensation and the suspension of concessions or benefits are temporary measures available in the event that the recommendations are not implemented within a reasonable period of time. However, neither compensation nor the suspension of concessions or benefits is preferred to full implementation of the recommendations to bring a measure into conformity with the covered agreements. Compensation is voluntary and, if granted, shall be consistent with the covered agreements.

2. If the party complained against fails to bring the measure found to be inconsistent with the relevant covered agreement into compliance with the recommendations of the arbitral panel within the reasonable period of time determined pursuant to paragraph 3 of Article 14, the party complained against shall, if so requested, enter into negotiations with the complaining party with a view to reaching a mutually satisfactory agreement on any necessary compensatory adjustment.

3. If no mutually satisfactory agreement on compensation has been reached within twenty (20) days after the date of receipt of the request of the complaining party to enter into negotiations on compensatory adjustment, the complaining party may at any time thereafter provide a written notice to the party complained against and the rest of the Parties that it intends to suspend the application

to the party complained against of concessions or benefits of equivalent effect and may begin suspending concessions or benefits thirty (30) days after the date of receipt of the notice. The notice shall specify the level of concessions or benefits proposed to be suspended and the relevant covered agreement and sector(s) which the concessions or benefits are related to. Within thirty (30) days from the date of receipt of the notice, the party complained against may request the original arbitral panel to rule on whether the benefits which the complaining party proposes to suspend are equivalent to those affected by the measure found to be inconsistent with the relevant covered agreement, and whether the proposed suspension is in accordance with paragraphs 4 and 5. The ruling of the arbitral panel shall be given within forty-five (45) days from the date of receipt of that request. Concessions or benefits shall not be suspended until the arbitral panel has issued its ruling.

4. Any suspension of concessions or benefits shall be restricted to the concessions or benefits granted to the party complained against under the relevant covered agreement, subject to paragraph 5. The party complained against and the rest of the Parties shall be informed of the commencement and details of any such suspension.

5. In considering what concessions or benefits to suspend under paragraph 3:

(a) the complaining party should first seek to suspend concessions or benefits in the same sector or sectors as that affected by the measure or other matter that the arbitral panel has found to be inconsistent with the relevant covered agreement or to have caused nullification or impairment; and

(b) the complaining party may suspend concessions or benefits in other sectors if it considers that it is not practicable or effective to suspend concessions or benefits in the same sector.

6. The suspension of concessions or benefits shall be temporary and shall only be applied until such time as the measure found to be inconsistent with the relevant covered agreement, has been removed, or the party complained against that must implement the arbitral panel's recommendations has done so, or a mutually satisfactory solution is reached.

7. If the party complained against considers that:

(a) the level of concessions or benefits suspended by the complaining party is manifestly excessive; or

(b) it has eliminated the non conformity, or the nullification or impairment that the arbitral panel has found;

it may request the original arbitral panel to determine the matter. The arbitral panel shall present its determination to the parties to the dispute within thirty (30) days after it reconvenes.

Article 16
Official Language

1. All proceedings pursuant to this Agreement shall be conducted in

the English language.

2. Any document submitted for use in any proceedings pursuant to this Agreement shall be in the English language. If any original document is not in the English language, a Party submitting it for use in the proceedings pursuant to this Agreement shall provide an English translation of that document.

Article 17
Expenses

1. Each party to a dispute shall bear the costs of the arbitral panel member, appointed by that party to the dispute, and its own expenses and legal costs.

2. Unless the parties to the dispute otherwise agree, the costs of the chair of the arbitral panel and other expenses associated with the conduct of its proceedings shall be borne in equal parts by the parties to a dispute.

Article 18
Annex

The Annex on the Rules and Procedures for the Arbitral Panel Proceedings and the contents therein shall form an integral part of this Agreement.

Article 19
Amendments

The provisions of this Agreement may be modified through amendments mutually agreed upon in writing by the Parties.

Article 20
Depositary

For the ASEAN Member Countries, this Agreement shall be deposited with the Secretary-General of ASEAN, who shall promptly furnish a certified copy thereof, to each ASEAN Member Country.

Article 21
Entry into Force

1. This Agreement shall enter into force on 1 July 2006, provided that Korea and at least one ASEAN Member Country are among the Signatory Countries that have by then notified all the other Parties in writing of the completion of their internal procedures. In the event this Agreement does not enter into force on 1 July 2006, it shall enter into force on the first day of the second month following the latter date on which Korea and at least one ASEAN Member County have notified all the other Parties in writing of the completion of their internal procedures.

2. A Party shall, upon the completion of its internal procedures for the entry into force of this Agreement, notify all the other Parties in writing.

3. Where a Party is unable to complete its internal procedures for the entry into force of this Agreement by the date as set out in paragraph 1, this Agreement shall come into force for that Party upon the date of notification of the completion of its internal procedures.

IN WITNESS WHEREOF, the undersigned, being duly authorised thereto, have signed this Agreement on Dispute Settlement Mechanism under the Framework Agreement on Comprehensive Economic Cooperation among the Governments of the Republic of Korea and Member Countries of the Association of Southeast Asian Nations.

DONE at Kuala Lumpur, Malaysia this day of December 2005, in duplicate copies in the English language.

For the Government of the Republic of Korea

KIM HYUN-CHONG
Minister for Trade

For the Government of Brunei Darussalam

LIM JOCK SENG

Second Minister of Foreign Affairs and Trade

For the Royal Government of Cambodia

CHAM PRASIDH

Senior Minister and Minister of Commerce

For the Government of the Republic of Indonesia

MARI ELKA PANGESTU

Minister of Trade

For the Government of the Lao People's Democratic Republic

SOULIVONG DARAVONG

Minister of Commerce

For the Government of Malaysia

RAFIDAH AZIZ

Minister of International Trade and Industry

For the Government of the Union of Myanmar

SOE THA

Minister for National Planning and Economic Development

For the Government of the Republic of the Philippines

PETER B. FAVILA

Secretary of Trade and Industry

For the Government of the Republic of Singapore

LIM HNG KIANG

Minister for Trade and Industry

For the Government of Thailand

SOMKID JATUSRIPITAK

Deputy Prime Minister and

Minister of Commerce

For the Government of the Socialist Republic of Vietnam

TRUONG DINH TUYEN

Minister of Trade

ANNEX

RULES AND PROCEDURES FOR THE ARBITRAL PANEL PROCEEDINGS

Application

1. These Rules are established under Article 10 and shall apply to arbitral panel proceedings under this Agreement unless the parties to the dispute otherwise agree.

2. Any reference made in these Rules to an Article is a reference to the appropriate Article in this Agreement.

Terms of Reference for Arbitral Panels

3. An arbitral panel shall have the following terms of reference unless the parties to the dispute agree otherwise within ten (10) days from the date of the establishment of an arbitral panel:

> "To examine, in the light of the relevant provisions in (name of the covered agreement(s) cited by the parties to the dispute), the matter referred to in the request for the establishment of an arbitral panel pursuant to Article 5, to make findings, determinations, recommendations and suggestions, if any, as provided in Article 11, and to present the written reports referred to in Articles 11 and 12."

4. The parties to the dispute shall promptly deliver the agreed terms of reference to the arbitral panel. The arbitral panel shall address the relevant provisions in the covered agreements cited by the parties to the dispute.

Written Submissions and Other Documents

5. Each party to the dispute shall deliver no less than four copies of its written submissions to the arbitral panel and a copy to the other party to the dispute.

6. A complaining party shall deliver its initial written submission to the party complained against no later than twenty (20) days after the date of the establishment of the arbitral panel. The party complained against shall deliver its written submission to the complaining party no later than twenty (20) days after the date of receipt of the initial written submission of the complaining party.

7. In respect of any request, notice or other document(s) related to the arbitral panel proceeding that is not covered by paragraphs 5 and 6, each party to the dispute may deliver a copy of the document(s) to the other party to the dispute by facsimile, email or other means of electronic transmission.

8. A party to the dispute may at any time correct minor errors of a clerical nature in any request, notice, written submission or other document(s) related to the arbitral panel proceeding by delivering a

new document clearly indicating the changes.

Operation of Arbitral Panels

9. The chair of the arbitral panel shall preside at all of its meetings. An arbitral panel may delegate to the chair authority to make administrative and procedural decisions.

10. Except as otherwise provided in these Rules, the arbitral panel may conduct its business by any means, including by telephone, facsimile transmission and computer links.

11. Only members of the arbitral panel may take part in the deliberations of the arbitral panel, but the arbitral panel may, in consultation with the parties to the dispute, retain such number of assistants, interpreters or translators, or designated note takers as may be required for the proceeding and permit them to be present during such deliberations. The members of the arbitral panel and the persons retained by the arbitral panel shall maintain the confidentiality of the arbitral panel proceeding unless such information is already made available to the public.

12. Where a procedural question arises that is not addressed by these Rules, an arbitral panel may adopt an appropriate procedure that is not inconsistent with this Agreement, unless it considers that the procedural question may affect in a meaningful manner the

way in which it examines matters before it, in which case it shall consult with the parties to the dispute.

13. Any time period applicable to the arbitral panel proceeding shall be suspended for a period that begins on the date on which any member of the arbitral panel becomes unable to act and ends on the date on which the successor member is appointed.

14. An arbitral panel may, in consultation with the parties to the dispute, modify any time period applicable in the arbitral panel proceeding and make such other procedural or administrative adjustments as may be required in the proceeding.

15. The venue for the arbitral panel proceedings shall be decided by mutual agreement between the parties to the dispute. If there is no agreement, the venue shall alternate between the capitals of the parties to the dispute with the first session of the arbitral panel proceeding to be held in the capital of the party complained against.

16. All third parties which have notified their interest in the dispute shall be invited in writing to present their views during the first session of the arbitral panel proceeding set aside for that purpose. All such third parties may be present during the entirety of this session.

17. The interim and final report of the arbitral panel shall be

drafted without the presence of the parties to the dispute in the light of the information provided and the statements made. Opinions expressed in the report of the arbitral panel by its individual member shall be anonymous.

18. Following the consideration of submissions, arguments and any information before it, the arbitral panel shall present an interim report to the parties to the dispute, including both a descriptive section relating to the facts of the dispute and the arguments of the parties to the dispute and the arbitral panel's findings and conclusions. The arbitral panel shall accord adequate opportunity to the parties to the dispute to review the entirety of its interim report prior to its finalisation and shall include a discussion of any comments by the parties concerned in its final report.

Timetable

19. After consulting the parties to the dispute, the chair of the arbitral panel shall, as soon as practicable and whenever possible within fifteen (15) days after the establishment of the arbitral panel, fix the timetable for the arbitral panel process. In determining the timetable for the arbitral panel process, the arbitral panel shall provide sufficient time for the parties to the dispute to prepare their respective submissions. The arbitral panel should set precise deadlines for written submissions by the parties to the dispute and they shall respect those deadlines.

Decisions of the Arbitral Panel

20. The arbitral panel shall take its decisions by consensus; provided that where the arbitral panel is unable to reach consensus, it may take its decisions by majority vote.

Availability of Information

·. The deliberations of the arbitral panel and the documents submitted to it shall be kept confidential. No party to the dispute shall be precluded from disclosing statements of its own positions to the public. The parties to the dispute shall treat as confidential information submitted by the other party to the dispute to the arbitral panel which that party has designated as confidential. Where a party to the dispute submits a confidential version of its written submissions to the arbitral panel, it shall also, upon request of the other party to the dispute, provide a non-confidential summary of the information contained in its submissions that could be disclosed to the public.

Remuneration and Payment of Expenses

22. The arbitral panel shall keep a record and render a final account of all general expenses incurred in connection with the proceedings, including those paid to their assistants, designated note takers or other individuals that it retains pursuant to paragraph 11.

색 인

N

P

R

S

T

U

W

Z

ㄱ

ㄴ

ㄷ

ㅅ

ㅇ

ㅈ

강 영 문 (wto3@chonnam.ac.kr)

- 동국대학교 무역학과 졸업(상학사)
- 한국외국어대학교 대학원 무역학과 졸업(경영학석사)
- 동국대학교 대학원 무역학과 박사과정 졸업(경영학박사)
- (주) 대신경제연구소 증권분석실 근무
- (주) 대신경제연구소 경제동향분석실 근무
- Visiting Scholar, Singapore Management University (한국학술진흥재단 해외방문교수)
- 한아세안교류학자 선정(2011년) (한국동남아학회, 외교통상부 지원)
- 무등일보 경제칼럼니스트
- MBC 라디오 경제코너 해설자
- 한국공정무역학회 편집위원
- 국제 e-비즈니스학회 학술위원
- 한국국제통상학회 이사
- 한국협상학회 상임이사
- 한국무역상무학회 이사
- 국제지역학회 이사
- 관세청 이의신청 심의위원
- 중소기업중앙회 무역자문위원
- 전남대학교 창업보육센터장
- 전남대학교 경상학부장
- 전남대학교 국제통상학과 교수

주요 수상실적

- 전남대학교 교육우수교수 선정(2008년) (Best Teaching Professor)

주요 저서

- 글로벌 물류경영(우용출판사, 2011, 전정판)
- 해상무역보험(전남대학교 출판부, 2011)
- 강영문교수의 동남아 지역연구(두남, 2010)
- 국제협상과 문화간 커뮤니케이션(전남대학교 출판부, 2010)
- 무역과 매너의 만남(우용출판사, 2010, 전정판)
- e유통경영(우용출판사, 2010, 전정판)
- 국제통상론(전남대학교 출판부, 2009)
- 온오프라인 유통관리(두남, 2008, 개정판)
- 전자물류와 물류관리(두남, 2005)
- 유통물류와 e-비즈니스(두남, 2004, 개정판)
- e무역과 국제매너(학문사, 2004)

홈페이지:http://altair.chonnam.ac.kr/~wto

아세안 FTA

인 쇄 : 2012년 2월 20일
발 행 : 2012년 2월 27일

저 자 : 강 영 문
발행인 : 김 윤 수
발행처 : 전남대학교출판부

등 록 : 1981. 5. 21. 第53호
주 소 : 500-757 광주광역시 북구 용봉로 77
전 화 : (062) 530-0571~3
팩 스 : (062) 530-0579
홈페이지 : http://altair.chonnam.ac.kr/~cnup

값 27,000원

ISBN 978-89-97620-00-5(93320)

이 도서의 국립중앙도서관 출판시도서목록(CIP)은 e-CIP홈페이지(http://www.nl.go.kr/ecip)와 국가자료공동목록시스템(http://www.nl.go.kr/kolisnet)에서 이용하실 수 있습니다.
(CIP제어번호 : CIP2012000981)